T&T Clark
A Guide for the Perplexed ❶

THE HISTORICAL JESUS

역사적 예수 입문

헬렌 본드 지음

이승호 옮김

기독교문서선교회

기독교문서선교회(Christian Literature Center: 약칭 **CLC**)는 1941년 영국 콜체스터에서 켄 아담스에 의해 시작되었으며 국제 본부는 미국의 필라델피아에 있습니다.

국제 CLC는 59개 나라에서 180개의 본부를 두고, 약 650여 명의 선교사들이 이동도서차량 40대를 이용하여 문서 보급에 힘쓰고 있으며 이메일 주문을 통해 130여 국으로 책을 공급하고 있습니다.

한국 CLC는 청교도적 복음주의 신학과 신앙서적을 출판하는 문서선교기관으로서, 한 영혼이라도 구원되길 소망하면서 주님이 오시는 그날까지 최선을 다할 것입니다.

The Historical Jesus

A Guide for the Perplexed

Written by
Helen K. Bond

Translated by
Seung-Ho Lee

Copyright © 2012 by Helen K. Bond
Originally published in English under the title as
The Historical Jesus: A Guide for the Perplexed
by Bloomsbury T&T Clark,
Translated and used by the permission of
Bloomsbury T&T Clark, An Imprint of Bloomsbury Publishing Plc,
50 Bedford Square London WC1B 3DP U.K.

All rights reserved.

Korean Edition
Copyright © 2017 by Christian Literature Center
Seoul, Korea

THE HISTORICAL JESUS

역사적 예수 입문

추천사 1

김 병 모 박사
호남신학대학교 신약학 교수

"역사적 예수 연구"가 예수를 이해하는 유일한 방식이 아님은 명백하다. 그러나 그것은 예수를 올바로 이해하기 위해서 포기할 수 없는 부분이기도 하다. 교회가 고백하는 그리스도는 분명 역사적 인물에 근거하고 있기 때문이다. 문제는 200여 년간 진행되어 온 역사적 예수 연구가 수많은 학자들의 다양한 견해들과 방법론들로 인해 일치보다는 오히려 더 큰 혼란을 야기하는 것처럼 보인다는 데 있다.

이런 점에서 헬렌 본드(Helen K. Bond)의 『역사적 예수 입문』(The Historical Jesus: A Guide for the Perplexed)은 이 주제에 관심 있는 모든 사람들에게 매우 유용한 길잡이 역할을 해 준다. 역사적 예수의 기본 문제가 무엇이며, 학자들의 견해가 어디에서, 어떻게, 또 왜 엇갈리는지를 일목요연하게 보여 준다(특히 본서는 오늘날 큰 영향력을 끼치고 있는 다양한 학자들의 다양한 견해들에 대한 간결하면서도 명확한 평가를 제시해 주어 유용하다).

저자는 1세기 유대 세계의 정치-사회적 맥락과 복음서의 수난 이야기에 정통한 영국의 신약학자로서 해박한 전문 지식과 여성 특유의 명료하고 섬세한 문체로 과거의 역사적 예수 연구를 진단하고, 오늘날의 연구 상황을 종합하며, 앞으로 나아갈 방향을 제시하는 데 기여한다.

본서의 가치가 가장 빛나는 부분은 정경의 복음서를 중심으로 예수 생애의 전반적 윤곽을 제시하는 제2부의 내용이다. 저자는 여기서 예수의 실제 말씀을 재구성하려는 과거의 방식에서 탈피하여 대다수의 학자들이 동의할 만한 예수 생애의 전반적인 그림(탄생부터 부활에 이르기까지)을 제공해 준다. 이는 최근의 많은 역사적 예수 연구의 저자들이 선택하는 방법이기도 한다.

각 장들마다 역사와 신학을 균형 있게 다루고자 하는 저자의 노력이 돋보이고 그때그때마다 저자의 결론이 명쾌하기 때문에, 독자들이 책의 각 장들을 주의 깊게 읽으면, 역사적 예수 연구에 대한 관심이 커지고 이 분야에 대한 이해의 폭이 확장되는 것을 느끼게 될 것이다.

내가 아는 한, 최근 국내에 소개된 역사적 예수 입문서들 중 본서만큼 최근의 학문적 연구를 포괄적이고도 명료하게 이해하는 데 도움을 주는 책도 거의 없다고 여겨진다. 따라서 나는 이 주제를 처음 접하는 신학생뿐만 아니라 관심 있는 일반 독자에게 본서를 필독하도록 기꺼이 추천한다.

추천사 2

마크 굿에이커(Mark S. Goodacre), Duke University, USA.

떠오르고 있는 기독교 운동에 관한 역사적 배경 전문가에 의해 기록된 본서는 역사적 예수에 대한 사려 깊고, 명쾌하며, 지적인 입문서이다. 따라서 신학생과 일반 독자 모두에게 매우 유익한 책이다.

래리 허타도(Larry W. Hurtado), University of Edinburgh, UK.

본서는 보배이다! 본드는 넓은 바다와 같은 현대의 예수 연구를 매우 간결하게 논의하고, 각각의 학자와 해당 문제들에 대한 요지를 명확하고 쉽게 전달해 주며, 주요 역사적 자료에 대한 다수 학자들의 견해들을 활기 있게 기술하고 있다. 내가 아는 한, 본서는 역사적 예수라는 주제에 접근하려는 일반 독자들에게 최상의 입문서이다.

제임스 던(James D. G. Dunn),
Emeritus Lightfood Professor of Divinity, University of Durham, UK.

"역사적 예수 탐구"는 실제로 골치 아픈 문제들의 온상이다. 그러나 독자들이 헬렌 본드에게서 기대하는 것만큼 명료하고, 박식하며, 신중한 안내를 받을 수 있을 것이다.

저자 서문

헬렌 본드 박사

에딘버러대학교(University of Edinburgh) 신약학 교수

   필자는 오랫동안 예수의 유대 세계와 1세기 팔레스타인의 사회-정치적 현실에 지속적으로 관심을 가져왔다. 몇 권의 책을 출간하는 과정에서 필자는 로마의 총독들, 유대의 제사장들, 헤롯 가문의 통치자들, 복음서의 수난 이야기(passion narrative) 등을 고찰했다. 이러한 주제들을 다룰 때면 역사적 예수가 항상 주된 역할을 하지만(예수는 결국 대부분의 신약학자들의 주된 초점이 된다), 정작 필자는 예수의 인생 여정을 일관성 있게 묘사할 기회를 얻지 못했다.

   본서는 그러한 공백을 메울 수 있는 기회가 됐다. 먼저 필자가 본서를 "Guides for the Perplexed" 시리즈로 출간하도록 의뢰해 준 컨티넘(Continuum)의 해리스 나크비(Harris Naaqvi)에게 감사를 표하고 싶다. 이 작업이 결코 쉽지 않은 일임을 인정해야 할 때도 있었지만, 필자에게는 역사적 예수 문제에 지속적으로 몰입할 수 있었던 기회를 제공해 주었다.

   또 원고를 제때에 넘기지 못해 마감 시한을 재조정하는 달갑지 않은 일을 감당해 준 해리스의 후임자 도미닉 매토스(Dominic Mattos)에게도 감사의 말을 전한다. 폴 미들톤(Paul Middleton) 박사에게도 감사드린다. 왜냐하면 이 시리즈에서 가장 느린 저자가 되지 않기 위한 선의의 경쟁이 필자로 하여금 계속해서 박차를 가하게 했기 때문이다(결국에는 순교에 관한 그의 훌륭한 책이 필자의 책보다 먼저 출간됐지만 말이다).

어떤 책이든 한 사람만의 작품일 수는 없다. 필자는 교사든 학생이든 지난 수년 동안 역사적 예수에 관한 필자의 관심을 자극한 모든 이들에게 감사를 표하고 싶다. 늘 그렇듯이 에딘버러대학교의 신약학 동료들이 필자에게 많은 도움을 주었는데, 특히 래리 허타도(Rarry Hurtado) 교수와 폴 포스터(Paul Foster) 박사가 그러했다. 또 2009-10년에 진행된 필자의 역사적 예수 수업(honours class)을 언급하지 않을 수 없는데, 그들은 본서 각 장들의 다소 빈약한 초고를 항상 꼼꼼히 읽으며, 지적이고 도전적인 질문들을 제기해 주었다("묵시적 연속성"[apocalyptic continuum] 개념은 늘 그들을 기억하게 한다).

에딘버러대학교의 신약학 대학원생 독서 그룹은 본서의 초안을 꼼꼼하게 읽고 통찰력 있는 논평을 제공해 주었다. 필자는 또 이 자리를 빌어 대학생 때에 잠깐 나를 가르쳤고 최근에는 『도마복음』에 관한 화상 논의(electronic discussion)에 참여해 준 로빈 윌슨(Robin McL. Wilson) 교수를 기억하고 싶다. 마크 굿에이커(Mark Goodacre)는 특히 2중 및 3중 전승(double and triple traditions), 그리고 Q와 연관해서 매우 유용한 논평과 제안을 많이 제공해 주었다. 또 좀 더 넓게는 필자를 집중케 하고 미소 짓게 하는 아카데미 그룹, 특히 소중한 친구인 로이드 피터슨(Lloyd Pitersen)과 브리짓 길필런 업톤(Bridget Gilfillan Upton) 박사에게도 감사를 드린다.

또한 필자의 자녀를 정성껏 돌봐 주고 무한한 친절을 베풀어 준 로즈메리 호스킨스(Rosemary Hoskins)에게도 감사드린다. 늘 그랬듯이 필자의 부모님은 필자의 작업에 훌륭한 조력자가 되어 주셨다. 필자의 어머니는 본서의 원고 전체를 전문가의 시각에서 교정해 주셨고, 필자의 아버지는 그 위에 지도들을 그려 주셨다. 또한 고대 사람들에 대한 필자의 남다른 관심을 당연한 일로 받아들여 주는 사랑하는 남편 키이스 라판(Keith Raffan)에게도 특별한 감사를 표한다. 무엇보다도 필자는 아름다운 자녀들인 카트리오나(Katriona)와 스코트(Scott)를 언급하고 싶다. 그들이 없었다면 본서는 훨씬 더 빨리 끝낼 수 있었겠지만, 필자의 삶은 헤아릴 수 없을 정도로 따분했을 것이다.

역자 서문

이 승 호 박사
영남신학대학교 신약학 교수

기독교 신앙이 예수라는 한 역사적 인물에 근거하고 있다면, 그 어떤 그리스도인도 역사적 예수 문제를 피할 수 없다. 그러나 문제는 역사적 예수 연구가 결코 용이하거나 자명하지 않다는 점에 있다. 누구든지 18세기 계몽주의로부터 오늘날에 이르기까지 수많은 학자들의 다양한 견해들과 방법론들을 대하게 되면, 마치 망망대해에 떠 있는 듯한 막막함을 느끼게 될 것이다. 이러한 맥락에서 헬렌 본드의 『역사적 예수 입문』은 역사적 예수 연구라는 대양에서 길을 찾게 해주는 간결하고도 명료한 안내서이다.

본드의 책은 내용적으로 크게 두 부분으로 구성된다.

제1부 배경에서는 지난 200년 동안 진행되어 온 역사적 예수 연구에 대한 다양한 학자들의 견해들을 개괄한다. 여기서 저자는 다른 역사적 예수 책들이 그러하듯이 라이마루스(Reimarus)로부터 시작되는 "옛 탐구 시대," 불트만의 실존주의 해석에 영향을 받은 "탐구 포기 시대," 불트만의 제자 케제만과 보른캄을 중심으로 일어난 "새 탐구 시대," 그리고 1980년대부터 시작된 "제3의 탐구 시대"에 이르기까지

네 단계에 걸친 연구사를 간결하고 명쾌하게 정리한다.

특히 저자는 최근에 영향력을 끼친 중요한 학자들, 특히 게자 버미스(Geza Vermes), E. P. 샌더스(E. P. Sanders), 리차드 호슬리(Richard Horsley), 예수세미나(Jesus Seminar), 존 도미닉 크로산(J. D. Crossan), 데이비드 플루서(David Flusser), 존 P. 마이어(J. P. Meier), N. T. 라이트(N. T. Wright), 제임스 던(J. D. G. Dunn), 데일 엘리슨(Dale Allison)의 견해를 보다 집중적으로 조명한다. 현대에 들어서 역사적 예수를 읽고 평가하는 관점들이 더욱 다양해졌기 때문에 학자들의 견해를 정리하는 것은 매우 당연한 것이다.

저자는 제1부의 나머지 부분을 예수의 생애를 재구성할 자료들을 분석하는 데 할애한다. 저자는 비-기독교 자료들(그레코-로만 시대의 자료, 유대 자료)을 복음서의 내용을 뒷받침해 주는 정도로만 보고 비정경 자료들(특히 『베드로복음』과 『도마복음』)은 별 가치가 없는 것으로 본다. 반면 정경의 복음서는 역사적 예수를 재구성하는 최상의 자료로 평가함으로써 다수 학자들의 견해를 따른다.

제2부에서 저자는 예수 생애의 핵심 요소들을 제시한다. 역자가 보기에 이 부분이야말로 본서의 가장 큰 장점이다. 본드는 각각의 학자들의 다양한 견해들을 객관적이고 중립적으로 평가하는 데 그치는 것이 아니라, 그들의 연구를 토대로 대다수의 학자들이 수용할 만한 예수의 생애를 재구성한다.

이를 위해 본드는 예수의 실제 말씀을 재구성하는 방식에서 탈피하여 예수의 생애에 대한 전반적인 그림을 제공하고자 한다. 여기서는 예수의 역사적 배경, 예수의 탄생, 예수 사역의 중심 지역, 세례 요한과의 관계, 예수의 메시지, 치유자와 귀신 축출자로서의 예수, 가족과 지지자들, 갈릴리와 예루살렘에서의 반대자들, 예루살렘, 예수의 재판과 처형, 그리고 부활 등이 차례대로 고찰된다.

저자는 각각의 경우마다 주요 논쟁 분야들이 무엇인지 분명하게 제시하는 한편, 합의가 있는 경우에는 그것을 밝히고, 또 곳곳에 자기 자신의 견해를 피력함으로써 독자들이 역사적 예수에 대한 자신의 묘사를 구성하는 데 도움이 될 수 있도록 세심하게 배려한다.

헬렌 본드의 『역사적 예수 입문』은 역사적 예수에 대한 다양한 연구 결과들을 광범위하게 소개하고 학자들의 견해들이 왜, 그리고 어떤 점에서 다른지를 명료하게 보여 주며 대다수의 학자들이 합의할 만한 예수의 생애를 재구성함으로써 입문서로서의 역할을 충실히 감당한다. 따라서 본서는 역사적 예수라는 주제에 접근하려는 신학생들은 물론이고, 일반 독자들이 읽기에도 적합하다. 역자가 본서를 번역한 직접적인 동기 역시 학교에서 진행되는 "역사적 예수" 수업의 개론서로, "신약개론"이나 "공관복음"의 주요 참고서로 사용하기 위함이다.

끝으로 이 소중한 책을 저술한 헬렌 본드 박사에게, 그리고 본서의 번역 출판을 위해 수고해 주신 기독교문서선교회(CLC)의 박영호 목사님과 모든 직원들에게 감사를 드린다.

역사적 예수 문제를 자칫 학자들의 유희쯤으로 생각할 수도 있는 열악한 상황에서, 아무쪼록 본서가 사람들을 역사적 예수에 주목시키고 예수를 본받게 하는 데에 미력하게나마 이바지하기를 기대한다.

경산 봉회골에서

목 차

추천사 1 (김병모 박사: 호남신학대학교 신약학 교수)   5
추천사 2 (마크 굿에이커 외 2인)   7
저자 서문   8
역자 서문   11
서론   15

제1부: 배경

제1장 | 역사적 예수 탐구 …………………………………… 22
제2장 | 역사적 예수에 대한 자료들 ……………………… 73

제2부: 예수에 대한 짤막한 묘사들

제3장 | 역사적 맥락 …………………………………………… 102
제4장 | 예수의 탄생 ………………………………………… 118
제5장 | 갈릴리 출신 ………………………………………… 127
제6장 | 세례 요한 …………………………………………… 142
제7장 | 예수의 메시지 ……………………………………… 153
제8장 | 치유자와 귀신 축출자로서의 예수 …………… 173
제9장 | 가족과 지지자들 …………………………………… 189
제10장 | 갈릴리에서의 반대? ……………………………… 206
제11장 | 예루살렘 …………………………………………… 223
제12장 | 재판과 처형 ………………………………………… 252
제13장 | 부활 ………………………………………………… 276

참고문헌   291
주제 색인   294

서론

나사렛 예수가 인류 역사상 가장 중요한 인물들 중 하나인 것은 분명하다. 이 세상의 그 어떤 인물보다도 그에 관한 책, 묵상집, 희곡이 더 많다는 점 역시 새삼 놀랄 일은 아니다. 그중에는 경건하고 독실한 작품들도 있다. 예를 들어 노리치의 쥴리안(Julian of Norwich)의 신비적 묵상집이나, 중세의 신비극들, 또는 멜 깁슨(Mel Gibson)의 잔혹한 영화 "패션 오브 크라이스트"(Passion of Christ, 그리스도의 수난) 등이 그러하다.

반면에 대중에게 좀 더 격렬한 반응을 불러일으킨 작품들도 있다. 예를 들면, 예수가 죽음에 임박해서 막달라 마리아와 결혼했다면 그의 삶이 어떠했을지를 상상하는 영화인 "그리스도 최후의 유혹"(The Last Temptation), 예수가 실제로 막달라 마리아와 결혼하여 아이를 낳는다는 내용의 책인 『성혈과 성배』(The Holy Blood and the Holy Grail), 그리고 이와 유사한 맥락의 작품인 『다빈치 코드』(The Da Vinci Code) 등이 그러하다.[1] 특히 『다빈치 코드』의 엄청난 성공은 막 21세기에 들어선 사회에 관한 많은 것들, 즉 음모 이야기에 대한 관심, "제도화된 종

---

1 Nikos Kazantzakis, *The Last Temptation of Christ* (London: Simon and Schuster, 1960); M. Baigent, R. Leigh and H. Lincon, *The Holy Blood and the Holy Grail* (London: Jonathan Cape, 1982); D. Brown, *The Da Vinci Code* (New York: Doubleday, 2003).

교"에 대한 불만, 기이한 이론을 믿으려는 이상하고도 왜곡된 욕망 등을 지적해 주지만, 그 중심에는 현대인들에게 여전히 묘한 호기심을 자극하는 한 비범한 인물의 매력을 보여 준다.

서구 사회의 대부분의 사람들은(기독교 신앙을 갖지 않는 사람들조차도) 예수가 남긴 유산을 피할 수 없다는 사실을 잘 알고 있다. 6세기의 디오니시우스 엑시우스(Dionysius Exiguus)의 연대 측정 이후로 시대 자체가 예수 탄생 이전 또는 이후에 일어난 사건들에 따라서 인식됐다. 학교들과 대학들이 매년 사용하는 달력에는 예수와 연관된 사건들을 기념하는 공휴일들이 포함되어 있다. 많은 사람들이 산상설교에 들어있는 예수의 윤리, 특히 원수를 사랑하고(눅 6:26), 오른편 뺨을 치거든 왼편도 돌려 대라(마 5:39)는 권면을 자신들의 삶을 안내할 참되고 고결한 지침들로 여기고 있다.

또한 서구의 종교, 문화, 미술, 음악, 정치에 끼친 기독교(예수에 의해 시작되고 영감을 받은)의 영향력은 아무리 강조해도 지나치지 않는다. 물론 예수 연구는 그리스도인들에게는 특히 더 중요하다. 기독교 신앙의 근본 토대는 하나님이 인간이 되셨다는 사상, 즉 하나님이 특정한 시기(A.D. 1세기 초)에, 특정한 장소(갈릴리)에서 한 역사적 인물로 살았다고 하는 성육신 교리에 놓여 있다.

이런 점에서 기독교는 한 역사적 인물에 근거하고 있으며, 따라서 역사적 연구는 인간 예수를 재구성하는 데 도움을 줄 수 있다. 역사적 연구를 통해 사건들이 일어났던 지리적 장소들(나사렛, 가버나움, 예루살렘)을 조명할 수 있고, 예수가 만났던 사람들(세리, 바리새인, 대제사장)에 대해 알 수 있으며, 1세기의 유대교 제도와 믿음들(성전, 메시아 대망, 부활에 대한 믿음)의 의미를 설명할 수 있다. 또한 예수의 생애를 이해하게 되면, 성도들이 예수를 본받는 삶을 살아가는 데도 도움을 줄 수 있다.

예수를 따르던 제자들은 그가 십자가에서 처형된 지 사흘 만에 죽은 자들 가운데서 부활했다고 믿었고, 곧이어 하나님이 예수의 죽음과 부활을 통해 피조물 전체를 위한 새로운 구원의 길을 시작했다고 선포하기 시작했다. 부활 이후에 예수는 이전보다 더 고양된 관점(more exalted terms)에서 선재하신 하나님의 아들, 인류의 죄를 위해 죽은 세상의 구원자(the Saviour), 그리고 지금은 부활하여 승천한 구세주(redeemer)로 간주됐다.

복음서들이 기록된 A.D. 1세기 후반 즈음에 기독교 사상은 "부활한 주"와 나사렛 사람 예수 사이에 큰 격차를 만들어 내었다. 그래서 대부분의 학자들은 "역사적 예수"(historical Jesus, 1세기 갈릴리의 공기를 호흡했던 역사적 인물)와 "신앙의 그리스도"(Christ of Faith, 교회에 의해 기억된 부활한 주) 사이를 구별한다.

물론 우리는 역사적 예수와 신앙의 그리스도 사이에 너무 견고한 쐐기를 박을 수는 없다. 앞으로 살펴보겠지만, 우리는 부활 이후 신앙의 그리스도에 대한 숙고에 근거한 본문들을 통해서만 역사적 예수에게 접근할 수 있기 때문이다. 또한 모든 것을 변화시킨 부활이라고 하는 거대한 능력에도 불구하고, 교회의 그리스도는 그 기원에 있어서 그 역사적 인물과 연속성을 가지고 있음에 틀림없기 때문이다.

그럼에도 불구하고 본서의 주된 관심은 예수를 따르는 사람들이 그 이후 수 세기에 걸쳐 이해한 그의 신학적 의미(학자들이 이른바 "기독론"[Christology]이라고 부르는 주제)가 아니라 로마의 십자가 형틀에서 죽어간 역사적 인물에 있음을 처음부터 분명하게 밝혀둔다.

그러나 "역사적"(historical)이라는 말은 정확하게 어떤 의미일까?

물론 우리 모두는 피상적으로 역사가 과거에 대한 연구요, 우리 시대 이전에 "실제로 일어났던 사건들"의 재구성이라는 것을 안다.

그러나 역사는 결코 있는 그대로를 기록하는 객관적인 활동(disinterested activity)이 아니다. 역사적 재구성(historical reconstruction)은 근본적으로 우리가 처한 현재를 이해하고, 우리가 누구인지에 대한 인식을 강화시키기 위해 공유된 기억들(shared memories)을 창출해 내는 창의적 시도(imaginative attempt)이다.

또한 이 일을 담당하는 사람들, 즉 역사가들은 그들 자신의 질문들과 관심들을 역사 서술에 반영한다. 필자를 비롯한 다른 사람들이 많은 시간을 들여 예수의 생애와 폭력적 죽음을 깊이 숙고하며 그에 관한 책들을 기록하기로 선택했다는 사실 자체가 바로 그의 이야기가 현대 세계에서 얼마나 중요한지를 보여 준다.

결국 역사는 해석(interpretation)이다. 즉 우리는 그 자체가 이미 하나의 해석인 자료들(selective interpretation)에 의존하며 그것들로부터 우리 자신의 해석적 내러티브(interpretative narrative)를 구성해낸다. 그 일이 전기적(biographical) 작업, 즉 어떤 특정한 인물에 관한 연구일 때는 문제가 더 복잡해진다.

특히 자료들 자체가 다양한 견해들을 제공할 경우, 어떻게 그 사람의 삶을 이해할 수 있을까?

또 연구하려는 대상이 약 2,000년 전에 살았고 곧바로 종교적 헌신의 대상이 된 인물이라면, 묘사의 취약성과 왜곡의 여지는 너무나 명백하다.

이 말은 역사적 예수에 대한 탐구가 실패할 수밖에 없다는 뜻은 아니다. 다만 우리가 하려는 일에 극히 신중을 기해야 한다는 말이다. 우리는 이어지는 다음 장들에서 예수에 관한 "완벽한 묘사"(full portrait)는 가능하지 않다는 점을 알게 될 것이다. 그의 생애에 대한 상세한 내용들, 즉 그의 탄생과 죽음의 정확한 시기, 그의 가정생활, 그리고

30세 이전의 삶에 관한 세부 사항 등은 대부분 현존하지 않는다. 더욱이 그의 성격이나 사적 감정, 내면적인 정서나 심리적 동기 부여 등에 대해서도 전혀 알지 못한다. 우리가 가진 자료들로는 이러한 유형의 정보를 얻을 수 없기 때문이다.

우리는 다만 그 역사적 인물에 대한 인상(an impression)에 만족해야 하며, 그의 생애의 주요한 윤곽들과 그의 교훈의 핵심 요소들, 그에 관한 다른 사람들의 생각들, 그리고 그의 죽음에 대한 이유들을 가리키는, 화폭에 그려진 넓은 붓놀림에 만족해야 할 것이다. 그 밖의 많은 것들은 그의 시대와 우리 시대를 분리시키는 커다란 간격 속에 묻혀서 없다.

"Guide for the Perplexed" 시리즈의 다른 책들처럼, 본서는 상급 수준의 학생들이나 해당 주제에 관심이 있는 일반 독자들을 위해 기록한 안내서이다. 본서의 제1장에서는 독자들에게 역사적 예수 학계의 주된 문제들과 관심들을 소개하는 동시에 그것에 대한 다양한 대답들과 재구성을 제공한다. 특히 게자 버미스(Geza Vermes), 샌더스(E. P. Sanders), 리차드 호슬리(Richard Horsley), 예수세미나(Jesus Seminar), 크로산(J. D. Crossan), 데이비드 플루서(David Flusser), 마이어(J. P. Meier), 라이트(N. T. Wright), 던(J. D. G. Dunn), 데일 엘리슨(Dale Allison) 등과 같은 현대의 많은 저명한 예수 학자들의 연구에 집중할 것이다.

그 다음에 우리는 예수의 생애에 대한 자료들을 분석할 것이다(그레코-로만 시대의 자료, 유대 자료, 기독교 자료 등). 물론 1세기의 농부가 당대의 역사에 많은 흔적을 남겼을 것을 기대할 수는 없다. 그러나 타키투스(Tacitus), 수에톤(Suetonius), 또는 요세푸스(Josephus)의 간략한 언급에는 어느 정도의 관심을 기울여야 하는가? 복음서들은 역사적으로 어느 정도까지 신뢰할 수 있는 자료인가?

또한 신약성경에 포함되지 않은 문헌들, 즉 『도마복음』이나 『베드로복음』과 같은 비정경 문서들은 어떠한가?

이러한 외경들은 정경보다 더 오래되고 신뢰할 만한 전승들을 포함하고 있는가?

아니면 역사적 예수 연구에 혼란만을 야기하는가?

자료 문제를 살펴본 후에 본서의 후반부(제2부)에서는 예수 생애의 핵심 요소들을 제시할 것이다. 필자는 이 부분을 일련의 스냅 사진들(snapshots)로 생각하는데, 각각의 스냅 사진은 예수 생애의 핵심 요소들을 탐구한다(갈릴리에서의 성장, 세례 요한과의 관계, 하나님 나라에 대한 가르침 등). 여기서 탐구된 내용들은 전반적으로 대부분의 예수 학자들이 역사적인 것으로 수용할 만한 주제들이며, 각 경우마다 필자는 주요 논쟁 분야들이 무엇인지 독자들이 분명하게 파악할 수 있도록 자료들을 배열하려고 애썼다.

필자의 희망은 본서의 후반부를 읽고 나서 독자들이 역사적 예수에 관한 자신의 묘사(portraits)를 구성하기에 충분한 정보를 갖게 되는 데 있다. 그러나 우선은 역사적 예수에 대한 탐구가 어떻게 시작됐는지를 살펴봄으로써 우리의 연구를 시작할 필요가 있다.

제1부

배경

제1장 역사적 예수 탐구
제2장 역사적 예수에 대한 자료들

제1장
역사적 예수 탐구

　마치 성배(Holy Grail)를 찾아 나선 기사들처럼 성경학자들은 200년이 넘도록 역사적 예수를 재구성하려고 노력해 왔다. 물론 그리스도인들이 처음부터 자신들의 근원인 역사적 예수의 생애에 늘 관심을 가져 온 것은 사실이다. 예를 들면, 정경의 복음서들은 역사적 예수의 자료를 전기적 틀 안에서 제시하고 있고, 2세기에 나타난 복음서 조화들(Gospel harmonies)은 상이하게 묘사된 복음서의 이야기들을 하나의 매끄럽고 일관된 예수의 생애로 엮으려는 열망을 보여 준다. 또한 3세기 이래로 계속된 성지 순례의 물결은 예수가 만졌던 바로 그 돌들과 그가 걸었던 바로 그 길들에 대한 관심을 알려준다.
　그러나 오늘날 진행되고 있는 역사적 예수에 대한 학문적 연구(academic study)는 사실상 18세기 계몽주의의 여파로, 이성주의를 과학 탐구의 토대로 삼고 하나님이 초자연적인 방식으로 역사에 개입하신다는 사상을 거부함으로써 시작됐다. 19세기에 역사 비평(historical criticism) 방법이 대두됨에 따라 "신앙의 그리스도"와 "역사의 예수"가 구별됐고, 그러한 구별은 그 이후로 줄곧 역사적 예수 탐구를 지지했다.
　역사적 예수 탐구의 길은 결코 순탄하지 않았다. 현대의 학자들은 역사적 예수 탐구의 여정을 대체로 옛 탐구(Old Quest) 시대, 탐구 포기(No Quest) 시대, 새 탐구(the New Quest) 시대, 그리고 제3의 탐구(the Third Quest) 시대 등 네 단계로 나눈다. 그러나 우리가 곧 살펴보겠지만, 실제로는 이러한 네 단계 도식으로 모든 연구가 포괄될 수 없음을 자주 확인하게 된다. 그럼에도 불구하고, 이러한 네 단계 구분은 전반적으로 여전히 유용하며 지난 200년간의 주요한 연구 경향을 파악하는 데 큰 도움을 준다.[1]

1. 옛 탐구 시대(라이마루스, 1778 – 슈바이처, 1906)

역사적 예수 탐구를 시작한 학자로 흔히 인정받는 인물은 함부르크(Hamburg)대학교의 명망 있는 동양 언어 교수인 헤르만 라이마루스(Hermann Reimarus)였다.[2] 겉으로는 정통 기독교 신앙을 표명했던 라이마루스는 기독교 기원에 관한 자신의 견해를 숨긴 채 끝까지 밝히지 않았다. 그가 죽은 이후에야 비로소, 『변론』(*Apology*, 실제 제목은 『하나님을 이성적으로 예배하는 자들을 위한 변론』-역주)이라는 이름으로 알려진 긴 작

---

[1] 다양한 역사적 예수 탐구들에 대한 분석이 풍부하다. 대부분의 역사적 예수에 관한 책들의 첫 장 외에도 필자는 다음과 같은 책들이 특히 유익하다는 것을 알게 됐다. W. R. Telford, "Major Trends in Interpretive Issues in the Study of Jesus" in B. Chilton and C. A. Evans (eds), *Studying the Historical Jesus: Evaluations of the State of the Research* (Leiden: Brill, 1994), 33–74; C. Marsh, "Quest of the Historical Jesus in New Historicist Perspective," *Bib Int* 5 (1997), 403–437; J. Carleton Paget, "Quests for the Historical Jesus" in M. Bockmuehl (ed.), *The Cambridge Companion to Jesus* (Cambridge: CUP, 2001), 138–155; D. S. du Toit, "Redefining Jesus: Current Trends in Jesus Research" in M. Labahn and A. Schmidt (eds), *Jesus, Mark and Q: The Teaching of Jesus and Its Earliest Records* (Sheffield: Sheffield Academic Press, 2001), 82–124.

[2] 쉽게 접근할 수 있는 라이마루스 판(서론이 있는)으로는 C. H. Talbert, *Reimarus: Fragments* (London: SCM, 1971)를 보라.

품의 일부인 『볼펜뷔텔 단편들』(*Wolfenbuettal Fragments*)이 레씽(G. E. Lessing)에 의해 익명의 작품으로 출간됐다.

　이 중에서 "부활 내러티브에 관해"(On the Resurrection Narratives, 1777)와 "예수와 그 제자들의 의도에 관해"(On the Intentions of Jesus and His Disciples, 1778)라는 제목의 두 논문이 특히 흥미를 끈다. 이 두 논문에서 라이마루스는 예수는 왕이 되기를 희망했던 정치적 선동가였지만, 결국 그러한 희망이 좌절되고 로마의 십자가에서 처형당하고 말았다고 주장했다. 하지만 그에 따르면, 예수에게 모든 것을 걸었던 그의 제자들이 권력과 세속적인 명성을 얻기 위해 그의 시신을 무덤에서 훔쳐내어 부활 이야기를 지어내었고, 예수를 영광 중에 다시 오실 세상의 구원자로 바꾸어 놓았다. 그러므로 기독교는 신적 계시가 아니라 사도들의 속임수(fraud)에 기초했다는 것이다.

　당연히 이 『볼펜뷔텔 단편들』은 격렬한 반응을 불러일으켰다. 그것은 라이마루스의 견해가 새롭기 때문이 아니었다. 그는 기적(특히 부활)에 관한 계몽주의적 회의론(Enlightenment scepticism)에 깊게 의존했으며, 무엇보다도 복음서들이 모순으로 가득 차 있고, 예수가 자신을 정치적 구원자로 보았으며, 사도들이 예수가 죽은 후 본래의 복음을 왜곡시켰다고 주장한 영국의 이신론 사상(English Deists)에 이미 깊이 침잠되어 있었다.

　그러나 라이마루스가 현저하게 기여한 점은 이 모든 견해들을 하나로 모아 명실상부한 예수전(Jesus's life)을 펴냈다는 데 있다. 즉 예수의 생애를 1세기 유대적인 맥락에 두고, 초자연적이고 계시적인 이야기를 이성과 자연법, 그리고 궁극적으로는 속임수에 기반을 둔 이야기로 변형시킨 것이다.

　라이마루스는 역사적 예수와 복음서들 간의 연관성을 깨버린 것이다. 즉 복음서들은 더 이상 예수의 생애에 대한 신뢰할 만한 이야기들이 아니라, 제자들의 사기 행각을 선전하려는 작품일 뿐이다. 라이마루스 이후로 복음서들 간에 나타난 모순들을 무시하거나, 기적들을 사실 그대로 받아들이거나, 예수의 메시지와 기독교 선포 간의 연속성을 아무런 거리낌 없이 담담하게 가정할 수는 없게 됐다. 사실상, 역사적 예수(Jesus of history)에 대한 탐구가 시작된 것이다.

라이마루스의 견해를 좀 더 전통적인 신앙과 조화시키려는 학자들도 있었다. 하이델베르크(Heidelberg)대학교의 신학자인 파울루스(H. E. G. Paulus)는 기적들이 실제로는 자연적 사건이었는데, 쉽게 속아 넘어가는 제자들이 기적으로 잘못 받아들였다고 주장함으로써 기적을 "이성적으로" 설명하려고 했다. 그중에서도 5,000명을 먹인 급식 기적에 대한 그의 설명은 매우 유명하다. 이 설명에 따르면, 예수가 자신의 떡과 물고기를 나눔으로써 다른 사람들도 그렇게 하도록 유도했다는 것이다. 이런 점에서 급식 기적은 기적이 아니라 모든 사람들이 가진 것을 나눌 때 일어난 평범한 사건으로 간주됐다.

하지만 이 시기에 가장 중요한 작품은 슈트라우스(D. F. Strauss)라는 취리히의 젊은 학자에 의해서 나왔다. 슈트라우스는 그의 책 『비판적으로 검토된 예수의 생애』(*The Life of Jesus Critically Examined*, 1835; 영역본 1846)에서 당대의 합리주의적 관점을 받아들였지만, 성경 속 이야기들의 역사성을 붙잡기 위해 기적적인 요소들을 제거하려는 시도는 (파울루스가 그랬듯이) 그 이야기들이 지닌 주된 요점을 말살시킨다고 보았다. 성경 이야기에서 기적적인 요소를 다 빼버리면, 이성적인 사람들의 구미에는 맞을지 몰라도 종교적 의미는 모두 잃고 만다는 것이다.

슈트라우스의 가장 중요한 공헌은 신화(myth)의 범주를 논의 속으로 도입한 데 있다. 그는 복음서들이 예수의 생애에 대한 역사적 보도가 아니라 복음서 저자들이 주로 히브리 성경에 기초해 편집한, 기독교 기원에 대한 신화적 이야기라고 주장했다. 그에 따르면, 신화적 요소들이 실제 사건에 덧붙여지는 경우도 있었고(예컨대, 예수의 세례 이야기에서 언급된 비둘기나 하늘의 음성과 같은 경우), 때로는 이야기 자체가 완전히 신화적인 경우도 있었다(예컨대, 변화산 사건과 같은 경우 이 사건에서 모세와 엘리야의 모습은 전적으로 구약성경에서 유래했다).

슈트라우스에 따르면, 역사적 예수는 후대 기독교의 신화에 깊이 매몰되어 있어서 사실상 그의 생애를 재구성하기는 불가능하다. 하지만 그에게 이 같은 점은 큰 문제가 되지 않았다. 그는 역사적 예수보다는 그 자신이 처한 공간과 시간의 한계를 초월하여 현대인에게 말을 건넨 이상적인 "신-인"(God-man)인 기독교 신앙의 그리스도에 더 큰 관심을 두었기 때문이었다. 슈트라우스는 복음서의 역사적 특성을 포기했을지는 모르지만, 그 복음서 구성에 영감을 준 심오한 종교적 확신을 재생시키는 데 공헌했다.

신화의 범주는 이미 대부분의 구약 내러티브에 적용됐으며, 탄생과 부활 내러티브에 적용한 사람들도 있었다. 그러나 슈트라우스의 독특한 점은 신화의 범주를 **전체 복음서 전승**에 적용시켰다는 데 있다. 그의 연구에 대한 반응은 즉각적으로 나타났고 주로 적대적인 평가였다. 그는 복음서를 이해하는 "제3의 길"(a third way)을 제안함으로써 (기적들을 자연적인 근거들로 설명하기를 선호한) 합리주의자들과 (합리주의자들의 설명을 좋아하지 않지만, 복음서들을 신화로 간주할 준비가 되어 있지 않았던) 전통주의자들 모두에게 반감을 샀다. 그의 연구는 라이마루스의 연구보다 훨씬 더 큰 영향을 끼쳤는데, 이는 탁월한 학식과 신중한 논의가 돋보이는 작품이었기 때문이었다. 그의 반대자들은 그의 주장들을 좋아하지는 않았을지라도 진지하게 받아들여야 했다.

슈트라우스는 그의 연구 때문에 학문적 경력을 끝내야 했지만, 그 연구는 복음서들과 그 자료에 대한 활발한 학문적 분석에 영감을 주기에 충분했다. 슈트라우스가 강력히 주장하기를, 요한복음은 결코 역사적인 의도가 없었다고 했다.

하지만, 공관복음(마태복음, 마가복음, 누가복음)은 어떤가?

이른바 공관복음 문제, 즉 이 세 복음서를 연결하는 문학적인 관계는 어떻게 설명할 수 있을까?

또 어느 복음서가 가장 오래 된 복음서인가?

19세기 중반쯤, 이러한 질문들에 대한 대답이 이른바 "두 자료설"(Two Document Hypothesis)을 통해 제시됐다.

두 자료설에 따르면, 마가복음이 가장 먼저 기록됐으며, 마태복음과 누가복음의 주된 자료로 사용됐다(이 세 복음서에 상당히 일치하는 구절들이 나오는 것은 이 때문이다). 또한 마태복음과 누가복음의 저자들은 Q("자료"를 뜻하는 독일어 단어 크벨레[Quelle]의 첫 문자)로 알려진 또 하나의 문서 자료를 사용했다. 이 Q는 때때로 이 두 복음서가 긴밀하게 연결된 이유를 설명해 주기도 한다. 마가복음은 가장 먼저 기록된 복음서로 간주됨에 따라(그러므로 역사적으로 가장 신뢰할 만한 복음서로 추정), 예수에 관한 그 다음 연구, 즉 자유주의적 예수전(the Liberal Lives)에서 중요한 역할을 하게 됐다.

합리주의(rationalism)에 대한 반발로 19세기 후반에 윌리엄 워즈워드(William Wordsworth), 프란츠 슈베르트(Franz Schubert), 루트비히 판 베토벤(Ludwig van Beethoven)과 같은 인물들과 연관된 예술 운동인 낭만주의(Romanticism)가 출현하게 됐다. 이들은 감정(emotion)을 인간의 영감과 창의성, 그리고 본질적인 선(goodness)의 근원으로 강조했다. 자유주의적 예수전의 작가들(주로 독일의 개신교 학자들)

은 이러한 일반적 관점의 테두리 안에서 예수의 종교적 감정에 특히 관심을 두었고, 그의 "내면의 삶"과 "메시아적 자의식"(messianic consciousness)에 관해 대담하게 논의했다.³

그들은 역사 비평 방법의 진전(특히 마가복음이 누린 출중한 위치)을 통해 "실제 역사의 예수"를 드러내 줄 복음서들의 역사적 핵심을 추출할 수 있으며, 이 인물이 그들 자신의 시대에 적절한 메시지를 전달해 줄 것으로 기대했다. 그들은 기독교의 신조와 교리에 나타난 그리스도를 거부함으로써 하나님의 부성애와 인간의 형제애에서 가장 단순한 형태로 표현된, 예수의 단순하고 시대를 초월한 보편타당한 메시지를 해방시키기를 열망했다. 예수는 시대를 초월한 다소 감상적인 도덕 교사가 됐고, 그리스도(Christ)보다는 오히려 첫 번째 그리스도인(first Christian)이 됐으며, 기독교 행동의 모델이 됐다.

이러한 심리적이고 도덕적인 연구들이 당대에는 상당한 인기를 누렸지만, 이들에 대해 제기된 가장 신랄한 비판들 중 하나는 그 연구들이 지닌 주관성(subjectivity) 때문이었다. 1906년 슈바이처는 다음과 같이 논평했다.

> 각각은 [예수를] 자기 자신의 성격에 따라 창조했다. 인간의 참된 자아를 이렇게 예수전(Life of Jesus) 저술로 드러내는 것은 어떤 역사적 과제도 아니다.⁴

---

3 가장 유명하고 센세이션을 일으킨 예수전(Lives) 중 하나는 프랑스 가톨릭 학자 Ernest Renan의 *The Life of Jesus* (London: Trubner, 1864; 불어 원판, 1863)였다. 마지막 예수전은 굉장한 인기를 누렸던 Adolf Harnack, *What is Christianity?* (London: Williams and Norgate, 1901; 독일어 원판 1900)이었다.

4 A. Schweitzer, *The Quest of the Historical Jesus* (London: A & C Black, 1954; W. Montbomery에 의한 3판 번역), 4.

또 얼마 지나지 않아 조지 타이렐(George Tyrell)이 유명한 선언을 했는데 그 내용인즉슨, 예수전의 저자들이 재구성한 것은 단지 "깊은 우물 바닥에서 바라본 자유주의 개신교 얼굴의 반영일 뿐"이라는 것이다. 자유주의 예수전의 저자들이 한 작업은 예수를 자신들의 시대에 적합한 모범을 제공할 수 있는 19세기 독일 자유주의자로 옷 입힘으로써 자신들의 이상(ideals)을 예수에게 투영하는 것이었다(앞으로도 살펴보겠지만, 예수의 현대화는 예수 연구에서 계속 반복되는 문제이다).

자유주의적 예수전의 영향력은 세 가지 사건으로 인해 상당 부분 수그러들었다.

첫 번째 사건은 1901년 브레데(W. Wrede)가 마가복음에 나타난 "메시아 비밀"(messianic secret)에 관한 책을 출간한 일이었다. 이 책에서 브레데는 마가복음 도처에 등장하는 비밀 모티브(motif)가 예수의 삶으로 거슬러 올라가는 것이 아니라, 마가복음 저자의 신학적 구성이었다고 주장했다.[5] 마가복음은 최초의 복음서일 수는 있지만, 다른 복음서들과 마찬가지로 신학적 특성을 지니고 있기에 역사가들이 그것에 (역사적) 신뢰를 둔 것은 위험천만한 일이었다는 것이다.

두 번째 도전은 종말론(eschatology, 예수가 "종말"과 연관됐다는 사상)이 재도입되면서 비롯됐다. 이러한 종말론이 라이마루스에게는 어느 정도 나타났지만(그는 종말론을 정치화하는 경향이 있다), 슈트라우스와 개신교 자유주의자들의 작품에서는 주도권을 거의 잃어버렸다. 종말론적 예수는 요한네스 바이스(Johannes Weiss)에 의해 처음으로 변론됐고, 이어서 1906년에 출간된 슈바이처(Albert Schweitzer)의 매우 영향력 있는 책인

---

[5] W. Wrede, *Das Messiasgeheimnis in den Evangelien* (Goettingen: Vandenhoeck, 1901). 영문판: *The Messianic Secret* (Cambridge: Clarke, 1971).

『역사적 예수 탐구』(*The Quest of the Historical Jesus*)에 의해 훨씬 더 강력하게 변호됐다.[6]

슈바이처는 역사적 예수를 이해하는 열쇠는 그의 윤리가 아니라 종말론, 즉 세상 끝이 얼마 남지 않았다는 그의 강박적이고 거의 광적인 신념이었다고 주장했다. 브레데와는 대조적으로 슈바이처는 복음서들이 예수에 대한 묘사를 비교적 정확하게 기록한 것으로 보았다. 그러나 복음서들이 드러낸 것은 잘못 판단한 인물, 즉 완전히 빗나간 예측을 한 인물이었다.

슈바이처에 따르면, 처음에 예수는 하나님이 현 세상에 인자(the Son of man)로 알려진 인물의 중개로 임박한 종말을 가져올 것으로 기대했다(마 10:23에 언급된 기대). 그러나 기대했던 종말이 일어나지 않자, 예수는 이사야 53장에 나오는 고난 받는 종을 토대로 자신이 인자가 되어야 했음을 깨달았고 자신이 십자가에서 폭력적인 죽음을 당함으로써 하나님이 그 일을 하실 수 있기를 희망했다. 그러나 그럼에도 불구하고 종말은 도래하지 않았고, 예수의 예고는 실현되지 않았다. 슈바이처는 역사적 예수가 "낯선 사람이었고 수수께끼 같은 인물"(a stranger and a enigma)이었으며, 실패한 1세기(20세기 초에는 말할 것도 없고)의 유대 예언자였다고 결론을 내렸다.

슈바이처의 개신교 자유주의자들에 대한 비판의 내용은, 그들이 예수의 가르침 속에 있는 종말론적인 차원을 간과했다는 것이 아니라(그것이 마가복음에 너무 분명하게 나타나므로) 오히려 한쪽으로 제쳐놓았다

---

[6] J. Weiss, *Predigt Jesu vom Reiche Gottes* (Goettingen: Vandenhoeck & Ruprecht, 1982). 영문판: *Jesus' Proclamation of the Kingdom of God* (Philadelphia: Fortress, 1971). A. Schweitzer, *Von Reimarus zu Wrede: Eine Geschichte der Leben-Jesu-Forschung* (Tuebingen: Mohr, 1906), 영문판은 앞의 각주 4를 보라.

는 것이었다. 자유주의적 예수전의 작가들은 예수의 생애 내에서 "문화적 제약이 있는 부분"과 "영구적으로 유효한 부분"을 구분하려는 경향이 있었다. 슈바이처에 따르면, 종말론은 전자에 속한 것으로 보았기에 무시해도 좋을 것으로 여겨진 반면, 예수의 도덕적이고 윤리적인 가르침은 후자에 속한 것으로 보았기에 핵심적인 것으로 여겨졌다는 것이다.

슈바이처는 주장하기를, 이러한 구분은 일관성이 없기에(uncoherent), 예수의 묵시적 윤곽이 모든 것에 영향을 끼치는 "일관된 종말론"(consistent eschatology)이 필요하다고 했다. 슈바이처의 견해에 따르면, 예수전은 일련의 무시간적 도덕 진리를 위해 예수의 급진적인 메시지와 사회적 비판을 무시함으로써 예수를 현대화시키고(modernized) 길들였다(domesticated). 종말론이 중심이 됐을 때, 역사적 예수에 관한 것은 모두 시대의 제약을 받는 낯선 것으로 여겨졌다.

슈바이처에게 예수의 영구적인 의미는 나사렛 예수라는 역사적 인물 안에서 발견될 수 있는 것이 아니라, "영적 예수"(Spiritual Jesus) 안에서 발견될 수 있다. 예수와 신자 사이의 관계는 그의 저서의 유명한 마지막 단락에서 거의 신비적 특성을 띤다.

> 그는 예전처럼 이름 없는 미지의 인물로서 호숫가에 있는 우리에게 다가온다. 그는 그가 누구인지 몰랐던 사람들에게 왔다. 그는 "나를 따르라"는 동일한 말로 우리에게 말을 건네고 그가 우리 시대를 위해 이루어야 하는 과제를 우리에게 부과한다. 그는 명령한다. 그는 현명한 사람이든 단순한 사람이든 자신에게 순종하는 사람들에게는, 그들이 자신과의 교제 가운데 겪게 될 수고와 갈등과 고난 속에서 자기 자신을 드러낼 것이다. 그리고

> 그들은 자신들의 경험을 통해 그를 형언할 수 없는 신비로서
> 배우게 될 것이다.[7]

이런 점에서 슈바이처에게는, 본질적으로 그리스도인들에게 현대의 의미를 부여하는 자는 역사적 예수가 아니라 신앙의 그리스도이다.

브레데와 슈바이처가 제기한 학문적 도전 이후, 자유주의적 예수전을 향한 세 번째 도전은 제1차 세계 대전(1914-1918년)이었다. 인간의 잔인성와 타락에 대한 만연된 증거로서의 전쟁은 인류의 선에 대한 낭만주의 운동의 낙관주의적 신념과 19세기 후반의 도덕적 진화론을 송두리째 깨버렸다. 철저한 사회적 혼란에 직면하여(특히 전쟁 이후 독일의 경우) 예수전의 도덕적 교사상은 단지 공허하게 들릴 뿐이었다.

역사적 예수 탐구가 독일에서 다시 강력하게 재개된 것은 2차 세계 대전(1939-1945년)이 끝난 이후인 1950년대였다. 그 사이 기간은 흔히 "탐구 포기"(No Quest) 시대로 불린다. 앞으로 살펴보겠지만, 이 명칭은 약간 오해의 소지가 있다. 이 기간 동안 역사적 예수 문제가 학문적 연구 주제(agenda)의 최고 위치에 있지는 않았지만, 계속해서 연구들이 진행되고 책들이 출간됨으로써, 1950년대에 재개된 새로운 탐구를 위한 기초 작업을 상당 부분 준비하고 있었다.

2. "탐구 포기" 시대

슈바이처와 브레데의 강력한 비판으로 많은 독일 학자들은 역사적

---

[7] A. Schweitzer, *Quest*, 401. 이 단락은 그 책의 모든 판에서 수정되지 않은 채로 나타난다.

예수를 재구성하는 일이 과연 가능한가라는 문제에 직면했다. 또 가능하다 할지라도 신학적 전망은 상당히 변화됐다. 그래서 이제 중심이 된 것은 역사적 예수가 아니라 신앙의 그리스도였다.

이 시기에 가장 영향력 있던 탁월한 학자는 마르부르크(Marburg)대학교 교수였던 루돌프 불트만(Rudolf Bultmann)이었다. 불트만은 전쟁 이후 독일에서 글을 쓰고 자신의 실존주의적 관점에 의존함으로써 인류가 하나님 앞에서 결단의 위기 앞에 서 있으며, 참된 실존은 예수 그리스도를 통한 하나님의 구원 행위를 믿는 인간의 반복적 신앙(repeated belief)에 달려 있다고 역설했다.

불트만이 역사적 예수에 대해 전혀 관심이 없었던 것은 아니었다. 자주 인용되곤 하는 "나는 예수의 생애와 성격에 관해 거의 아무 것도 알 수 없다고 생각한다"[8]라는 그의 진술은 19세기 후반 학자들의 심리학적인 해석에 대한 이의 제기였다.

그는 예수가 학문적 탐구가 가능한 실제 역사적 인물이었다는 점을 강조했고, 예수에 관한 자신의 책들(『예수』[Jesus, 1926]; 『예수와 말씀』[Jesus and the Word, 1934])에서 예수의 생애와 가르침에 대한 기본적인 윤곽을 개괄했다. 하지만 중요한 요점은 믿음이 역사적 탐구라는 종잡을 수 없는 상황(shifting sands)에 의존할 수 없다는 것이었다. 불트만에 따르면, 가장 중요한 것은 역사적 예수가 아니라, 케리그마의 그리스도(kerygmatic Christ), 즉 기독교가 선포하는 부활한 주였다.

불트만은 복음서들의 형성 과정을 분석한 "양식 비평"(form criticism)의 위대한 선구자들 중 하나였다. 그와 그의 독일 동료들은 예수에 대한 이야기들이 분명하게 규정된 다수의 "양식들"(forms, 이를테면, 격언,

---

8 R. Bultmann, *Jesus and the Word* (London: Ivor Nicholson and Watson, 1935), 14.

기적, 갈등 이야기 등)의 형태로 일정 기간 동안 구전으로 유포됐다고 주장했다. 그러한 양식들은 초기 교회에 의해 사용됐다가 최종적으로 복음서 저자들에 의해 편집되어 복음서 내에 무작위로(randomly) 배열됐다는 것이다. 불트만의 견해에 따르면, 이러한 전승 단위(units of traditions) 가운데 후대에 첨가된 것들을 벗겨내면 역사적 예수에게로 거슬러 올라가는 것도 더러 있을 수 있지만, 많은 경우는 교회에 의해 만들어졌다. 그것들은 초기 기독교 공동체의 특정한 삶의 정황(Sitz im Leben)을 반영하며, 가장 초기의 케리그마(kerygma, 또는 선포)를 보여 주었다는 것이다.

이런 점에서 복음서들은 예수의 생애에 대한 역사적 기술이 아니라, 가장 초기 기독교 공동체의 믿음의 표현이었다. 복음서들은 "선포자"(proclaimer, 역사적 예수)가 어떻게 "선포된 자"(proclaimed, 부활한 주)가 됐는지를 보여 주었다. 기독교 신앙의 참된 중심은 바울 및 요한과 같은 신학적 천재들에 의해 형성되고 비신화화된(demythologized, 즉 구시대의 세계관이 제거된) 바로 이 선포된 예수이다.

불트만의 영향력은 너무나 지대해서 특히 독일에서는 그 이후 몇십 년간 역사적 예수에 관한 진지한 연구를 거의 찾아볼 수 없었다. 그의 선례를 따라 신약학자들은 관심 영역을 복음서 연구와 초기 기독교 신앙의 발전 과정으로 돌렸다. 물론 모든 학자들이 역사적 예수 탐구를 포기한 것은 아니었다. 독일 외부의 학자들은 상대적으로 활발히 연구했다. 스코트(E. F. Scott)는 1940년에 「하버드 신학 논평」(*Harvard Theological Review*)에 기고한 글에서 여전히 "예수전의 끝없는 행렬"에 대해 언급할 수 있었고, 많은 기고문들을 논평했다.[9]

---

9   E. F. Scott, "Recent Lives of Jesus," *HTR* 27 (1934), 1–31(인용구는 1쪽에서 인용).

그러나 전반적으로 역사적 예수 탐구에 대한 태도가 누그러진 것은 사실이었다. 학자들은 하나의 "생애"(life)를 재구성하려는 시도보다는 분별 가능한 전승 요소들을 연구하는 경향을 보였다. 예를 들면, 다드(C. H. Dodd)는 비유, 맨슨(T. W. Manson)은 예수의 가르침을 조사했고, 독일에서 예레미아스(J. Jeremias)는 비유에 대한 책, 성만찬 말씀들에 대한 책, 그리고 예수 시대의 예루살렘에 대한 책을 저술했다.[10] 이들 학자들은 양식 비평학자들이 제기한 역사적 문제들을 진지하게 다루었고 자신들의 연구를 더 큰 역사적 예수의 재구성으로 통합시키려는 유혹에 저항했다.

이 시기에 예수의 생애에 대해 기술하려는 좀 더 흥미로운 연구들은 유대인 학자들로부터 나왔다. 클로드 몽테피오레(Claude Montefiore)는 많은 출판물에서 예수를 예언자로 간주했다. 예수에 대해 최초로 히브리어로 글을 쓴 조셉 클라우스너(Joseph Klausner)는 예수를 특히 윤리적 가르침이 탁월한, 대체로 율법을 준수한 유대인으로 보았다 (그러한 윤리적 가르침의 대부분은 이미 히브리 성경에서 발견됐다). 또 로버트 아이슬러(Robert Eisler)는 주로 최근에 발견된 요세푸스(Josephus)의 옛 러시아어(슬라브어) 판본에 보존된 예수 언급에 의존하여 예수를 혁명가로 보았다.[11]

---

10 C. H. Dodd, *Parables of the Kingdom* (London: Nisbet and Co, 1935); T. W. Manson, *The Teaching of Jesus* (2nd ed. Cambridge: CUP, 1935); J. Jeremias, *Parables of Jesus* (London: SCM, 1954; 독일어 원판 1947); *The Eucharistic Words of Jesus* (Oxford: Blackwell, 1955; 독일어판 2판 1949); *Jerusalem in the Time of Jesus* (London: SCM, 1969); 독일어 원판. 1923-1924).

11 C. G. Montefiore, *Some Elements in the Religious Teaching of Jesus* (London: Macmillan, 1910); "Rabbinic Literature and the Gospel Teachings, What a Jew Thinks about Jesus," *Hibbert Journal* 33 (1934-1935); J. Klausner, *Jesus of Nazareth: His Life, Times and Teaching* (New York: Macmillan, 1929; 히브리어 원판 1922); R.

선포된 그리스도(the proclaimed Christ)를 강조한 불트만의 견해는 극단적으로 추론되어(불트만 자신은 이에 대해 강하게 반대했지만) 예수가 결코 존재하지 않았다고 주장하는 연구들이 확산되었다. 이 견해의 주된 주창자는 독일 철학자 아더 드류스(Arthur Drews)였는데, 그는 전체 예수 이야기가 신화였다고 주장했다. 그의 견해는 슈바이처가 1913년에 출간한 『역사적 예수 탐구』 개정판에서 그것에 반박하기 위해 한 장 전체를 할애할 정도로 상당한 논란을 불러 일으켰다.[12] 좀 더 충격적인 일은 이 시기에 나치의 이데올로기에 영향을 받은 일련의 매우 미심쩍은 연구들이 나타났다는 점이다.

이러한 연구의 초기 예는 체임벌린(H. S. Chamberlain)의 책이었는데, 그의 책은 예수가 아시리아의 강제 추방 이후 갈릴리로 이주한 혼혈인 집단에 속했으며, 아마도 아리안 계통(Aryan stock)의 사람이었다고 주장했다. 이 인기 있는 작품은 베스트셀러가 되어 1944년까지 무려 29쇄를 기록했다. 월터 그룬트만(Walter Grundmann)은 좀 더 학문적인 측면에서 예수의 가족이 유대인 "종파"(confession)에 속했지만 인종적으로는 유대인이 아니었으며 예수는 당대의 유대교를 강하게 반대했다고 주장했다.[13]

Eisler, *The Messiah Jesus and John the Baptist* (London: Methuen, 1931).

12 A. Drews, *The Christ Myth* (London: T. Fisher Unwin, 1910; 독일어 원판 1909). 예수의 존재 자체를 부인한 사람들의 논의에 대해서는 R. Van Voorst, *Jesus Outside the New Testament* (Grand Rapids: Eerdmans, 2000), 6-16을 보라.

13 H. S. Chamberlain, *Die Grundlagen des Neunzehnten Jahrhunderts* (Munich: Bruckmann, 1899); W. Grundmann, *Jesus der Galilaeer und das Judentum* (Leipzig: Wigand, 1940). 다음의 연구들을 보라. S. Heschel, *The Aryan Jesus: Christian Theologians and the Bible in Nazi Germany* (Princeton: Princeton University Press, 2008); P. M. Head, "The Nazi Quest for an Aryan Jesus," *JSHJ* 2 (2004), 55-89; M. Casey, "Who's Afraid of Jesus Christ?" in J. Crossley and C. Karner (eds), *Writing History, Constructing Reality* (Aldershot: Ashgate, 2005), 129-146.

오늘날 이러한 작품들은 신임을 완전히 잃었지만, 한 작가가 처한 상황이 그의 역사적 예수에 대한 묘사에 어느 정도까지 영향을 끼칠 수 있으며, 역사적 탐구가 어느 정도까지 현대 사상의 영향을 받을 수 있는지를 보여 주는 부정적인(불쾌한) 예로 간주된다. 아이러니하게도 불트만의 제자들이 역사적 탐구를 다시 재개한 것은 부분적으로는 이러한 해석들에 대한 반작용 때문이었다.

3. 새 탐구 시대(1953-1980년대 중반)

재개된 역사적 탐구는 일반적으로, 불트만의 옛 제자들의 한 모임에서 1953년 에른스트 케제만(Ernst Käsemann)이 "역사적 예수의 문제"(The Problem of the Historical Jesus)라는 제목으로 행한 강연이 자극이 되어 시작된 것으로 여겨진다.[14] 케제만은 역사의 예수와 신앙의 그리스도를 너무 분명하게 구분하는 시도는 현명하지 못한 처사라고 지적했다. 예수에게서 역사성을 제거한다면, 누구든 자신의 연구 주제를 위해(그 것이 아무리 잘못된 것일지라도) 마음대로 예수를 전용할 수 있는 길이 열리기 때문이다(나치가 예수를 전용한 경우가 적절한 예이다).

더욱이 예수의 독특함(particularity)의 진가를 충분히 인정하지 않는다면, 가현설(Docetism), 즉 예수가 참된 인간이 아니었다는 사상(예수를 부인하는 자들의 연구에서 극단적으로 수용되는 사상)의 위험에 빠질 수 있다. 그에 따르면, 복음서의 구성 방식(format)은 초기 그리스도인들이 예수의

---

14 E. Käesemann, "Das Problem des historischen Jesus," *ZTK* 51 (1954): 125–153. 영문판으로는 E. Käsemann, "The Problem of the Historical Jesus" in *Essays on New Testament Themes* (London: SCM, 1964)로 출간.

생애 이야기를 믿음을 위해 중요한 요소로 간주했다는 점을 보여 주었다. 케제만이 19세기의 전기적 접근 방식(biographical approach)으로의 복귀를 요청한 것이 아니었다. 그 역시 복음서의 역사적 가치에 대해서는 회의적이었지만, 방법론적으로는 예수에 관한 몇 가지 부인할 수 없는 사실을 확정할 수 있다고 생각했다.

이른바 역사적 예수의 "새 탐구"는 이러한 연구 지침을 뒤따라갔다. 옛 탐구가 뚜렷한 반-도그마적(anti-dogmatic) 동기 부여를 보여 주었다면, 새 탐구는 신앙의 그리스도와 그의 기원인 특정한 역사적 인물 간의 연속성을 확정하려고 함으로써, 훨씬 더 큰 신학적 연구 주제를 가지고 있었다.

새 탐구는 거의 전적으로 개신교 학자들에 의해 수행됐으며, 독일 신학부에 소속된 학자들의 기여가 압도적이었다. 학자들은 복음서의 대부분이 초기 교회의 작품이므로 역사적 예수를 발견하는 데 별 도움이 안 된다고 주장하는 양식 비평의 테두리 안에서 작업을 계속했다. 케제만의 강연이 있은 후 채 4년이 안 되어 불트만의 또 다른 제자인 귄터 보른캄(Günther Bornkamm)이 지금은 고전이 된 『나사렛 예수』(Jesus of Nazareth)를 출간했다.[15] 이 책은 다음과 같이 도전적인 첫 문장으로 시작한다.

"더 이상 예수전을 쓸 만한 자리에 있는 사람은 없다."

보른캄 역시 19세기 예수전으로의 복귀를 반대하고 있었다. 그러나 그의 책에는 예수가 나사렛 출신의 유대인이었고, 아람어를 말했으며, 세례 요한에게 세례를 받았다는 등의 타당한 자료들이 포함되어 있다. 양식 비평가들은 예수 생애에 일어난 많은 **사건들**을 "전설적 추가

---

[15] G. Bornkamm, *Jesus of Nazareth* (New York: Harper, 1960; 독일어 원판 1956).

(legendary additions)로 분류했고, 현재 복음서에 나와 있는 예수의 연대에 대해 매우 회의적이었다. 그 결과 보른캄은 예수의 **말씀**(sayings)에 강조점을 두었다.

보른캄의 견해에 따르면, 예수는 현재적이면서 동시에 임박한 하나님 나라를 선포한, 위대한 권위를 가진 인물이었다. 예수는 율법에 대해 급진적으로 도전했기 때문에 이를 위협으로 간주한 종교지도자들에 의해 성전 청결 사건 이후 십자가에서 처형당했다. 보른캄에 의하면, 예수가 자신의 역할이나 임박한 죽음에 대해 어떻게 생각했는지는 알기가 불가능하다. 보른캄의 견해에 특별히 새로운 점은 없었지만 보른캄의 책은 다가 올 수십 년 동안 예수에 대한 표준 연구서가 됐다.

새 탐구의 가장 중요한 특징은 방법론에 주목했다는 점에 있다. 새 탐구에 참여한 학자들은 예수의 말씀, 즉 예수의 **실제 말씀**(ipsissima verba)으로 되돌아가기를 원했다.

그러나 어떤 방법을 통해서 이 일이 진행됐는가?

공관복음에 대한 양식 비평적 분석은 전승의 초기 형태를 확인할 수는 있었지만, 그 전승이 예수에게로까지 소급된다고 보장할 수는 없었다. 그러한 판단을 보다 더 견고한 학문적 토대 위에 세우기 위해 학자들은 어떤 말씀들이 예수에게로까지 소급될 수 있는지를 결정하기 위한 다수의 기준들을 개발했다.

이러한 기준들 중 가장 중요하고도 유명한 것은 **비유사성의 기준**(criterion of dissimilarity)이었다. 불트만이 이미 이 기준을 사용한 바 있지만, 이것을 가장 분명하게 규정한 학자는 니콜라스 페린(Nicholas Perrin)이었다.

우리가 도달할 수 있는 가장 초기 형태의 말씀이 고대 유대교와 초기 교회의 특징적인 요인들과 차이가 날 경우 예수의 실제 말씀으로 간주할 수 있을 것이다.[16]

이 기준에 따르면, 예수의 독특성을 드러내는 자료는 예수의 유대적 배경에서는 유례를 찾을 수 없으며 초기 교회의 주된 신학적 강조점과 일치하지 않는 자료이다. 이러한 예들로는 "죽은 자들로 자기의 죽은 자들을 장사하게 하라"(눅 9:60a)는 예수의 명령이나, 하나님의 나라를 어린아이처럼 받아들이라(막 10:15과 병행 구절)는 권면 등을 들 수 있다.

비유사성의 기준의 배후에는 다음과 같은 두 가지 가정이 놓여 있다.

첫째, 예수는 유대적인 배경 및 유산과는 대조적 태도를 보였기에 그의 진정한 특성은 그의 유대적 동시대인들과는 구별됐음에 틀림없다는 가정이다.

둘째, 초기 교회의 창의적 손질(creativity) 때문에 예수와 복음서들 간의 긴밀한 연속성을 아무 거리낌 없이 상정할 수는 없다는 가정이다. 오늘날에는 이 두 가정 모두 도전받고 있지만, 당시 비평학계에서는 핵심 가정들로 인정됐다.

페린은 비유사성의 기준 외에도 두 가지 기준을 더 추가했다.

첫째, **일관성의 기준**(criterion of coherence)은 "전승의 가장 초기층(strata)에서 유래한 자료가 비유사성의 기준에 의해 예수의 실제 말씀으로 확정된 자료와 일관성을 보일 경우, 실제 말씀으로 받아들일 수 있다"는 것이다. 즉 비유사성의 기준이라는 엄격한 장애물을 통과할 수 없

---

16 N. Perrin, *Rediscovering the Teaching of Jesus* (London: SCM, 1967), 특히 38-47.

는 자료라도 그것이 이미 예수의 실제 말씀으로 판단된 자료와 어느 정도 일치하면 역시 실제 말씀으로 판단될 수 있다는 것이다.

둘째, 다중 증거의 기준(criterion of multiple attestation)은 여러 개의 독립된 자료들(sources)에서 다양한 양식들(forms)로 발견되는 내용은 예수의 실제 말씀으로 돌릴 수 있다는 것이다. 실제로 이 기준은 특정한 말씀(sayings)보다는 오히려 모티브(motifs)에 더 도움이 되는데, 이들 중 일부는 하나 이상의 전승에서 재현된다. 예를 들면, 세리와 죄인에 대한 예수의 관심은 복음서 전승 도처에서 발견되며, 여러 다른 양식들(비유, 말씀들, 갈등 이야기 등)에서 나타난다.

또한 예수가 하나님의 나라를 선포했고(마가복음과 Q), 비유로 말했으며(마가복음, Q), 그에게는 특히 열두 제자가 중요했다(바울, 마가복음, Q)는 사실도 상당히 좋은 근거가 있기에 받아들일 수 있다.

그 밖에 예레미아스가 적용한 또 하나의 기준은 복음서 전승 내에 포함된 "아람어 표현"(Aramaisms)과 연관된다. 그에 따르면, "압바"(*abba*), "아멘"(*amen*), "랍비"(*rabbi*)와 같은 용어들은 헬라어로부터 아람어로 재번역하는 것이 더 용이한 말씀들(sayings)과 마찬가지로 예수 자신에게로 소급될 가능성이 높다.[17]

오늘날 이러한 기준들은 많은 비판의 대상이 되어 왔다. 특히 비유 사성의 기준은 예수를 자신이 몸담고 있던 유대 환경과 그를 따랐던 교회로부터 낯설게 고립시키려 한다는 비판을 많이 받았다. 더욱이 그 기준은 우리가 예수의 독특성을 말할 수 있을 만큼 충분히 1세기 유대교에 대해 알고 있다고 가정한다(사실은 그렇지 못하는데 말이다—역주).[18]

---

17 J. Jeremias, *New Testament Theology. The Proclamation of Jesus* (New York: Scribner's, 1971).

18 논의에 대해서는 C. Tuckett, "Sources and Methods" in M. Bockmuel (ed.), *The*

일관성의 기준 또한 문제가 있다. 일관성의 기준이 비유사성의 기준에 의해 실제 말씀으로 확정된 자료를 근거로 적용된다고 할 때, 일관성은 예수의 왜곡된 상을 영구화시킬 수도 있다.

보다 더 근본적인 문제는 루크 티모시 존슨(Luke Timothy Johnson)의 다음과 같은 논평에서 찾아볼 수 있다.

> [단지] 예수의 말씀들 중 하나가 미래의 하나님 나라에 대해 언급했다고 해서, 그것에 근거하여 미래의 하나님 나라에 대한 다른 말씀들이 더 개연성이 있다고 결론내릴 수는 없다. 이론적으로는 그러한(미래에 대한-역주) 다른 말씀들이 하나의 실제 말씀에 근거해서 전승에 첨가됐을 가능성도 존재한다.[19]

오늘날에도 여전히 인기를 얻고 있는 다중 증거의 기준조차도 반드시 역사성을 보증할 수는 없다. 그 기준이 실제로 제안할 수 있는 바는 어떤 전승이 상당한 인기를 누린 매우 오래된 전승이라는 것뿐이다. 또 아람어 배경에 호소하는 기준도 단지 어떤 말씀이 아람어를 말하는 배경(로마 제국 동쪽 지역의 대부분을 포함할 수 있는)에 기원을 두고 있다는 것만을 가리킬 뿐이다.

한 가지 더 지적할 것은 역사적 예수에 대한 새 탐구에 참여한 많은 학자들이 이러한 기준들을 적용할 때 수반되는 난점들을 잘 인식하고 있었지만, 그 기준들을 연구를 계속 진행할 수 있는 유일한 길로 느

Cambridge Companion to Jesus (Cambridge: CUP, 2001), 121-137, 여기서는 132-133을 보라.

19 L. T. Johnson, *The Real Jesus: The Misguided Quest for the Historical Jesus and the Truth of the Traditional Gospels* (New York: Harper Collins, 1996), 130.

졌다는 점이다. 페린은 실제 예수 자료(authentic Jesus material)를 초기 교회의 신학을 반영하는 자료로부터 애써서 분리시킨 후에 30-40여 개의 말씀들만 예수의 실제 말씀으로 분류했다. 이러한 말씀들은 대략 세 집단으로 구성됐는데, 비유, 하나님 나라에 대한 선포, 주의 기도 등이 그것들이다. 새 탐구는 예수 연구의 신뢰성을 회복했지만 그 연구 결과는 상당히 제한적이었다고 말해도 전혀 과장이 아니다.

4. 제3의 탐구 시대(1980년대 중반-현재)

1980년 중반 이래로 예수 연구의 새롭고 흥미로운 국면을 탐지할 수 있다. 아마도 이러한 새 국면을 이끈 가장 중요한 계기로는 예수가 살고 죽었던 유대 세계, 즉 "제2성전 유대교" 연구의 진전을 들 수 있을 것이다. 이 시대의 새로운 문헌들이 출간됐고(특히 사해 두루마리[Dead Sea Scrolls]와 나그 함마디 문서들[Nag Hammadi library]), 이미 잘 알려진 본문들이 보다 더 집중적으로 연구됐으며(요세푸스, 랍비 문헌들, 외경 및 위경 문헌들), 고고학이 예수 전승과 연관된 지역들을 조명해 주었다(특히 예루살렘과 갈릴리 여러 도시 및 마을들).

예수가 살았던 유대 세계는 유대교적 삶의 다양의 방식들과 성행하는 헬라 문화에 대한 개방적 태도로 인해 매우 극도로 다양한 세계였다고 여겨진다. 샌더스(E. P. Sanders)의 바울에 대한 선구자적 연구는 율법주의적 유대교(legalistic Judaism), 즉 행위 의(works righteousness)로 특징지어진 신앙에 대한 지배적 견해를 거부했으며, 그 대신 유대인의 믿음 안에 포함된 은혜의 우선적 중요성을 강조했다.[20] 1세기 유대교를 좀 더 명확하게 인식하게 됨에 따라 예수를 그 시대가 낳은 가장 유명한 유대인으로 재평가하는 길이 열려진 것이다.

제3의 탐구가 언제 시작됐는지 정확하게 규정하기는 어렵다. 어떤 이들은 게자 버미스(Geza Vermes)의 영향력 있는 작품을 효시로 제시할 수 있을 것이다. 1970년대부터 계속 이어진 그의 예수 연구는 1세기 유대교적 배경에 견고한 기반을 두고 있다. 또 어떤 이들은 샌더스의 획기적인 저서『예수와 유대교』(*Jesus and Judaism*, 1985)를 새 탐구의 시작으로 제시할 수도 있을 것이다. 어느 쪽이든 간에 지난 30여 년 동안 예수 연구에 새로운 변화가 일어난 것은 사실이다. 제3의 탐구의 중요한 특징들을 다음과 같이 열거할 수 있다.

① 최근의 예수 연구는 독일 신학계가 아닌, 영어권, 특히 미국과 영국에서 집중적으로 진행됐다. 이 모든 연구에서 특히 눈에 띄는 점은 현대 예수 학자들이 매우 다양하다는 점이다. 이 연구의 참여자들 중에는 개신교 학자들뿐 아니라(여전히 이들이 대다수를 차지하지만), 상당수의 가톨릭 학자들과 유대인 학자들, 그리고 세속주의 학자들도 포함된다. 이는 하나의 기독교 연구 주제가 더 이

---

[20] E. P. Sanders, *Paul and Palestinian Judaism: A Comparison of Patterns of Religion* (London: SCM, 1977). 제3의 탐구에 대한 유용한 논의에는 다음과 같은 작품들이 포함된다. J. P. Meier, "The Present State of the 'Third Quest' for the Historical Jesus: Loss and Gain," *Biblica* 80 (1999), 459-487; T. Holmen, "The Jewishness of Jesus in the Third Quest" in M. Labahn and A. Schmidt (eds) *Jesus, Mark and Q: The Teaching of Jesus and Its Earliest Records* (Sheffield: Sheffield Academic Press), 143-162; C. A. Evans, "Assessing Progress in the Third Quest of the Historical Jesus: An Appraisal" in D. Burkett (ed.), *The Blackwell Companion to Jesus* (Oxford: Wiley Blackwell, 2010, 337-354.

상 그 결과뿐만 아니라 질문도 독점할 수 없음을 의미한다.

이론상으로 볼 때 참여자들의 이러한 다양한 배경은 보편적인 전제들(common presupposition)이 도전받지 않을 수 없음을 의미한다. 현대의 모든 예수 학자들이 공유하는 원칙은 가능한 한 철저한 역사적 재구성 노력이 필요할 뿐만 아니라 예수는 과거의 다른 위대한 인물들과 똑같이 연구되어야 한다는 견해이다.

② 아마도 현대 예수 연구의 가장 중요한 발전은 예수의 유대성(Jewishness)이 핵심적 요소라는 사실에 있다. 이 말은 다소간 이상하게 들릴 수도 있다.

사실상 라이마루스, 슈바이처 또는 보른캄의 예수도 그렇지 않았는가?

하지만 최근 예수 연구의 독특한 점은 예수가 어떤 점에서 동시대 사람들과 달랐는지를 강조하면서도 예수의 입장을 그의 유대적인 배경과 대립시키지 않는다는 데 있다. 오히려 현대의 예수 연구는 예수를 1세기 유대 세계와 그 구조의 일부(part)로 보며 유대인으로서 동시대의 소망과 열망을 공유한 인물로 본다.

이를 위해 구약 외경과 위경 및 사해 두루마리가 동시대 유대인이 가졌던 믿음의 다양성을 입증하는 데 중요한 역할을 해 왔다. 이제 제2성전 유대교는 굉장히 복합적이고 다양했던 시스템으로 간주된다. 학자들은 더 이상 예수가 맞섰던 행위 의(works righteousness)를 숭상하는 "규범적"(normative)이고 단일한(monolithic) 유대교를 상상할 수 없다. 이제 핵심 질문은 "예수는 유대인이었나"라는 것이 아니라(그 대답은 긍정적이다), 오히려 "예수는 어떤 유형의 유대인이었나"라는 것이다.

이를테면, 그는 에세네파였나, 바리새인이었나, 민족주의자였나, 예언자였나?

이런 점에서 역사적 예수 학자들이 1세기 유대 세계를 재구성하기 위해 많은 시간을 할애하는 것은 당연한 귀결이다. 그들의 관심은 당시 유대인들의 종교적 윤곽뿐만 아니라 고대 세계에서 긴밀하게 연결된 사회적, 문화적, 경제적, 정치적 삶의 분야에도 모아진다. 특히 갈릴리에 대한 연구가 급증했는데, 예수의 사회적 비판을 검토할 수 있는 여러 분야들이 조사됐다. 예를 들면, 헬라 문화가 갈릴리에 끼친 영향, 안티파스(Antipas)가 이룩한 건축 사업의 규모와 그것이 끼친 영향, 마을과 도시의 관계들, 거주 형태들, 조세 제도, 무역, 예루살렘과의 연관성 등.

③ 현대 예수 연구의 세 번째 특징은 (몇 가지 예외를 제외하면) 대부분의 연구자들이 예수의 말씀들을 꼼꼼히 조사하는 과정을 포기하고, 대부분의 데이터를 통합하는 더 큰 그림(larger picture)을 그리려 한다는 점이다. 학자들은 예수의 실제 말씀(*ipsissima verba*)을 찾기보다는 더 광범위한 질문을 던진다.

이를 테면, 예수의 목표는 무엇이었나?

제2성전 유대교 내에서 그를 어느 위치에 둘 수 있는가?

그는 동시대 사람들과 어떻게 관련됐는가?

왜 그는 죽었는가?

그를 중심으로 일어난 운동을 어떻게 설명할 수 있는가? 등이다. 연구의 강조점이 전승의 내용을 상세하게 살피는 것으로부터 주요한 행적들(trajectories)과 중요한 핵심 주제들을 고찰하는 데로 이동하는 경향이 있다. 또한 우리가 가지고 있는 빈약한 정보를 보충하기 위해 학제간 연구의 접근 방식도 활기를 띠었는데, 특히 문화인류학(cultural anthropology)이나 사회학(sociology)과 같은 사회 과학(social sciences) 방식들이 적용됐다.

그러나 이러한 세 가지 특징들 외에 제3의 탐구는 거의 일치점을 찾을 수 없다. 실제로 예수 연구에 적용된 다양한 방법들 때문에 서로 다른 다양한 예수에 대한 묘사들이 생겨날 수 있다. 어떤 학자들은 예수의 치유 활동을 강조하여 그를 당시 유사한 다른 유대인들과 비교하여 마술사(모턴 스미스[Morton Smith])나, 카리스마적 치유자 및 귀신 축출자(버미스)로 분류한다. 또 어떤 학자들은 예수의 묵시적 종말 사상을 강조하여 그를 종말론적 회복의 예언자로 묘사한다(샌더스, 마이어 [J. P. Meier], 데일 엘리슨[Dale Allison]).

예수의 가르침이 중심이 되는 경우에는 그는 현자(sage) 또는 랍비 (데이비드 플루서[David Flusser]), 바리새인(하이엄 마코비[Hyam Maccoby]), 급진적인 평등주의를 선포하는 지혜 교사(엘리자베스 슈슬러 피오렌자[Elisabeth Schuessler Fiorenza]), 전복적 현자(마커스 보그[Marcus Borg]), 사회 혁명가 (리차드 호슬리[Richard Horsley]) 등으로 묘사되기도 한다. 또 갈릴리가 헬레니즘의 영향을 비교적 많이 받은 것으로 보는 학자들 중에는 예수와 견유 철학자들 간의 유사성을 찾는 이들도 있다(제라드 다우닝[Gerard Downing], 크로산[J. D. Crossan]). 이 모든 연구들은 예수의 기반을 그의 유대적 배경에 두고, 그의 중요성을 그러한 배경 속에서 보여 주려고 애쓴다. 그러나 그러한 연구들 사이의 차이점은 상당히 크다.

바로 이러한 다양함 때문에 역사적 예수를 발견하려는 시도 자체를 의문시하는 학자들도 있다. 이러한 탐구가 너무 주관적이라는 비판도 받는데, 이는 현대 학자들이(19세기 예수전의 저자들과 마찬가지로) 자신의 우선순위를 성급하게 예수에게 투영하여 그를 자신의 관심사를 대변하는 인물로 사용하려 한다는 이유 때문이다.

또한 이러한 연구의 표면적인 다양성에도 불구하고 비평가들은 역사적 예수 탐구가 여전히 주로 서구의 백인(과 남성) 중심이며, (주로 이들의 연구가 역사-비평적[historical-critical] 패러다임을 따르지 않는 경향이 있다는 이유로) 해방 신학자들과 페미니스트들의 예수 연구는 무시하고 있다고 종종 지적해 왔다. 물론 역사적 예수 학자들도 이러한 문제들을 민감하게 의식하고 있지만, 나사렛 사람 예수를 재구성하는 일은 가능하며 또 중요하다는 기본적인 신념에는 변함이 없다.

제3의 탐구에 의해 재구성된 다양한 예수들을 평가하는 최상의 방법은 몇몇 중요한 연구들을 샘플로 제시하는 것이다. 그렇게 함으로써 우리는 다수의 상이한 결론들뿐만 아니라 다양한 접근 방법들도 보게 될 것이다. 또한 그렇게 함으로써 각 연구의 복합성과 일관성도 이해할 수 있게 될 것이다. 필자는 다음과 같은 열 명의 영향력 있는 학자들 또는 학자 집단의 연구를 선별하여 제시하고자 한다. 즉 버미스, 샌더스, 호슬리, 예수세미나(the Jesus Seminar), 크로산, 플루서, 마이어, 라이트(N. T. Wright), 던(J. D. G. Dunn), 엘리슨의 연구이다. 이들 학자들은 다양한 지리적 배경(미국, 영국, 아일랜드, 이스라엘 등)과 다양한 종파(개신교, 가톨릭, 유대인)에 속해 있다.

하지만 이 학자들을 어떤 특정한 입장의 대표자들로 보는 것은 잘못된 일일 것이다. 하나의 "개신교 관점"(Protestant view)이 존재할 수 없는 것처럼, 예수에 대한 "유대적 관점"(jewish view) 또한 존재하지 않기 때문이다. 오히려 필자가 이 학자들을 선별한 이유는 그들이 상이한 접근 방법을 보여 주고 역사적 예수에 대한 상이한 재구성을 제시하고 있기 때문이다(각 학자들의 상세한 대표적 문헌들은 본서 끝 부분에 있는 참고문헌 목록에 제공되어 있다).

1) 게자 버미스

제2차 세계 대전 중에 헝가리의 가톨릭 신자로 자란 버미스는 자신의 가문이 유대인이었음을 알고는 유대교로 개종했다. 그는 여러 해 동안 옥스퍼드(Oxfod)대학교의 유대학 교수를 역임했고(현재는 명예교수), 예수에 관한 몇 권의 책들을 집필했다. 버미스의 첫 작품인『유대인 예수』(Jesus the Jew, 1973)는 예수를 여느 역사적 인물과 동일하게 다루려는 그의 갈망과 예수를 1세기 유대교 문맥에서 파악하려는 그의 관심을 보여 주었다.

버미스의 주된 공헌은 예수를 카리스마를 지닌 동시대의 다른 거룩한 사람들 또는 하시딤(Hasidim)과 같은 부류로 볼 수 있다는 그의 주장에 있다. 그의 주장에 따르면 이 사람들은 갈릴리 사회 안에서 잘 알려져 있었고 존경도 받았다. 그들은 엘리야와 엘리사로 대표되는 고대 예언 전승의 상속자들이었고 그들과 하나님과의 친밀한 관계는 기적의 능력으로 나타났다. 그러한 행위 때문에 그들은 종종 주류 종교 지도자들의 비판의 대상이 되곤 했다. 이들에 대한 전형적인 예로는 원을 그리는 사람 호니(Honi the Circle Drawer)와 하니나 벤 도사(Hanina ben Dosa)를 들 수 있는데, 그들의 업적은 탈무드에 언급되어 있다(좀 더 상세한 논의는 본서의 제8장을 보라).

버미스에 의하면, 예수는 율법을 준수하는 경건한 유대인들 중 하나로(아마도 가장 중요한 모범으로) 가장 잘 이해될 수 있다. 버미스가 예수를 갈릴리 시골의 카리스마적 "유형"(charismatic "type")으로 묘사한 점은 비판을 받고 있지만,[21] 예수의 유대적 문맥에 초점을 둔 그의 시도는

---

21 B. Witherington, *The Jesus Quest: The Third Search for the Jew of Nazareth* (Carlisle:

이후 많은 연구의 모범이 됐다.

2) E. P. 샌더스

2005년 은퇴할 때까지 옥스퍼드의 맥매스터(McMaster)대학교와 듀크(Duke)대학교에서 가르쳤던 텍사스 출신의 샌더스는 알베르트 슈바이처(Albert Schweizer)의 학문 전통에 매우 가깝다. 그의 주요 저서인 『예수와 유대교』(*Jesus and Judaism*, 1985)와 좀 더 대중적인 책 『역사적 인물 예수』(*The Historical Figure of Jesus*, 1993)는 예수를 새로운 성전의 설립과 이스라엘 열두 지파의 회복을 알리는 유대의 묵시적 예언자로 묘사한다. 샌더스는 1세기 유대교에 정통한 명망 있는 권위자이며, 버미스처럼 예수를 신뢰할 만한 유대교 배경 내에서 이해하려고 부단히 노력한다.

샌더스는 앞에서 언급한 자신의 두 책을 예수의 말씀에 대한 분석으로 시작하는 대신에 예수에 관한 "거의 논란이 되지 않는 사실들(facts)"의 목록으로 시작한다(예컨대, 세례 요한의 세례, 열두 제자의 임명 등). 이러한 목록을 토대로 그는 가급적 많은 자료(data)를 이해할 수 있는 전반적인 틀을 구성하고, 이러한 보다 큰 그림이 그려진 후에 비로소 예수의 말씀들을 다룬다. 샌더스는 예수에 관한 가장 중요한 "사실"을 성전 청결(시위) 사건으로 보고 이 장면을 예수 재구성의 중심으로 삼는다. 그는 예수를 당대 유대교의 묵시적 흐름 내에 둠으로써 예수의 행동은, 성전이 곧 파멸되어 다가올 하나님 나라의 종말론적 인물로

Paternoster, 1995, 108-112; M. A. Powell, *The Jesus Debate: Modern Historians Investigate the Life of Christ* (Oxford: Lion, 1998), 62-64에 상세한 비판이 있다.

대체될 것이라는 상징적 예언이었다고 주장한다.

그에 따르면, 예수는 자신을 인자(Son of man, 아마 예수 자신은 아닌)의 임박한 도래를 예고하는, 신적 권위를 지닌 하나님의 사자(viceroy)로 보았다. 이 때 이 인자는 고난의 때(time of tribulation)와 그 뒤에 펼쳐질 하나님의 통치(평화와 정의의) 확립 및 완전히 변화된 이상적 세계를 시작할 인물로 묘사된다. 물론 이러한 사건 중 어느 하나도 일어나지 않았고, 결국 예수가 잘못 생각한 것이었다.

버미스처럼 샌더스도 예수가 율법을 어겼다거나 제자들에게 안식일, 음식, 또는 성결에 관한 규례들에 이의를 제기하도록 가르쳤다는 어떤 내용도 찾지 못한다. 샌더스의 주장에 따르면, 예수의 율법에 대한 논쟁들은 나중에 율법과 상관없는(Law-free) 이방인 선교가 시작된 이후 초기 기독교와 회당 지도자들 간에 생겨난 논쟁의 결과로 전승에 들어왔다. 예수와 바리새인과의 열띤 토론 역시 그와 마찬가지로 유대 지도자들에 대한 후대 기독교의 반감을 반영하고 있다는 것이다. 샌더스의 주장에 따르면, 결국 예수를 죽음에 이르게 한 것은 바리새인의 적대감이 아니라 성전 청결 사건 이후 증폭된 사두개인들의 격분 때문이었다.

샌더스의 예수 묘사는 엄청난 영향을 끼쳤다. 그의 예수 묘사(portrait of Jesus)는 이전의 슈바이처의 경우처럼 마가복음에 견고한 토대를 두었다. 즉 요한복음이나 다른 비정경적 문헌들을 거의 사용하지 않았다. 그는 요세푸스의 문헌과 현대 고고학에 친숙했으며, 갈릴리를 매우 유대적이며 꽤 평화로운 지역으로, 그리고 주로 헬라적 영향에서 벗어난 지역으로 묘사한 것은 신뢰할 만하고 설득력이 있다.

아마도 그의 견해 중 가장 많은 비판을 받은 것은 예수가 하나님 나라에 들어갈 사람들에게 회개를 요구하지 않았다는 주장일 것이다.

샌더스에 따르면, 식탁 공동체에서 예수와 함께 교제한 "죄인들"(sinners)이 거의 문자 그대로 율법 밖에서 살아가는 "악한 자들"(the wicked)이었는데, 세례 요한보다 더 급진적인 예수의 메시지는 "지금 변화하라 그렇지 않으면 멸망당할 것이다"가 아니라, "하나님이 너희를 사랑하신다"라는 것이었다.

샌더스의 견해에 대한 또 다른 비판으로는 샌더스가 바리새인과의 갈등을 너무 지나치게 축소시킨다는 점과 하나님 나라의 현재적 측면과 예수의 가르침에 대한 사회적 차원을 소홀히 다룬다는 점이 있다.[22]

3) 리차드 호슬리

호슬리는 보스턴에 있는 메사추세츠(Massachusetts)대학교에서 교양 과목 및 종교학을 가르치는 교수이다. 그는 1980년대 이후로 출간된 다수의 문헌들을 통해 예수를 사회 혁명가로 간주할 때 가장 잘 이해될 수 있다고 주장했다. 그는 사회학에 깊이 의존해서 1세기의 갈릴리 사회를 계급투쟁, 경제적 불평등, 그리고 폭력, 억압, 권리 박탈의 악순환으로 황폐해진 암울한 모습으로 묘사한다.

예수는 멀리 있는 내세(other-worldly)가 아니라 일상생활의 구체적인 변형인 하나님 나라를 선포하면서 당대의 일련의 예언자들 중 하나로 등장했다. 호슬리에 따르면, 예수는 부유한 자들, 힘 있는 자들, 지배 계급의 엘리트들, 심지어 성전(호슬리는 성전을 제국의 정당화와 통치의 상징으로 본다)에 대해서도 강력하게 반대했으며, 가난한 자들, 억압된 자들, 소외된 자들, 억눌린 자들의 편에 섰다.

---

[22] B. Witherington, *Jesus Quest*, 116-132; M. A. Powell, *Jesus Debate*, 60-62에 상세한 비판이 있다.

하지만 예수의 메시지는 **정치적인**(political) 것은 아니었는데, 왜냐하면 그것이 통치자들을 향한 것이 아니었고 통치(체제)의 변화에는 관심이 없었기 때문이다(이 측면은 하나님에게 맡겨졌다). 오히려 예수의 메시지는 주로 **사회적 혁명**이었는데, 이는 사회를 개혁하고 모든 형태의 계급, 가부장제, 억압을 타파하도록 요청받은 갈릴리 주민들을 향한 것이었다. 예수는 로마 제국 자체는 물론 로마 제국을 지지하는 모든 것을 거부했다. 따라서 예수가 제자들에게 다른 뺨을 돌려 대라거나 이웃을 사랑하라고 명령했을 때 염두에 둔 것은 갈릴리 마을 내에서의 관계들이었지 보다 넓은 지역에 관한 것이 아니었다.

이와 유사한 이유로 호슬리는 예수가 세리들, 즉 일반적으로 반역자와 매국노로 간주된 사람들과 어울렸다는 점을 받아들이지 않는다. 그에 따르면, 결국 로마는 예수를 위협 요인으로 간주하여 제국의 질서를 파괴한 반역자로 십자형에 처했다.

호슬리의 연구 역시 비판에서 자유롭지 못하다. 그는 사회학과 문화인류학에서 유래한 모델들에 지나치게 의존하고 있다는 비판을 받았고, 그 결과로 생겨난 갈릴리 묘사 역시 비판의 대상이 됐다. 많은 학자들이 예수의 선포가 지닌 "종교적 차원"을 축소시킨 점에 대해 이의를 제기했고, 그의 해석 중 많은 부분에 물음표를 던진 학자들도 있었다.[23] 하지만 그의 연구는 갈릴리의 상황에 관심을 불러 일으켰다는 점에서, 그리고 예수 메시지의 사회적 차원과 정치적 함의를 강조했다는 점에서 중요하다.

---

23 B. Witherington, *Jesus Quest*, 145-151; M. A. Powell, *Jesus Debate*, 60-62에 상세한 비판이 있다.

4) 예수세미나

주로 미국 학자들로 구성된 이 집단은 1985년 캘리포니아의 소노마(Sonoma)에 있는 웨스타연구소(Westar Institute)의 후원 하에 로버트 펑크(Robert Funk)에 의해 설립됐다. 2005년 펑크가 죽을 때까지 펑크와 존 도미닉 크로산(John Dominic Crossan)이 예수세미나의 공동의장으로 있었다. 이 세미나는 예수의 행위를 평가하는 연구로 눈을 돌리기 전에, 새 탐구를 연상시키는 방법을 사용하여 예수의 말씀들을 조사함으로써 수많은 개별적 전승 단위들의 역사성에 대해 논의했다.

가장 논쟁이 되는 이 집단의 특징 중 하나는 색깔이 표시된 구슬로 전승의 진정성(authenticity)을 표결하는 방식이다. **빨간색**은 예수로부터 유래한 전승을, **핑크색**은 예수가 매우 유사하게 말했거나 행한 전승을, **회색**은 어느 정도 진정성이 있는 자료임을, **검정색**은 예수에게로 거슬러 올라가지 않는 전승을 각각 가리킨다. 그들의 조사 결과로 특징적인 점은 정경 복음서 자료들에 대한 회의적 태도(scepticism)와 다른 비정경 복음서 자료, 특히 『**도마복음**』(*Gospel of Thomas*) 자료에 대한 개방적 태도이다.

이 세미나의 결과들 중 일부는 『**오복음서**』(*The Five Gospels*, 1993)라는 책으로 출간됐다. 이 책은 네 개의 정경 복음서들과 『도마복음』을 구어체로 번역한 것으로 예수 말씀들의 역사성에 대한 예수세미나의 평가를 반영하기 위해 그 말씀들을 색깔별로 표시했다. 전반적으로 말씀 전승의 18%만이 예수에게로 거슬러 올라가는 것으로 평가됐다. 그중에 요한복음에서는 하나의 말씀만이, 마가복음에서는 19개의 말씀이, 그리고 『도마복음』에서는 무려 43개의 말씀들이 **빨간색/핑크색** 범주에 포함될 수 있었다.

이러한 모든 평가를 거쳐 나온 예수는 매우 색다른 예수상이다. 그는 문맹의 한 농부로서 세례 요한의 지지자로 시작했지만, 세례 요한의 금욕적 삶의 방식과 임박한 심판에 관한 묵시적 선포를 모두 거부했다. 그 대신 그는 순회하는 현자(sage)가 되어 짧지만 함축적인 말씀들(pithy sayings)을 사용하여 하나님의 나라가 이미 도래했다고 선언했고, 소외된 자들과 함께 먹고 마심으로써 그 하나님 나라의 임재를 상징적으로 표현했다. 예수의 메시지는 본질적으로 사회 정의에 대한 요구였다.

그는 이스라엘 종교 지도자들의 교만을 서슴지 않고 공격했지만, 자신이 속한 유대 신앙의 종교적 토대들, 즉 유대의 성경, 율법, 회복의 소망에는 거의 관심을 보이지 않았다. 그는 자신에 대한 어떤 고양된 자의식도 없었고, 결국 성전 청결 사건 이후 예루살렘에서 체포되어 즉시 처형됐다.

이러한 예수상에는 현대적인(또한 캘리포니아적인!) 어떤 성향, 즉 예수에 대한 대중적 추종과 "제도화된" 종교에 대한 반감이 반영되어 있다.[24] 그러나 동시에 이 세미나는 옛날 방식을 답습하는 측면이 있다. 즉 던은 그들이 역사적 예수의 재구성이 믿음을 위해 중요하다고 주장하면서도 교회 교리를 전반적으로 거부한다는 점에 주목하면서 그들을 19세기 자유주의 예수전의 전통에 서 있는 것으로 본다.

예수세미나에 소속된 개별 회원들(크로산과 보그[M. Borg] 같은)의 재구성들은 그 세미나의 종합적 견해보다 훨씬 더 섬세하고 세련됐다. 이것은 위원회들이 전기적 재구성(biographical reconstruction)을 하기 위한 방법이 될 수 없음을 보여 준다.

---

[24] B. Witherington, *Jesus Quest*, 42-57; M. A. Powell, *Jesus Debate*, 75-92; 특히 L. T. Johnson, *The Real Jesus*, 1-27(책 전체가 주로 그 세미나에 대한 비판이지만).

5) J. D. 크로산

아일랜드계 미국인 가톨릭 학자인 크로산의 예수에 대한 재구성은 상세한 연구서인 『역사적 예수: 지중해 지역의 한 유대인 농부의 생애』(*The Historical Jesus: The Life of a Mediterranean Jewish Peasant*, 1991)와 간결한 연구서인 『예수: 혁명적 전기』(*Jesus: A Revolutionary Biography*, 1994)를 포함하여 그가 기록한 여러 권의 책들을 통해 발견할 수 있다. 그의 예수 연구는 비유, 수난 이야기, 비정경 복음서들에 대한 이전의 연구에 토대를 두고 있다.

예수세미나의 저명한 회원인 크로산은 예수의 말씀들을 분석하는 데 많은 시간을 보냈다. 그래서 그는 앞에서 언급한 두 권의 연구서 중 첫 번째 책을 주로 비유와 격언(aphorisms, 간결하면서도 함축성 있는 말씀들)으로 구성된 100여 개의 예수의 실제 말씀에 관한 목록으로 시작한다. 그는 자신의 연구를 가장 오래된 '전승층'(deposit)을 찾기 위해 전승의 여러 층을 꼼꼼하게 살피는 고고학에 비유한다. 그는 가장 초기의 자료에 특별한 관심을 가지며, 전승의 가장 초기층을 찾기 위해 다중 증거(multiply-attested)의 자료만을 사용한다.

또한 그에게는 예수 시대의 사회상을 재구성하는 일도 중요하다. 호슬리와 유사하게 크로산은 고대 자료를 비교 문화인류학(cross-cultural anthropology)에 깊이 의존하여 읽는다. 예를 들면, 그는 예수를 보호(patronage)와 착취(exploitation)가 공존한 농촌 사회의 한 문맹의(illiterate) 농부로 묘사한다.

예수세미나의 다른 회원들과 마찬가지로 크로산은 예수가 세례 요한에게 세례를 받았지만 나중에 다음과 같은 두 가지 점에서 그와 결별했다고 주장한다.

첫째, 예수는 "보잘 것 없는 사람들"(nobodies), 즉 빈궁한 자들, 거지들, 소외된 자들로 가득 채워진 현재적(present) 하나님 나라를 선포했다.

둘째, 예수는 동터오는 새 시대의 개방성과 다양성을 분명히 보여 준, 모든 이를 포괄하는 식탁 교제(이는 전통적인 사회 관습에 대한 명백한 거부를 의미)를 통하여 현존하는 하나님 나라를 상징적으로 표현함으로써 자신의 스승(mento)이였던 세례 요한의 금욕주의를 거부했다.

크로산에 따르면, 예수는 당대의 보호자적(patronal)이고 비평등적(non-egalitarian)인 문화에 대응하는 대안 문화를 제공했던 현자였으며 지혜 교사였다. 예수는 기적들을 통해 공식적 종교의 배타성 및 타당성에 도전했던 "마술사"(magician), 즉 카리스마를 지닌 인물로서의 지위를 확고히 했다. 그가 선포한 하나님 나라는 막후 조종자들(brokers, 제사장들)이나 정해진 장소(성전)에 의해 중개되는 것이 아니라, 인간들이 직접 하나님과 교감하는 나라였다. 예수가 어느 하나의 장소를 중심지로 삼지 않고 계속해서 순회했다는 점이 이를 밝혀주는 강력한 실례이다.

크로산의 예수 재구성에서 주목할 점은 다음과 같은 두 가지 측면이다.

첫 번째로 주목할 측면은, 예수를 견유학파와 연관시킨다는 점이다. 견유학파는 일반적인 사회 관습이나 권위 구조에는 거의 관심을 두지 않고 단순하고 순회하는 삶의 방식을 주창했던 헬라 철학 집단이었다. 예수세미나의 다른 회원들과 마찬가지로 크로산은 갈릴리가 깊이 헬라화됐다고 생각하고, 견유학파가 그 지방에 존재했다는 어떤 구체적인 증거는 없지만 좀 더 큰 도시에는 존재했을 가능성이 높다고 생각한다. 하지만 예수의 말씀들이 간혹 견유학파를 연상시키는 경우가 있긴 하지만(예를 들어 막 6:7-10과 병행 구절들), 하나님에 대한 완전한 의존과 새 시대의 임박성을 강조하는 그의 메시지는 견유학파의 메시지와는 매우 다르다(그래서 크로산은 가장 최근의 문헌에서 이 입장을 상당 부분 철회했다).

두 번째로 주목할 측면은, 그의 수난 이야기 해석과 연관된다. 그는 비정경적인 문헌들, 특히 『베드로복음』(Gospel of Peter)에 의존하여 예수의 마지막 몇 시간에 대한 이야기에는 사실상 어떤 역사적 사실도 포함되어 있지 않다고 주장한다(좀 더 상세한 내용은 본서의 제2장을 보라).

한 가지 확실한 사실은 성전 청결 사건 이후 신속하게 진행된 예수의 십자가 처형뿐이다. 예수가 유대의 성전 지도자들에게 도전한 것은 분명하지만, 복음서에 나타난 유대인 재판 장면은 후대의 교회와 회당 간의 대립을 반영하며, 예수의 처형은 전적으로 로마인의 소관이었다. 또한 십자가형의 다른 희생자들처럼 예수에게는 공식적인 무덤이 없었다. 이런 점에서 복음서에 나타난 무덤 전승은 모두 초기 기독교가 창작해 낸 이야기이다.

크로산은 예수에 대한 풍성하고 도전적인 묘사를 제공했다. 따라서 이처럼 간결한 단락 안에서 그의 많은 통찰들(또는 그의 번뜩이는 문체)을 제대로 다루기는 충분치 않다. 물론 그의 견해를 비판한 사람들이 있었다.[25] 더 오래된 자료들이 일반적으로 가장 역사적이라는 원칙을 거부할 사람은 거의 없지만, 크로산이 초기 전승층으로 분류한 특정한 자료들에 대해서는 많은 사람들이 이의를 제기한다(특히 『도마복음』과

---

25 B. Witherington, *Jesus Quest*, 58-92; M. A. Powell, *Jesus Debate*, 93-110에 상세한 비판이 있다. 다음과 같은 학자들도 견유학파 예수에 대해 지지한다. B. Mack, *A Myth of Innocence: Mark and Christian Origins* (Philadelphia: Fortress, 1988); F. G. Downing, *Cynics and Christian Origins* (T & T Clark, Edinburgh, 1992).

『베드로복음』이 초기 전승층에 속한다는 주장과 이것들을 공관복음보다 더 우선시해야 한다는 주장).

그가 다중 증거의 기준(criterion of multiple attestation)에 지나치게 의존한다는 점이 많은 사람들에게는 부당해 보였지만, 그가 늘 일관성이 있는 것은 아니었다. 대부분의 학자들은 예수의 메시지 안에서 급진적 평등주의(radical egalitarianism)의 증거를 찾을 수 없다고 생각한다. 예를 들어 열두(남성) 제자의 임명은 그러한 주장에 맞지 않는 것으로 보인다(크로산이 그 본문의 역사성을 의심하는 것은 놀랄 일은 아니다).

또 예수의 죽음에 대한 책임을 유대인으로부터 제거하는 해석은 많은 사람들에게는 건전한 역사적 주장이라기보다는 홀로코스트 이후(post-Holocaust)의 세계에 투영된 희망 사항의 산물로 여겨진다. 그럼에도 불구하고 크로산의 연구는 그를 따르는 학자들이 반드시 고심해야 할 자료들과 방법들에 대한 중요한 문제들을 제기했다.

6) 데이비드 플루서

이전 체코 공화국의 보헤미아(Bohemia) 출신의 실천하는 유대인 플루서는 2000년에 죽기까지 예루살렘의 히브리(Hebrew)대학교에서 초기 기독교와 제2성전 시기의 유대교를 가르치던 교수였다. 그의 예수 연구는 1968년에 독일어로 출간됐고 1997년에 갱신되어 영어로 번역됐으며, 2001년에 개정되어 『갈릴리로부터 온 현자』(*The Sage from Galilee: Rediscovering Jesus' Genius*, 그의 제자이자 동료인 스티븐 노틀리[R. Steven Notley]가 도왔다)라는 제목으로 출간됐다.

플루서가 묘사하는 예수는 교양 있는 유대인 목수였다. 그는 공식적인 서기관은 아니었지만, 율법에 대한 그의 탁월한 학식으로 인하여 사람들이 그를 **랍비**(*rabbi*, 나의 선생님)로 불렀을 가능성이 매우 높다. 그는 세례 요한에게 세례를 받을 때 경험한 황홀경을 통해 자신이 하나님으로부터 따로 구별되어 가난한 자들에게 구원과 하나님 나라의 도래를 선포하기 위해 선택됐음을 확신하게 됐다.

예수는 자신의 사역 내내 오직 유대인에게만 복음을 선포했고 계속해서 철저하게 율법을 지켰다. 그의 가르침의 대부분, 특히 성결, 도덕성, 사랑에 관한 가르침은 다른 보통의 서기관들과 유사했다. 그는 여러 가지 면에서 바리새인들과 공통점을 지녔다. 따라서 바리새인들과의 논쟁은 카리스마를 가진 거룩한 사람과 좀 더 제도권에 있는 종교 지도자들 간의 전형적인 충돌을 보여 준다(플루서의 주장에 따르면 복음서에 나타난 극단적인 적대감은 후대의 기독교와 회당 간의 논쟁 상황을 반영한다).

플루서는 예수가 강한 메시아 자의식을 지녔으며, 자신을 종말의 예언자, 초인적인 인자, 심지어 하나님의 메시아로 보았다고 주장한다. 그가 선포한 하나님의 나라는 미래에 완성될 것이지만, 그를 따르는 사람들 가운데 이미 이루어지고 있었다. 결국 예수를 처형한 사람들은 예루살렘의 모욕당한 사두개파 지도자들이었다. 플루서에 따르면, 마가복음에서 밤에 진행된 유대인의 재판 장면은 복음서 저자의 문학적 기교의 산물이다. 실제로는 "성전 위원회"(temple committee)가 고소문을 작성하려고 모였으며, 잔인하나 나약한 빌라도가 예수를 군중 선동 죄와 메시아 사칭 죄로 십자가로 보냈다는 것이다.

플루서는 복음서를 신뢰할 만한 자료로 다룬다. 바리새인과의 논쟁과 재판 이야기를 제외하면 그는 전승 내의 여러 층을 거의 식별하려고 하지 않는다. 그는 공관복음과 요한복음, 심지어 랍비 문헌들조차도 유용한 자료로 간주한다(대부분의 예수 학자들은 저작 시기를 결정하기가 매우 어렵기 때문에 후자를 자료로 사용하기를 조심한다).

아마도 가장 문제가 되는 점은 플루서가 너무 지나치게 누가복음에 의존한다는 점이다. 그는 공관복음 문제에 대한 색다른 해결안을 선호한다. 그에 따르면, 누가복음이 가장 먼저 기록됐고 마가복음이 그것을 축약했으며, 이어서 마태복음이 두 복음서를 사용했다(따라서 이 견해에는 Q 가설이 필요하지 않다).

하지만 대부분의 학자들은 누가복음을 비교적 늦게 기록된 것으로 간주하고, 누가복음 저자가 많은 경우에 하나님 나라를 실현된 것으로 표현한 이유를 예수의 실제 자료 때문이 아니라, 하나님 나라가 실현되지 않았기 때문이었다고 주장한다.

그러나 플루서 연구의 참된 가치는 예수 사상의 근거를 도덕성, 하나님, 사랑이라는 당대 유대교의 사상 안에서 찾으려 했다는 데 있다.

7) J. P. 마이어

노트르담(Nortre Dame)대학교의 신약교수요, 가톨릭 사제인 마이어의 네 권에 걸친 연구서 『예수: 주변부 유대인』(*Jesus: A Marginal Jew*)은 아마도 오늘날 출간된 예수에 관한 책들 중 가장 분량이 많을 것이다. 그는 자신의 과제를 예수에 대한 합의된 관점을 제공하는 것으로 삼고, 학자들(가톨릭 학자, 개신교 학자, 유대인 학자, 불가지론자[agnostic])로 구성된 가상의 회의(conclave)가 동의할 수 있는 자료만을 진정성 있는 것으로 받아들였다.

마이어의 연구에 대한 논평에는 "신중한," "세심한," "주의 깊은"과 같은 수식어들이 따라 붙곤 한다. 그는 상세한 설명을 대단히 즐기며, 아마도 예수 생애의 연대기를 가장 철저하게 분석한 학자일 것이다(그는 예수가 B.C. 7-4년 사이에 태어났고 예수의 사역이 A.D. 28-30년까지 지속됐다고 주장한다). 그는 대부분의 비정경적 본문들의 가치를 인정하지 않으며, 종종 요한복음을 인용하기도 하지만(몇 가지 기적들을 포함하여) 그의 재구성은 주로 공관복음을 토대로 진행된다.

마이어의 예수는 샌더스의 예수와 공통점이 많다. 예수는 갈릴리의 예언자로서 하나님의 임박한 불 심판을 선포한 세례 요한과 결별하고 자비와 용서에 대한 하나님의 약속(치유 행위와 죄인들과의 식탁 교제를 통해 입증된)으로 나아간다. 그러나 그는 다가올 심판 날의 메시지를 결코 포기하지 않았다. 즉 그는 이스라엘의 회복을 선포했고 사회 혁명가보다는 오히려 묵시적 예언자로 행동했다.

하지만 샌더스와 달리 마이어의 예수는 율법의 일부를 자신의 권위로 폐지하고 변화시킬 권리를 가지고 있었고, 바로 이러한 행위 때문에 당대의 바리새인들 및 종교 지도자들과의 논쟁에 빠져들지 않을 수 없었다. 결국 예수를 죽음에 이르게 한 것은 그의 의도적인 예루살렘 입성과 성전 시위(demonstration)였다. 마이어에게 예수는 동시대인들의 관점에서 주류에 속하지 않았다(insignificant)는 의미에서 "주변인"(marginal)이었다. 예수는 목수업보다는 예언적인 사명을 따랐고, 그의 생활 방식과 설교로 인해 다른 사람들에게 위험인물로 간주됐다.

마이어의 연구에 대한 대부분의 비판은 그의 방법론에 집중됐다.[26] 예수세미나의 경우와 마찬가지로 그는 원점에서 작업하며 좀 더 광범위한 작업가설(working hypothesis)로 시작하기보다는 신뢰할 수 있는 전승의 핵심을 확정하고자 한다. 여러 기준들을 통해 실제 자료(authentic material)가 식별되는데, 그러한 기준들 중 많은 경우는 비유사

---

26 Meier의 비판에 대해서는 L. T. Johnson, *The Real Jesus*, 126-133; M. A. Powell, *Jesus Debate*, 141-157; *JSNT* 26 (2004), 374-376에 있는 C. Marsh에 의한 리뷰; J. S. Kloppenborg in Bib. Int 12 (2004), 211-215를 보라.

성의 기준, 다중 증거의 기준, 일관성의 기준 등 새 탐구의 방법론과 유사하다.

마이어는 앞의 세 가지 기준 외에 당혹성의 기준(the criteria of embarrassment, 마이어는 이 기준을 따라 "죄 용서를 위한" 예수의 세례, 죄인들과의 교제, 가족과의 껄끄러운 관계 등과 같이 초기 그리스도인들에게 당혹감을 불러 일으킬 만한 자료를 실제 자료로 받아들인다)과 거부 및 처형의 기준(the criterion of rejection and execution, 마이어는 이 기준을 따라 예수와 권력자들이 어떻게 반목하는지 설명하는 전승을 역사성이 있는 전승으로 받아들인다)을 추가한다.[27]

이 모든 점에서 마이너의 연구는 그러한 기준들의 사용에 반대하는 도전에 노출되어 있다(앞에서 언급한 새 탐구 논의를 참조하라). 또한 역사—비평적(historical-critical) 방법이 신뢰할 만한 "과학적"이고 "객관적인" 자료를 제공할 수 있는지의 여부 문제를 제기하는 학자들도 있다. 그러나 대부분의 사람들에게 마이어의 연구는 주의 깊고 상세한 예수 연구로 평가되고 있다.

8) N. T. 라이트

영국의 신약학자이며, 더럼(Durham)의 전 주교인 라이트는 현재 성 앤드류(St. Andrews)대학교에서 신약과 초기 기독교를 가르치는 교수이다. 예수에 대한 그의 상세한 묘사는 『예수와 하나님의 승리』(*Jesus and the Victory of God*, 1996; 기독교의 기원에 관한 다섯 권의 시리즈 중 두 번째 책)와 함께 더 대중적인 다수의 연구들에서 찾을 수 있다.

---

27 이 기준은 예수가 유대교 지도자들과 로마 관리에 넘겨져 폭력적인 죽임을 당했다는 사실에 주목하여 유대인의 왕으로 재판받고 처형에 이르게 한 예수의 말이나 행동의 역사성을 판단하는 데 활용한다—역주.

다른 학자들과 마찬가지로 라이트 역시 예수를 하나님 나라를 선포하고 그 시작을 알리는 유대의 예언자로 본다. 그의 주장에 따르면, 대부분의 1세기 유대인들은 자신들을 여전히 포로 생활(exile)을 하는 존재들로 보았다. 예수는 하나님이 이스라엘의 적들을 물리치시고 그들을 예루살렘으로 귀환시키심으로써 그 유랑을 끝내실 것이라고 선포했다. 그는 청중들에게 회개하고 자기와 함께 새 언약에 참여하여 하나님의 새 백성이 되라고 촉구했다. 예수는 죽음과 유랑의 옛 상징들(금식과 정결 규례)을 대신하여 하나님의 통치를 축하하는 새 상징들(용서, 축복, 사랑)을 제안했다.

라이트의 예수는 자신을 메시아로 보았고(약간 새로운 방식일지라도), 성전과 토라에 대한 충성을 자신에 대한 충성으로 대체시켰으며, 자신을 이스라엘 하나님의 체현(體現, embodiment)으로 이해했다. 예수가 자신의 메시지로 인하여 바리새인들과 대립하게 된 것은 놀라운 일이 아니다. 라이트는 주장하기를, 바리새인들은 특별히 이방인 통치 앞에서 이스라엘의 독특한 정체성을 보존하는 데 특별한 관심을 가졌다고 한다. 결국 주저하는 빌라도를 설득하여 예수를 십자가로 보낸 장본인은 예루살렘 당국자들이었다. 예수는 이스라엘의 대표자로서 죽었다. 즉 그는 하나님의 진노를 스스로 짊어짐으로써 사탄의 능력을 깨뜨리고 포로 생활을 끝내 버렸다.

라이트의 연구에는 다른 연구들과 구별되는 독특한 점들이 많다.

첫째, 대부분의 다른 제3의 탐구 역사가들처럼, 라이트도 더 큰 그림, 하나의 웅장한 내러티브를 얻기 위해 개별 말씀들에 대한 상세한 연구를 피한다. 그는 먼저 자신의 가설을 세운 후에 그것을 입증하려고 한다. 그는 전승의 다양한 층들을 구분하려고 하지 않고, 가급적이면 많은 자료를 포함시키는 것을 목표로 한다. 따라서 그의 예수 묘사가 그 토대가 된 공관복음과 매우 유사한 것은 그리 놀라운 일이 아니다.

둘째, 라이트는 예수의 종말론에 대한 참신한 이해를 제공한다. 라이트의 견해에 따르면, 예수가 예언한 것은 우주적 대격변(cosmic upheaval)이 아니라, A.D. 70년에 일어난 민족적 재난, 즉 로마인들이 예루살렘과 성전을 파괴한 사건이었다. 더욱이 몇몇 "인자"(Son of man)에 관한 말씀들은 불특정한 미래에 일어날 예수의 재림(Second Coming)이 아니라, 지금 하나님의 보좌를 공유하는 그의 승천에 대한 예고라는 것이다. 그렇다면, 예수의 예언은 적중했다. 사실상 그가 예언한 모든 일이 이루어졌다.

셋째, 라이트는 대부분의 역사적 예수 학자들보다 부활에 훨씬 더 큰 관심을 두고 있으며, 최근에 예수가 무덤으로부터 몸으로 부활했음을 주장하는 800쪽 가량의 책을 쓰기도 했다.

어떤 면에서 라이트의 방법론은 역사적 예수 연구의 진전을 나타낸다. 그는 이른바 "이중적 비유사성과 유사성의 기준"(criteria of double dissimilarity and similarity)을 발전시킨다. 그것에 의해서 그가 의미하는 것은, 그의 재구성 가운데 있는 요소들은 1세기 유대교 안에서 신뢰할 만한 것이며 초기 교회(the early church) 가운데 있는 후기 발전들과 연결할 필요가 있다는 것이다. 이런 점에서 그는 새 탐구의 "육체와 분리된"(disembodied) 예수 또는 "맥락을 벗어난"(de-contextualized) 예수라는 오명에서 벗어나며, 예수를 따르는 운동이 그 지도자와 연관성을 가지고 있음을 보장해 준다.

하지만 그의 방법론의 다른 측면은 비판의 대상이 됐다. 자료에 관한 그의 "최대한적"(maximal) 접근 방식 때문에 어떤 이들은 그의 재구성을 역사라기보다는 오히려 성경적 기독론의 표현으로 보았다. 또 어떤 이들은 1세기 유대교에 대한 그의 묘사, 특히 팔레스타인의 유대인들이 자신들을 여전히 포로 생활 중에 있는 존재들로 간주했다는 그의 주장과 바리새인의 특성을 민족주의자로 규정한 점을 문제 삼기도 했다. 더욱이 예수가 이미 민족의 죄를 스스로 짊어졌다면, 왜 예루살렘이 몰락될 필요가 있었는지 설명하기 어렵다. 그래서 많은 사람들은 인자 구절들에 대한 라이트의 해석에 이의를 제기했다.[28]

그럼에도 불구하고 라이트의 박식한 진술은 읽는 것을 즐겁게 하고 까다로운 신학적, 철학적 문제들을 회피하지 않는다. 그의 예수 묘사는 (특히 그의 성공회 동료 그리스도인들에게는) 최근 서점을 장식하고 있는 보다 회의적인 예수 책들에 비해 환영할 만한 대안을 제공해 준다.

9) J. D. G. 던

던은 2003년 은퇴할 때까지 더럼대학교(University of Durham)의 라이트푸트 석좌 교수로 있었다. 그의 많은 책들이 역사적 예수 문제를 다루었지만, 가장 상세한 연구는 그가 기획한 세 권 분량의 "형성 중의 기독교"(Christianity in the Making) 시리즈 중 첫 번째 책인 『기억된 예수』(Jesus Remembered, 2003; 한역본 제목은 『예수와 기독교의 기원』-역주)에서 찾을 수 있다.

던의 연구가 지닌 가장 독특한 점은 **구전 전승**(oral traditions)의 강조에 있다. 그의 주장에 따르면, 복음서에 보존된 자료는 전반적으로 예수가 그의 **첫 제자들**에게 끼친 영향을 반영하며(단지 부활 이후 만이 아닌), 가장 초기의 기독교 공동체 안에서 수행된 구전(oral performance)과 다시

---

28 B. Witherington, *Jesus Quest*, 219-232와 M. A. Powell, *Jesus Debate*, 159-177에 상세한 비판. 또한 C. C. Newman (ed.), *Jesus and the Restoration of Israel: A Critical Assessment of N. T. Wright's Jesus and the Victory of God* (Downers Grove: IVP, 1999).

말하기(retelling), 즉 일관성(stability, 요점들에 대해서는)과 유동성(flexibility, 상세 내용에 대해서는)을 결합한 구전 전달(oral transmission)을 통해 본질적인 형태를 갖추었다.

개별 말씀들과 사건들의 역사성을 분석하는 대신 던은 역사적 예수를 묘사할 때, 주로 공관복음 전승 내의 강조점과 모티브를 자주 인용하여 구성한다. 던이 묘사하는 예수가 선포한 것은, 세례 요한의 운동으로부터 시작해서 임박한 하나님 나라/통치의 도래, 이스라엘의 갱신, 민족의 계약적 신실함 회복 등이다. 그는 청중들에게 회개하고 지금 당장 하나님 나라의 백성으로 살도록 요청했다. 이를테면, 용서를 실천하고, 하늘 아버지를 받아들이며, 그에게 감사하며 살아야 한다는 것이다. 엄격한 종교 집단들이 세운 경계들을 포함한, 모든 불필요한 경계선들이 무너졌으며, 하나님의 통치는 새로운 가족과 열린 식탁의 이미지를 통해 구체적으로 표현됐다.

예수는 이러한 돌출된 행동으로 인해 이미 말썽꾼(troublemaker)으로 부상하게 됐다. 그러나 예수를 성전과 제사와 자신들을 위협하는 인물로 간주한 대제사장들이 빌라도에게 그를 즉결 처형 대상으로 넘긴 것은 예수의 마지막 예루살렘 방문 기간이었다. 지상의 삶 동안에는 그가 유대인들이 고대했던 왕적 메시아임을 의심한 제자들도 있었지만, 이 왕적 메시아는 바로 그가 거부한 칭호였다. 그 대신에 그는 자신의 관점으로부터 메시아의 범주를 성경적 이미지들을 통해 그리고 보다 친밀한 자성(子性, sonship)의 용어를 통해 창의적으로 재해석했다.

던의 예수 묘사는 주로 전통적인 묘사이다. 그의 견해 중 가장 많은 비판을 받은 점은 그의 구전 사용 부분이었다. 구전 기간이 있었다는 것을 부인하는 사람은 없지만, 전승 과정을 어떻게 이해해야 하는지, 전승의 흐름이 가장 초기의 공동체 안에서 얼마나 확정적이고 안정적이었는지, 그리고 개인의 기억과 집단의 기억은 서로 어떤 관계가 있는지에 대한 문제들이 제기됐다.

던은 주로 중동 사회에 기반한 케네스 베일리(Kenneth Bailey)의 연구에 의존했는데, 이 연구 결과에 이의를 제기하는 학자들도 있다. 또 어떤 학자들은 던이 기억된 예수를 넘어설 수 없다고 주장하면서도 그 기억 배후에 있는 역사적 인물을 고찰하는 데 많은 시간을 할애한다는 점을 지적하기도 한다.[29] 그럼에도 불구하고 던은 신뢰할 만한 해석을 제공했으며, 예수가 끼친 영향력과 전승 내에서의 기억의 역할을 강조한 점은 확실히 중요하다.

10) 데일 엘리슨

피츠버그신학교(Pittsburgh Theological Seminary)에서 신약 석의와 초기 기독교를 가르치는 엘리슨 교수는 여러 주요 분야에서 예수 연구에 큰 기여를 했다.

그의 가장 최근의 책인 『예수 구성하기: 기억, 상상력, 그리고 역사』(*Constructing Jesus: Memory, Imagination and History*, 2010)는 인간의 기억에 대한 흥미로운 연구가 포함되어 있다. 그는 풍부한 사회-과학적 분석에 의존하여 주장하기를, 관찰자들은 말해지고 행해진 것의 상세한 내용이 아니라 그 요지를 기억하는 경향이 있다고 한다.

---

[29] Dunn의 연구의 논의에 대해서는 *JSNT* 26 (2004), 459-487에 있는 S. Byrskog와 B. Holmberg의 리뷰를 보라(던의 응답과 함께). T. J. Weeden, "Kenneth Bailey's Theory of Oral Tradition: A Theory Contested by Its Evidence," *JSHJ* 7 (2009), 3-43은 Bailey의 연구에 대해 이의를 제기한다. Dunn의 응답은 "Kenneth Bailey's Theory of Oral Tradition: Critiquing Theodore Weeden's Critique," *JSHJ* 7 (2009), 44-62에서 찾을 수 있다.

그는 주장하기를, 본성적으로 우리는 빠진 부분을 채우고, 본 것을 나중 정보에 비추어 이해하며, 서너 개의 사건을 하나의 사건으로 희미하게 기억하고, 우리의 기억들을 다양한 상황에 따라 다르게 다시 이야기하도록 되어 있다는 것이다. 따라서 우리가 복음서의 정확한 상세 내용이 아니라, 복음서의 **전반적 줄거리**(general storyline), 즉 모티브, 반복되는 주제, 그리고 폭넓은 윤곽에 초점을 둘 때 더 나은 토대 위에 설 수 있다는 것이다.

이처럼 엘리슨은 전승의 전달 과정뿐만 아니라 목격자 자신의 기억에 관해서도 관심을 기울임으로써 던보다 한 걸음 더 나아간다. 그의 견해가 의미하는 바는 표준적인 "진정성의 기준"(criteria of authenticity)을 통해서는 하나의 어록이 예수의 실제 말씀인지의 여부를 정확하게 결정하기가 어렵다는 점이다. 던과 유사하게 엘리슨은 개별 단위들을 분석하기보다는 기록에 남겨져 있는 일반적 인상(general impressions)을 따르기를 선호한다. 그의 접근 방법은 하나의 특정한 주제와 관련된 모든 항목의 목록으로 시작하는 것이다.

그의 주장에 따르면, 어떤 전승 요소들이 2차 자료일 가능성이 높을지라도 그 전승의 요지는 역사적 예수가 말했고 행했던 것의 정확한 기억을 보존하고 있다. 이런 점에서 그는 다른 제3의 탐구 연구자들과 마찬가지로 "큰 그림"을 폭넓게 재구성하는 작업으로 시작하고, 그 다음 그것이 세부 사항들에 대한 가장 좋은 설명을 제공하는지의 여부를 검증한다.

엘리슨이 가장 개연성 있다고 생각하는 보다 큰 그림은 예수를 묵시적 예언자로 묘사하는 그림이다. 그의 책 『나사렛 예수: 천년왕국의 예언자』(*Jesus of Nazareth: Millenarian Prophet*, 1998)는 비교 종교학과 천년왕국 운동에 의존하여, 전승 내에서 외관상 모순되어 보이는 요소들

(사회와 윤리에 대한 관심 같은)도 빈번히 묵시적 집단 안에서 발견된다고 지적한다.

엘리슨의 예수는 자신을 이사야 61:1-3의 전령(Herald)으로, 사람들이 기다린 모세와 같은 예언자로(신 18:15-18), 세례 요한의 오실 분(Coming One)으로 보았다. 그는 하나님을 대신하여 그 나라를 통치하기를 기대했고, 그의 왕 사칭 때문에 빌라도에 의해 처형당했다. 엘리슨의 예수 묘사에 대해서도 비판하는 사람들이 있는데, 특히 비묵시적(non-apocalyptic) 예수를 주장하는 사람들이 그러하다.[30]

그러나 기억에 대한 그의 연구는 상식적이면서도 설득력이 있어서, 진정성의 기준을 통해 선별된 한 줌의 사실들을 바탕으로 예수를 재구성하는 작업의 종말을 알렸다.

이상에서 살펴본 다양한 학자들의 예수 재구성은 현대적 예수 연구 안에서 아직 해결되지 않은 다수의 긴장들을 드러내 주었다.

① 가장 기본적인 것은 아마 **자료**의 문제일 것이다. 한 학자가 어느 자료에 의존하느냐에 따라 근본적으로 예수에 대한 묘사가 달라진다. 샌더스, 라이트, 던, 그리고 엘리슨의 예수 묘사는 공관복음의 묘사에 더 가까워 보인다. 요한복음을 추가하게 되면 다소 차이가 나지만(보다 긴 공생애 사역, 보다 긴 세례 요한과의 접촉 기간 등), 교계(ecclesiastical circles) 내에서 늘 알아볼 수 있는 예수가 도출된다. 그러나 『도마복음』이 추가되면, 예수의 죽음은 덜 중요하

---

30 예컨대, *JBL* (2000), 357-360에 있는 S. J. Patterson(자신은 비묵시적 예수의 옹호자임)의 논평을 보라. Allison의 가장 최근의 책에 대한 논평에 대해서는 너무 이르지만, M. A. Powell, *Christian Century*, 18 April 2011을 보라.

게 되고 그의 가르침은 명백히 "영지주의적"(gnostic) 어조를 띠기 시작하여, 교계가 즉각적으로 알아보기 어려운 예수가 도출된다.
② 예수 시대의 갈릴리의 상황은 어떠했나?

그 주민들은 지역 통치자들에 의해 경제적으로 억압당하고 권리를 박탈당했나?

아니면 현실은 덜 억압적이었나?

그 지방은 견유학파 사상이 알려질 정도로 헬라화됐는가?

아니면 헬라 사상은 주로 도시 지역에만 스며들 수 있었는가?

또 갈릴리 주민들은 다른 유대 이웃들처럼 토라와 성전을 특히 중요시했는가?

아니면 그들은 자신들만의 독특한 방식을 개발했는가?

③ 예수는 동시대의 다른 카리스마적인 거룩한 사람들 및 대중적 예언자들과 얼마나 유사했는가?

그는 당시 알려진 "유형"의 사람들과 일치했는가?

아니면 그의 사역은 좀 더 독특했는가?

또 예수는 자신을 메시아로 보았는가?

④ 예수는 **묵시적** 사상을 지니고 있었는가?

달리 말해서 그는 이 시대의 파멸적 종말, 심판주로서의 하나님의 임박한 도래, 하나님 나라의 확립을 예고했는가?

아니면 그를 현재에 초점을 둔, 사회 변화의 비전을 제공한 사회 변혁의 예언자로 분류하는 것이 더 나은가?

이 둘은 상호 배타적인 것인가?

⑤ 복음서의 수난 이야기는 역사적으로 얼마나 신뢰할 만한가?

그것들은 믿을 만한 기억에 근거하는가?

아니면 그것들은 주로 부활 이후에 각색된 이야기인가?

유대의 당국자들은 예수의 죽음에 어느 정도 연루됐는가?
또 결국 예수가 로마의 십자가에서 처형된 이유는 무엇인가?

이러한 문제들이 앞으로 본서에서 탐구될 주제들이다. 먼저 다음 장에서는 매우 중요한 자료 문제를 다룰 것이다.
당대의 작가들 중 예수를 언급한 작가가 있는가?
그리고 그들의 증언은 얼마나 유용한가?

제2장
역사적 예수에 대한 자료들

우리가 아는 한 예수는 한 줄의 기록도 남기지 않았다. 어떤 편지도, 어떤 일기도, 어떤 비문의 흔적도 남아 있지 않다. 그러므로 예수에 대한 재구성은 모두 다른 사람에 의해 기록된 문학 자료에 의존해야만 한다.

그러나 어떤 자료들이 있는가?

우리는 본서의 제1장에서 예수를 연구하는 학자들이 전통적으로 공관복음(마태복음, 마가복음, 누가복음)에 의존해 왔음을 보았다. 공관복음의 경우 공동의 관점을 통해 하나의 일관된 내러티브(narrative)를 산출해 낼 수 있다는 장점이 있다.

하지만 최근의 학계는 점차적으로 다른 자료들의 사용을 고려해 왔다. 아마도 가장 논란의 소지가 적은 문헌은 요한복음인 반면, 다수의 예수 재구성들(종종 북미에서)은 훨씬 더 논란의 여지가 있는 문헌들, 즉 Q, 『도마복음』, 『베드로복음』을 자료로 끌어들였다. 이러한 자료들을 특히 전승의 주된 부분으로 사용할 경우 불가피하게 완전히 다른 예수상이 생겨날 수밖에 없다. 그렇다면, 질문은 다음과 같다.

이러한 문헌들의 역사성(historicity)을 어떻게 담보할 수 있는가?

그것들의 역사적 가치가 공관복음의 경우보다도 더 크다가 할 수 있는가?

본 장에서 필자는 먼저 외부인들(로마인과 유대인)이 예수에 관해 말한 본문을 간략하게 살펴본 다음 내부인들(신약성경 안팎의 기독교 작가들)이 기록한 본문으로 넘어가고자 한다. 무엇보다 저작 시기와 편향(bias) 문제가 중요하게 다루어질 것이다.

1. 예수에 관해 기록한 로마의 작가들

2세기 초까지 어떤 로마의 작가도 예수의 존재를 제대로 알아차리지 못했다는 사실은 다소 놀라운 일이다. 우리가 인지할 수 있는 예수에 대한 가장 초기의 언급은 로마의 총독이며 역사가인 타키투스(Tacitus)의 펜에서 나온다. 그는 A.D. 60년대 중반 로마의 대화재 이후 발생했던 네로 황제의 잔인한 기독교 박해를 서술하면서, 희생자들이 "자신들의 이름을 티베리우스 황제 통치 때 총독 빌라도에 의해 처형된 크리스투스(Christus, 즉 그리스도)로부터 취했다"고 설명한다(Annals 15.44.3).

타키투스는 그의 가까운 친구 소 플리니(Pliny the Younger)로부터 그리스도인들에 대해 알게 됐을 가능성이 상당히 크다. 소 플리니는 비두니아(Bithynia)의 총독으로 그리스도인들의 활동을 조사한 인물이었다(Epistles 10.96). 아니면 아마도 타키투스는 로마에 있는 기독교 선교사들로부터 그리스도인들에 대한 약간의 정보를 얻었을 수도 있다.

하지만 어떤 경우든, 타키투스의 언급은 단지 복음서를 통해 얻을 수 있는 내용을 확인해 줄 뿐 새로운 정보를 주지는 않는다.

로마의 두 번째 작가는 『황제들의 생애』(*Lives of the Caesars*, A.D. 약 120년)에서 예수에 대해 언급한 것으로 보이는 변호사 수에톤(Suetonius)이다. 그의 언급은 덜 유용하다. 40년대에 로마에서 일어난 유대인 추방에 대한 이유를 설명하면서 수에톤은 다음과 같이 썼다.

> 유대인들이 끊임없이 크레스투스(Chrestus)의 선동으로 소동을 일으켰기 때문에 그(클라우디우스[Claudius])는 그들을 로마에서 추방했다.[1]

수에톤은 회당에서 일어난 일련의 소동이 크레스투스라는 흔한 이름을 가진 선동자에 의해 일어났다는 인상을 받은 것 같다. 하지만 보다 가능성이 있는 견해는 그 소동이 기독교 선교사들이 회당에서 발음이 비슷한 "크리스투스"(Christus)에 대해 설교하자 이에 유대인들이 반발해서 일어났다는 것이다. 그렇다면 수에톤의 정보는 40년대 로마에 기독교 활동이 있었다는 증거는 되지만, 그들이 선포한 이름의 장본인을 재구성하는 데는 별 도움이 되지 않는다.

이런 점에서 로마의 작가들은 우리의 탐구에 특별한 도움을 주지 못한다. 그러나 이는 놀랄만한 일은 아니다. 식민지 출신의 예수가 로마의 엘리트 사회에 큰 영향을 끼쳤을 가능성은 거의 없기 때문이다. 로버트 반 부스트(Robert Van Voorst)가 언급했듯이 이러한 작가들이 기독교에 관심을 갖게 된 시점은 일단 기독교가 상당한 수의 개종자를 내어 로마

---

[1] R. Van Voorst, *Jesus Outside the New Testament*, 30–31에서 가져온 번역문. Van Voorst의 책은 본 장에서 검토된 많은 본문들의 유용한 논의를 제공한다. 또한 J. H. Charlesworth, "The Historical Jesus in Light of Writings Contemporaneous with Him," *ANRW* 2.25.1, (1982), 451–476도 보라.

및 그 제국의 평화와 안정을 위협할 수 있는 위치에 올랐을 때였다. 그 때조차도 로마 제국의 역사가들은 그 운동의 창시자인 예수보다는 그들 자신의 시대에 존재했던 기독교에 훨씬 더 큰 관심을 가졌다.

예를 들면, 소 플리니는 비두니아에 있는 그리스도인들에 대해 다수의 흥미로운 정보를 제공하지만 예수에 관해서는 완전히 침묵한다. 대부분의 로마 엘리트들에게 기독교는 외국의 부패한 미신에 불과했다. 즉 기독교 추종자들의 활동을 감시하는 일은 중요했지만, 정작 기독교의 기원에 관한 조사는 부적절하거나 심지어 수상한 행위로 여겨졌을 것이다.[2]

2. 예수에 관해 기록한 유대인 작가들

비-기독교 유대 자료들 또한 예수에 관해 거의 언급하지 않고 있다는 점은 진기한 일이다. 많은 대중적인 생각과는 달리 사해 두루마리(Dead Sea Scrolls)에는 그에 대한 언급이 전혀 없다. 랍비 문헌에도 예수와 그의 가족에 대한 언급이 약간 나타나긴 하지만, 매우 부정적일 뿐만 아니라, 대부분 4세기 또는 그 이후의 문헌들에 나타난다. 분명한 것은 예수의 신임을 폄하할 목적으로 많은 이야기들(아마 구전 이야기들)이 유포됐다는 점이다. 이러한 이야기들 중에는 세속 작가 켈수스(Celsus)에 의해 사용된 것들도 있다(그의 주장은 본서의 제3장에서 살펴볼 것이다).

그러나 일반적으로는 유대인 작가들 역시 로마인 작가들의 경우처럼 다른 문제들에 관심이 있었으며, 기독교가 어느 정도 위협적인 존

---

2 R. Van Voorst, *Jesus Outside the New Testament*, 70-72.

재로 부상한 이후에야 비로소 예수를 주목했을 뿐이었다. 하지만 두 개의 유대인 본문은 주목할 만하다.

예수에 대한 가장 유명한 랍비의 언급은 A.D. 3세기경에 기록된 것으로 추정되며 지금은 바빌로니아 탈무드(Babylonian Talmud)의 일부 한 단락에서 발견할 수 있다. 이른바 "b.Sanh 43a"로 알려진 본문은 다음과 같이 기록하고 있다.

> 랍비들은 다음과 같이 가르쳤다. 유월절 축제 전날에 사람들은 예수를 매달았다. 그 전에 한 포고자가 40일 동안 이렇게 외쳤다. "그는 마술을 행하고 이스라엘을 유혹하여 그릇된 길로 가게 했기 때문에 돌팔매질을 당할 것이다. 그를 변호할 증인은 나와서 그를 위해 말해 보라."
> 그러나 아무도 그를 변호하지 않았기 때문에 사람들은 그를 유월절 축제 전날에 매달았다.

이 단락에서 특이한 점은 예수의 체포와 처형 사이에 변호할 증인을 찾기 위한 충분한 기회가 제공됐다는 주장이다. 또 예수의 죽음에 유대인이 연루됐다는 사실을 부인하려는 어떤 의도도 없다. 실제로는 그 반대이다. 유대인 지도자들이 "매달아 죽이는"(유대인 문헌에서 흔히 볼 수 있는 십자가형에 대한 완곡한 표현) 마지막 순간까지 예수 처형의 전 과정에 관여한 것처럼 기술한다. 이러한 진술은 "거짓 증인들"을 사주하여 유죄 판결을 확보한 불법적이고 비밀스런 야간 재판에 대해 서술하고 있는 마가복음과 마태복음의 재판 이야기와는 명백하게 대조된다.

반 부스트(Van Voorst)가 다음과 같이 말한다.

> 이 짧은 내러티브는 나사렛 예수라는 유명한 한 범죄자가 어떻게 처형됐는지에 대한 유대인 내부의 설명이며, 함축적으로는 예수 운동을 가까이 하지 말라는 경고인 것으로 보인다.³

또 이 단락이 보여 주고 있는 흥미로운 점은 그의 적대자들의 눈에는 "마술을 행하는" 것으로 보였을지라도 예수가 일반적으로 기적 행위자로 간주됐다는 것이다. 이 본문은 새로운 정보를 제공하지는 않지만, 유대인 지도자들이 예수의 체포에 관여했고 그에게 기적을 행하는 능력이 있다고 여겨졌으며 이스라엘을 유혹하여 잘못된 길로 가게 한 혐의로 고발됐다는 복음서의 진술을 강화시켜준다(눅 23:2, 5, 14을 보라).

보다 흥미로운 사실을 전해 주는 문헌은 팔레스타인 출신의 유대인 플라비우스 요세푸스(Fravius Josephus)가 쓴 이른바 "플라비우스의 증언"(*Testimonium Flavianum*)으로 알려진 유명한 단락이다. 요세푸스는 로마와의 전쟁 동안(A.D. 66-70년) 로마 편으로 전향한 후, 자신의 생애 후반부를 동족의 위대하고도 장엄한 역사를 기록하는 데 보냈다. 『유대 고대사』(*Antiquities of the Jews*, A.D. 95년경) 후반부에서 그는 예수의 생애와 죽음, 그리고 부활에 관한 간략한 요약을 제공해 준다("플라비우스의 증언"-역주). 물론 거의 모든 주석가들이 이 본문을 요세푸스가 실제로 기록한 것이 아니라는 데 동의하고 있지만 말이다.

> 이 무렵에 예수라는 사람이 살았는데, 만약 그를 사람이라고 불러야만 한다면 지혜로운 사람이라고 할 수 있다. 그 이유는 놀랄만

---

3 R. Van Voorst, *Jesus Outside the New Testament*, 119. 또한 R. E. Brown, "The Babylonian Talmud on the Execution of Jesus," *NTS* 3 (1957), 158-159도 보라.

한 기적을 행했고 진리를 기꺼이 받아들인 사람들의 선생이었기 때문이다. 그는 많은 유대인들과 헬라인들을 자기편으로 끌어들였다. 그는 메시아였다. 빌라도가 우리 중에서 가장 높은 지위에 있는 사람들이 예수를 고소하는 말을 듣고 난 후 즉시 십자가에 처형하라는 선고를 내렸을 때 처음부터 그를 사랑한 사람들은 끝까지 애정을 포기하지 않았다. 그는 죽은 지 사흘째 되는 날에 부활해서 나타났는데, 이는 하나님의 선지자들이 이미 이러한 무수히 많은 놀랄만한 일들을 예언했기 때문이었다. 그의 이름을 따라 그리스도인이라고 불리는 종족(tribe)은 오늘날까지 사라지지 않고 있다(*Antiquities* 18.63-64, 강조는 필자의 것).⁴

요세푸스는 그리스도인이 아니었기 때문에 그가 강조체로 표시된 문장들을 기록했을 가능성은 거의 없다. 이 단락 전체를 하나의 삽입 부분으로 주장한 학자들도 있지만 좀 더 가능성이 있는 견해는 그것이 기독교 필사자들(Christian copyists)에 의해 변경됐다는 견해이다. 동일한 작품의 뒷부분에서 요세푸스는 "그리스도라 불리는 예수의 형제"에 대해 언급한다(*Ant.* 20.20). 이 구문은 예수가 요세푸스의 독자들에게 잘 알려져 있었거나 아니면 요세푸스가 앞에서 이미 예수에 대해 언급했음을 시사한다. A.D. 280년경 오리겐(Origen)은 요세푸스가 예

---

4 L. H. Feldmann, *Josephus LCL* IX 49, 51의 번역. 이 단락에서 대해서는 G. Vermes, "The Jesus Notice of Josephus Re-Examined," *JJS* 38 (1987), 1-10; J. P. Meier, "Jesus in Josephus: A Modest Peoposal," *CBQ* 52 (1990), 76-103; J. Carlton Paget, "Some Observations on Josephus and Christianity," *JTS* 52 (201), 539-624; S. N. Mason, *Josephus and the New Testament* (2nd edn., Peabody, Mass.: Hendrickson, 2003), 225-236; R. E. van Voorst, *Jesus Outside the New Testament*, 81-104에 있는 논의들을 보라.

수를 그리스도로 믿지 않았다고 분명하게 기록했다(오리겐이 앞에 언급한 단락을 현재의 형태로 알았더라면 확실히 그렇게 주장할 수 없었을 견해이다).

하지만 대략 A.D. 324년경에 유세비우스(Eusebius)는 그 본문을 현재의 형태로 알고 있었는데, 이것은 그 본문이 A.D. 약 300년경 어느 시점에 변경됐다는 점을 암시한다. 안타깝게도 우리가 가진 요세푸스의 최초의 사본들은 11세기경의 것이고 그의 작품들이 오로지 그리스도인들에 의해서만 보존됐기 때문에(유대인들은 그를 "반역자"로 여겼다), "변경되지 않은"(untampered) 사본을 발견할 기회는 거의 없다.[5]

그렇다면, 서기관들은 이 단락을 어느 정도나 개작했을까?

최근에 기독교적 개작은 꽤 미미했을 것이라는 주장이 있어왔다. 일단 기독교적 색채가 분명한 구절들을 생략하면(강조체로 표시한 부분들), 나머지 부분들은 아마도 요세푸스의 글로 간주해도 무방할 것이다. 어휘는 전반적으로 요세푸스의 것이며, 기독교 서기관이라면 그렇게 적지 않았을 것 같은 몇 가지 특징들이 있다(예컨대, 예수가 그의 생애동안 유대인과 이방인 모두를 자기편으로 끌어들였다는 진술[그리스도인이라면 그런 실수를 범할 수 있었을까?]과 그리스도인들을 "종족"으로 표현한 점).

물론 후대의 편집자들은 그 부분들을 **생략**할 수도 있었을 것이다. 이 단락은 빌라도의 통치 시대에 발생한 일련의 폭동들의 맥락에서 언급됐다. 요세푸스 기록의 더 큰 요점은 이 시기에 팔레스타인도 심지어 로마 자체도 격변(upheaval)에 시달렸음을 보여 주는 것이다. 이 책의 본래 형태에는 비교적 조용히 진압된 한 반란자의 보고(아마도 성

---

[5] Origen, *Contra Celsum* 1.47; *Commentary on Matthew* 13.55; Eusebius, *Church History* 1.11.8. 요세푸스의 다른 주요 작품인 『유대 전쟁』(*Jewish War*)의 고대 러시아 판본에는 이 단락의 본래 내용이 포함됐다는 주장이 20세기 초에 잠깐 동안 인기가 있었다. "슬라브어 요세푸스"(Slavonic Josephus)로 알려진 그 책은 예수를 정치 활동가로 표현한다. R. Eisler, *Messiah Jesus and John the Baptist*를 보라.

전 청결 사건?)가 포함됐을 가능성이 꽤 높다. 하지만 그러한 보고는 예수를 지나치게 적대적으로 묘사하지는 않았을 것이다. 그렇지 않다면, 초기 그리스도인들 사이에서 누렸던 요세푸스의 인기를 설명하기 어렵기 때문이다.

이상에서 볼 때 요세푸스의 태도는 세례 요한에 대한 그의 중립적인 평가와 크게 다르지 않을 정도로 상당히 중립적이었던 것으로 보인다(*Ant.* 18.116-119; 본서의 제6장을 보라).

요세푸스의 글 역시 새로운 정보를 추가로 제공하지는 않지만, 우리가 복음서를 통해 알 수 있는 내용들, 즉 예수가 팔레스타인의 맥락에 속한다는 점, 그가 기적 행위자와 선생으로 널리 알려져 있었다는 점, 그가 유대인 지도자들의 손에 넘겨져 빌라도에게 처형됐다는 점, 그리고 그의 추종자들이 그가 죽은 후에도 계속해서 그를 지지했다는 점 등을 확인시켜 준다. 몇몇 어휘들이 그리스도인들과 어울리지 않는다는 사실은 요세푸스의 정보가 어쩌면 예루살렘의 유대인 자료에서 유래한 것임을 암시할 수도 있다.

"변경되지 않은" 예수에 대한 1세기 유대인의 기록이 존재했다면, 매우 유용했을 것이다. 물론 그것 역시 기독교의 증언으로 사용할 수 있을지 검증할 비평 작업이 필요하겠지만 말이다. 결국 유대인의 자료는 사실상 우리에게 큰 도움이 되지 않는다. 즉 예수의 생애에 대한 재구성은 거의 전적으로 그의 추종자들이 기록한 문헌에 의존한다. 다음 논의에서 필자는 먼저 신약성경 외부의 기독교적 본문들을 다루고자 한다.

3. 예수에 관해 기록한 기독교 저자들

1) 비정경적 본문들

"비정경적"(non-canonical)이라는 용어는 광범위한 문헌들을 가리킨다. 예수의 어떤 말씀들은 교회 교부들의 문헌에 보존되어 있지만 (보통 "아그라파"[agrapha, 성경 이외의 예수 어록-역주]로 불림) 역사적 신뢰성을 판단하기가 늘 쉬운 것은 아니다.[6] 신약성경의 최종 정경에 들어가지 못한 사본 이문들(variants) 또한 이 표제에 포함될 수 있다.[7] 하지만 가장 큰 관심을 받는 것은 이른바 "외경 복음서들"(apocryphal gospels)이다.

기독교 외경 문헌에는 주로 2세기 또는 그 이후에 기록된 매우 다양한 복음서들이 포함된다. 물론 이론상으로는 후대의 본문들이 더 오래된 전승들을 포함할 가능성도 없지는 않지만, 좀 더 세밀하게 검토해 보면 이 경우는 거의 그렇지 않다는 것을 알게 된다. 예수의 탄생에 관한 많은 전설적인 내용을 제공하는 『야고보의 유아 복음』(Infancy Gospel of James)이나 유아 때의 예수가 초인적이 지식과 능력을 과시하는 『도마의 유아 복음』(Infancy Gospel of Thomas)과 같은 부류의 유아 복음서들이 여기에 속한다.

예수의 생애의 다른 결말에 대해서는, 빌라도가 여러 황제들에게 예수의 재판과 죽음을 보고하기 위해 보낸 몇 통의 서신들도 남아있다.

---

[6] 예컨대, *1 Clement* 13.1-2, 46.8을 보라.

[7] 눅 6:5의 서방 본문(Western text)이 하나의 예가 될 것이다. 거기에서 예수는 누군가 안식일에 일하는 것을 보면서 다음과 같이 말했다. "사람아 네가 무엇을 하는지 알면 복이 있지만, 알지 못하면 너는 저주를 받고 율법을 어기게 된다." 또는 요 7:53-8:11의 간음한 여인에 대한 단락은 종종 괄호로 발견된다.

2세기에 순교자 저스틴(Justin Martyr)은 『빌라도 행전』(Acts of Pilate)에 관해 언급한 바 있는데, 짐작컨대 로마 총독 빌라도 앞에서 행해진 예수의 재판 이야기를 담고 있는 문서였을 것이다(Apol. 1.35.8-9; 48.2-3). 그러나 그러한 문서가 실제로 출간됐는지의 여부는 확실하지 않다. 로마 총독이 제국의 모든 십자가형에 대해 로마에 보고서를 보낸 관례가 없었기 때문이다.

현존하는 『빌라도 행전』(지금은 『니고데모복음』[Gospel of Nicodemus]의 일부)은 4세기나 5세기에 기록된 것으로 추정되며, 예수를 죽인 책임을 다양한 부류의 유대인들에게 지우고 빌라도의 결백을 밝히고자 했던 후대 기독교의 의도를 보여 주는 허구의 문서이다. 이러한 문헌들은 첫 몇 세기에 걸친 그리스도인들의 신앙을 비쳐주는 매력적인 창은 될 수 있지만, 일반적으로 그들 믿음의 창시자인 예수를 탐구하는 데는 별 도움이 되지 못한다.[8]

하지만 이러한 문헌들 중 둘은 예수세미나와 크로산의 연구로 최근에 두각을 나타내었는데, 바로 『베드로복음』(Gospel of Peter)과 『도마복음』(Gospel of Thomas)이 그것들이다. 또한 필자는 이 항목에서 어록 자료 Q의 논의도 포함시켰다. Q가 비정경적 본문이기 때문이 아니라 (정의를 내리면 Q는 마가복음에는 없지만, 마태복음과 누가복음의 공통 자료로 사용된 가상의 문서이다), Q 연구가 비정경적 본문들과 유사한 문제를 제기하기 때문에 여기서 함께 다루는 것이 최상이다.

---

8 이러한 본문들의 영어 번역(유용한 개론과 함께)을 위해서는 J. K. Elliott, *Apocryphal New Testament* (Oxford: Clarendon Press, 1995)를 보라.

(1) 베드로복음

오늘날에는 『베드로복음』의 단편만이 남아 있다. 이 복음서는 빌라도가 자신의 손을 물로 씻은 이후부터(마 27:24을 보라) 그의 기적적인 부활 기사와 그 이후의 여파에 이르기까지의 예수의 수난을 기술하고 있다. 오늘날 남아 있는 유일한 필사본은 1886-1887년에 프랑스 고고학자들이 파노폴리스(Pannopolis, 카이로 남쪽으로 250마일 떨어진 나일강 동쪽 둑 지역에 위치한 오늘날의 아크밈[Akhmim])에 있는 기독교 묘지를 발굴할 때 발견됐다.

이 단편은 어느 수도자의 무덤에서 다수의 초기 기독교 본문들이 포함된 코덱스(codex)의 일부로 발견됐는데, 훨씬 이전 작품의 필사본이 분명하지만 그 필체를 근거로 8세기경에 기록된 것으로 추정된다. 화자가 자신을 베드로라고 언급하기 때문에(14.60) 그것이 2세기 후반 시리아에서 유포됐던 『베드로복음』의 일부로 그럴듯하게 제안됐다. 가이사랴의 유세비우스(Eusebius of Caesarea, 약 260-340년)는 이 복음서를 두 번 언급하는데, 이 책이 가톨릭 전통에 의해 받아들여지지 않았고, 가현설 자체를 표방하고 있지는 않지만(*Hist. Ecc.* 3.3.2, 6.12.1-6) 가현설 신봉자들(Docetists, 예수가 단지 인간으로 보여졌다고 생각하는 사람들)에 의해 이용됐다는 점에 주목한다.

현 상태로 이 복음서 단편은 분명 대중화된 이야기이다. 즉 그것은 공관복음과 매우 유사하고, 진기한 특징들(말하는 십자가를 포함해서!)을 담고 있으며, 기적들을 고조시킨다. 또한 결정적으로 반유대적이며 수많은 시대착오적이고 경건한 개작을 보여 준다. 다른 외경 복음서들처럼 이것은 세련된 신학이라고 할 만한 것이 거의 없는 통속적인 경

건서이다.⁹

그렇다면 왜 『베드로복음』이 예수 연구에서 두각을 나타내고 있는가? 그 이유는 주로 『베드로복음』의 배후에 훨씬 더 오래된 복음이 놓여 있다는 크로산의 제안 때문이다. 크로산은 예수의 가장 초기 제자들이 자신들의 선생이 체포되어 나중에 십자가에 달렸다는 것만을 알았다고 주장한다. 예수의 최후의 몇 시간에 일어난 모든 세부적 내용은 실제로 일어났던 사건들의 역사적 기억에 의존하는 것이 아니라, "역사화된 예언"(prophecy historicized)에 의존한다는 것이다. 즉 예수의 죽음에 대한 세부적 내용들은 역사적 기억으로부터 비롯된 것이 아니라, 구약성경의 주제들과 구절들, 특히 시편, 이사야, 속죄양 의식(scapegoat ritual)으로부터 온 주제들과 구절들이 하나의 일관된 내러티브로 결합되어 생겨났다는 것이다.¹⁰

(구약)성경에 영감을 받은 이 기사(account)는 A.D. 40년대 후반에 크로산이 『십자가복음』(Cross Gospel)이라고 부른 책에 기록됐다. 크로산에 의하면, 이 내러티브는 네 개의 정경 복음서 모두에 나오는 수난 이야기(passion narratives)의 토대가 됐고, 그 후 2세기 중에 정경 복음서에 비추어 개정되어 출간된 이른바 『베드로복음』의 토대가 됐다.

여기서 두 가지 중요한 논점이 지적될 수 있다.

첫째, 크로산의 견해가 옳다면, 정경에 속하는 네 복음서 모두가 역사적 가치가 전혀 없는 예수의 재판과 죽음에 관한 기사에 의존한다

---

9 충분한 논의를 위해서는 P. Foster, *The Gospel of Peter: Introduction, Critical Edition and Commentary* (Leiden: E. J. Brill, 2010)을 보라.

10 J. D. Crossan, *The Cross That Spoke: The Origins of the Passion Narrative* (San Francisco: Harper and Row, 1988)을 보라. 또한 H. Koester, *Ancient Christian Gospels: Their History and Development* (Philadelphia: Trinity Press International, 1991), 216-130도 보라.

는 것을 의미한다. 이 때문에 크로산은 자신의 역사적 재구성에서 수난 이야기를 소홀히 다룬다.

둘째, 『십자가복음』이 『베드로복음』으로 변형될 때의 주요 편집적 변화는 본래의 기사에서는 적대자들이 예수의 시신을 매장한 반면, 『베드로복음』에서는 (정경 복음서와 일치하게) 그의 친구들이 매장한 것으로 수정했다는 사실에 있다. 이를 근거로 크로산은 빈 무덤과 부활 전승들이 후대에 발전된 것으로 주장한다.

크로산의 주장은 학자들의 폭넓은 지지를 얻지 못했다. 결국 그가 『십자가복음』에 대해 내린 판단들은 다소 임의적인 것으로 보인다. 정경의 복음서들이 구약성경의 여러 구절에 **영향을 받았다**는 사실은 부인할 수 없지만, 수난 이야기 전체가 암시들과 주제들로부터 **창작됐음**을 입증하는 일은 별개의 문제이다. 더욱이 사복음서의 수난 이야기들이 하나의 기록된 본문에 의해 영감을 받았다는 크로산의 추론 역시 예수의 최후 시간에 대한 수많은 구전 전승들과 서로 상충되는 해석들이 존재했다는 점을 충분히 유의하지 않는 처사로 보인다.

따라서 다수의 학자들은 계속해서 『베드로복음』을 주로 정경 복음서에 의해 영감을 받은, 역사적 의미가 없는 후대의 작품으로 간주한다.

(2) 도마복음

『베드로복음』과 마찬가지로 『도마복음』 역시 초기 교회에는 사용되지 않았다가 현대에 와서 다시 한 번 부상되는 문헌이다. 18세기 말과 19세기 초에 걸쳐 다수의 헬라어 파피루스 필사본 단편들이 이집트 옥시링쿠스(Oxyrhynchus)에서 발견됐고(P. Oxy 1, 654, 655), 이어서 1945년에 나그 함마디(Nag Hammadi) 문서의 일부로서 콥틱어(후기 이집트어)로 된 전문(full text)이 발견됐다. 『도마복음』은 디두모 유다 도마

(Didymus Judas Thomas) 또는 쌍둥이 도마(Thomas the Twin)의 작품으로 추정된다.

복음서로 불리긴 하지만, 『도마복음』은 신약성경에 포함된 복음서들과는 사뭇 다르다. 이 책에는 어떤 전기적 정보도 없고, 수난 이야기도 없으며, 어떤 기독론적 칭호도 없고, 하물며 묵시적 자료도 없다. 그 대신에 콥틱어 번역본(아마도 헬라어를 번역한)은 114개의 독립적인 예수의 어록들이 표제어에 따라 배열되어 있다. 대부분이 지혜 어록, 비유, 짧은 대화로 구성되어 있다.

이 어록들 중 대략 사분의 일은 공관복음에 나오는 어록들과 거의 일치하고(예컨대, 『도마복음』 5장은 눅 8:17과 정확히 병행된다), 절반가량은 다소간 유사하며, 나머지는 많은 사람들에게 영지주의적인 색채를 띤 것으로 보여진 어록들을 포함한다(지식, 내면의 변화, 비밀스런 가르침 등에 대한 특정한 집착). 『도마복음』 28장이 특히 이에 대한 중요한 예이다. 현재 형태로의 『도마복음』은 아마도 2세기의 작품으로 종종 시리아(특히 도마와 관련되는 지역)와 연결된다. 문제는 다음과 같다.

『도마복음』에 더 오래된 전승이 포함되어 있는가?

또한 그렇다면, 정경 복음서 전승과 『도마복음』 전승 중 어느 것이 더 진정성 있는 전승인가?

『도마복음』은 최근 수십 년간 쾨스터(H. Koester)의 연구와 그 복음서를 "제5의 복음서"(fifth gospel)로 격상시킨 예수세미나 회원들의 연구로 역사적 예수 연구의 전면에 부상했다(본서의 제1장을 보라).[11]

---

11 H. Koester, *Ancient Christian Gospels*, 75–128; S. J. Patterson in J. S. Kloppenborg et al., *Q-Thomas Reader* (Sonoma: Polebridge Press, 1990), 77–123. 좀 더 일반적으로는 S. J. Patterson, *The Gospel of Thomas and Jesus* (Sonoma: Polebridge Press, 1993)을 보라.

『도마복음』의 장르에 대한 자신의 연구를 토대로 쾨스터는 이 작품이 잠언, 벤 시라(Ben Sira), 솔로몬의 지혜(the Wisdom of Solomon)와 같은 유대의 작품들 및 Q와 같은 복음서 자료와 유사한 매우 초기 형태의 기독교 문서인 "지혜서"(wisdom book)에 속한다고 주장했다. 예수는 천상의 소피아(Sophia. 지혜)를 말하는 현자로 표현된다.

『도마복음』을 편집한 사람들은 구원이 예수의 말씀을 듣고 마음속에 간직함을 통해 오는 것이지 그의 속죄적 죽음을 통해 오는 것이 아니라고 생각했다(쾨스터는 이 속죄적 죽음 사상이 후대에 바울에 의해 발전된 것으로 본다). 이 복음서의 많은 부분은 매우 오래된 것으로 주장되는데, 그중 일부는 50년대까지 거슬러 올라가며, 아마 자신의 선생처럼 부와 관습적인 삶의 방식을 거부한 순회하는 기독교 급진주의자 집단에 의해 팔레스타인에서 유래된 것으로 본다.

이러한 입장으로부터 두 가지 중요한 논점이 지적될 수 있다.

첫째, 『도마복음』에 나오는 어록들 중 많은 부분이 공관복음 및 그들의 자료보다 오래됐다면, 『도마복음』은 정경 복음서들 안에 있는 어록들보다 더 진정성 있는 어록들을 포함하고 있다고 할 수 있다.[12]

둘째, 가장 초기 편집자들의 신학적 관점이 전반적으로 그들의 선생의 관점과 일치한다고 추정한다면, 역사적 예수에 대한 매우 상이한 그림, 즉 예언자나 묵시적 선지자가 아닌 주로 지혜 교사로서 여겨지는 그림이 나오기 시작한다. 실제로 이러한 묘사는 예수세미나 및 크로산의 재구성과, 묵시적 요소가 후대에 추가됐다는 그들의 주장의 토대가 된다.

---

12 예수의 진정한 말씀으로 자주 주장되는 어록들은 『도마복음』 39장, 47장, 51장, 52장, 58장, 81장, 82장, 98장, 102장을 포함한다.

하지만 이러한 견해들은 일반적인 지지를 얻지 못했다. 학자들의 대다수는 여전히 『도마복음』을 후대의 작품으로 간주한다. 요한복음이나 마태와 누가의 마가복음에 대한 편집과 같이 정경 자료의 후대 부분을 반영한다는 것이다. 『도마복음』이 정경의 형태보다 어록이나 전승의 더 본래적인 형태를 나타내는 것처럼 보이는 경우(막 12:1-9의 알레고리적 해석이 없는 『도마복음』 65장의 악한 포도원 농부의 비유의 경우처럼)조차도 이를 정확하게 검증할 기준을 마련하기가 어렵다.

대부분의 학자들은 『도마복음』에 상대적으로 묵시적 어록들이 결핍된 이유를 초기의 현자 예수의 반영이라기보다는 하나님 나라의 지연과 전승의 후대 개작으로서 보다 더 잘 설명될 수 있다고 주장한다. 2세기 『도마복음』의 편집자들은 이러한 말씀들이 성취되지 않자 하나님 나라의 현재성에 초점을 맞추고 영지주의적이거나 신비적 방향으로 선회함으로써 예수의 가르침을 기꺼이 탈-종말화(de-eschatologized)했다.[13] 그렇다면 『도마복음』이 보다 오래된 예수의 어록들을 한두 개 포함하고 있을지라도, 예수의 생애에 대한 주된 자료로 간주될 수 없으며 더군다나 공관복음의 예수상과 철저하게 다른 예수상으로 간주될 수 없다.

(3) 어록 자료 Q

본서의 제1장에서 보았듯이 Q는 공관복음 간의 언어적 유사성을 설명하는 "두 자료설"(Tow Document Hypothesis)의 핵심 요소이다. 두 자

---

[13] C. Tuckett, "Sources and Methods"; C. A. Evans, "Gospels, Extra-New Testament" in C. A. Evans (ed.), *Encyclopedia of the Historical Jesus* (New York: Routledge, 2008), 261-265; J. D. G. Dunn, *Jesus Remembered. Christianity in the Making* vol 1. (Grand Rapids: Eerdmans, 2003), 164-165; A. D. DeConick, *Recovering the Original Gospel of Thomas: A History of the Gospel and Its Growth* (London: T&T Clark, 2005), 특히 113-155.

료설은 마태와 누가가 마가복음과 또 하나의 자료인 Q를 자료로 사용했다는 가설이다. 마태와 누가가 함께 사용한 자료가 어휘뿐 아니라 순서도 상당히 유사한 것을 보면, Q는 구전 자료집이라기보다는 기록된 문서였을 가능성이 크다. Q의 필사본이 발견되지는 않았지만, 이 가설은 매우 설득력이 있다. 그래서 대부분의 신약학자들은 Q를 공관복음 사이의 문학적 관계를 설명하는 최상의 가설로 받아들인다.

최근 몇십 년 동안 Q에 대한 관심이 고조됐다. 이 문서가 마태복음과 누가복음보다 이전에 기록된 것은 분명하며(두 복음서는 아마 A.D. 80년대에 기록됐을 것이다), 마가복음과 거의 같은 시기거나 그것보다 앞선 시기에 기록된 것으로 추정된다. 확실하지 않은 부분이 여전히 남아있지만, 학자들 사이에는 이 문서의 범위, 내용, 순서에 관해 어느 정도의 견해 일치가 존재한다.

Q의 최종판이 2000년에 SBL(Society of Biblical Literature)의 국제 Q 프로젝트의 후원 하에 출간됐다.[14] 이렇게 재구성된 문서에는 수난 이야기가 빠진 채 예수의 어록들만 모아 놓았다는 점에서 『도마복음』과 유사성을 지닌다(마태복음과 누가복음은 둘 다 이 지점[수난 이야기]에서 마가복음을 따른다).

Q에 대한 가장 영향력 있는 분석은 존 클로펜보그(John Kloppenborg)에 의해 진행됐다. 그는 다음과 같이 주장한다. 문학적인 근거 위에서 Q의 초기층(layer)이 광범위한 인간의 상호 작용을 다루는 지혜 자료를 포함하고 있다. 나중에 저주와 심판을 포함한 자료가 추가됐다(아마 Q 집단에 속하지 않은 적대자들에 대한 반응으로). 성전과 토라를 긍정적

---

14 James M. Robinson, John S. Kloppenborg and Paul Hoffman, *The Critical Edition of Q: Synopsis Including the Gospels of Matthew and Luke, Mark and Thomas with English, German and French Translations of Q and Thomas* (Minneapolis: Augsburg Fortress, 2000).

으로 조명하는 세 번째 편집층은 A.D. 70년 직후에 추가됐다.¹⁵

그렇다면, Q는 역사적 예수를 재구성하는 데 어떤 도움을 줄 수 있을까?

크로산과 예수세미나는 Q의 가장 초기층인 지혜층의 저작 연대를 A.D. 50년대로 추정했고, 그것을 토대로 예수를 지혜 교사나 현자로 간주하는 것이 가장 타당하다고 주장했다.¹⁶ 또 Q에 어떤 수난이야기도 나오지 않는다는 점을 들어 그들은 Q에 속한 집단들이 예수의 죽음에 관심이 없던 기독교 집단이었다고 주장했다(이 두 점에 대해서는 그들의 Q와 『도마복음』 사용 간에 유사점이 있다). 그러나 이러한 견해를 수용한 학자들은 거의 없었다.

클로펜보그는 자신의 연구가 문학적인 고찰이었으며 예수를 지혜 교사로 표현하는 초기 문서가 있었다고 해서 반드시 다른 예수에 대한 묘사들보다 특권을 더 누릴 필요는 없다고 강조했다. 이차적 층(secondary layer)에서 온 자료(특히 묵시적 요소들)를 후대의 발전으로 가정할 어떤 이유도 없다는 것이다. 그것들은 단지 Q의 초기층의 주장과 일치하지 않았을 뿐이다. 이와 유사하게 그는 "Q를 편집한 사람들이 예수의 죽음을 알지 못했다고 생각하는 것은 터무니없는 일"이라고 언급한다. 즉 그들이 그의 죽음을 다르게 이해했을 수는 있지만, 어떤 초기 기독교 집단도 일차적으로 예수의 죽음과 부활에 초점을 두지 않다는 것은 상상하기 어렵다.¹⁷

---

15 특히 John Kloppenborg's *The Formation of Q: Trajectories in Ancient Wisdom Collections* (Philadelphia: Fortress Press, 1987); "The Sayings Gospel Q and the Quest of the Historical Jesus," *HTR* 89 (1996), 307-344; *Excavating Q: The History and Setting of the Sayings Gospel* (Edinburgh: T&T Clark, 2000).

16 본서의 참고문헌에 있는 Crossan의 책들을 보라. 또한 B. Mack, *The Lost Gospel: The Book of Q and Christian Origins* (Shaftesbury: Element, 1993도 보라.

17 J. S. Kloppenborg, "The Sayings Gospel Q," 특히 322-323, 각주 70과 331.

좀 더 기본적인 측면에서 어떤 학자들은 더 이상 존재하지 않는 Q 문서에 대한 상세한 편집적 연구가 과연 가능할지에 대해 의심을 표명했고, 소수의 중요한 학자들은 가상의 문서에 의존하지 않고 복음서들 간의 문학적 관계를 설명하려 함으로써 Q 문서의 존재 자체를 의심한다(예컨대, 샌더스와 라이트는 흔히 Q에 속한 것으로 여겨지는 자료의 특권을 허용하지 않는다).[18]

그렇다면, Q의 중요성은 무엇인가?

이 문서가 초기의 것이므로 마가복음에 필적할 만한 역사적 가치를 지닌 것은 분명하다. 따라서 Q 안에 포함되어 있는 자료와 생략된 자료들 모두 주목받을 필요가 있다. 하지만 결국 Q에 대한 정확한 결정에 너무 오래 얽매일 필요는 없다. 왜냐하면 필자가 Q를 비정경 문헌에 포함시켰을지라도, 그것과 연관된 모든 자료들은 마태복음과 누가복음 도처에 퍼져있기 때문이다. 다시 말해서 신약성경 안에 견고하게 뿌리내리고 있기 때문이다. 이제 우리는 먼저 사도 바울을 필두로 신약성경 안으로 눈을 돌리고자 한다.

2) 신약성경의 문헌들

(1) 바울

신약성경의 가장 초기 문헌들은 A.D. 50년대에 기록된 바울서신이다. 위대한 사도 바울은 예수가 십자가에 처형된 지 불과 몇 년이

---

18 전자의 입장에 대해서는 J. D. G. Dunn, *Jesus Remembered*, 147-160; C. Tuckett, "Sources and Methods"를 보라. 후자의 입장에 대해서는 M. Goodacre, *The Case Against Q: Studies in Markan Priority and the Synoptic Problem* (Harrisburg: Trinity Press, 2001); F. Watson, "Q as Hypothesis: A Study in Methodology," *NTS* 55 (2009), 397-415를 보라.

지나지 않아 이 새 운동에 동참했다. 그는 예수를 개인적으로 만난 적은 없어 보이지만, 대표적 사도들과 예수의 형제들을 한 차례 이상 만났다(갈 1:18-2:21). 그럼에도 불구하고 바울은 예수의 지상적 삶에 대해서는 거의 언급하지 않는다.

그는 예수가 유대인이었고(갈 4:4; 롬 1:3), 형제들이 있었으며(고전 9:5; 갈 1:19), 온유와 관용의 인물로 기억됐고(고후 10:1), 배반당했다는 사실(고전 11:23-25)을 알고 있었다. 그는 예수의 십자가 처형에 대해 자주 언급하고(고전 1:23; 2:2; 갈 3:1 등), 한 곳에서는 예수의 죽음에 대한 책임을 유대인 동족에게 돌린다(살전 2:15, 논란이 되는 구절이긴 하지만). 바울은 주의 만찬 제정에 대해 기술하고(고전 11:23-25), 때로는 이혼(고전 7:10-11), 생계를 요구할 수 있는 기독교 선교사들의 권리(고전 9:14), 종말론(살전 4:15-17)과 같은 예수의 가르침을 언급하기도 한다. 그러나 이 모든 것을 합쳐도 별로 많지는 않다.

물론 바울이 새로운 기독교 개종자들과 함께 있었을 때 예수의 생애와 사역, 가르침에 대한 기본 내용을 이미 다 설명했기 때문에, 목회적 또는 신학적 어려움 때문에 생겨난 바울서신에는 그러한 특정한 사항들을 반복할 필요가 없었을 가능성이 꽤 높다. 그러나 바울에게 정말 중요한 것이 십자가와 부활이었다는 점은 명백하다. 그에게는 십자가의 속죄적 의미가 너무 중요했기에 예수 생애에 대한 상세한 내용은 단순히 빛이 바랬다.

예수의 생애와 사역에 대한 전기적 기술은 A.D. 70년경 마가복음을 시작으로 정경 복음서들을 통해 제공됐다. 이 복음서들은 역사적 예수에 대한 최상의 자료로 남아 있다. 마가복음은 보통 A.D. 70년경에, 마태복음과 누가복음은 80-90년경에, 그리고 요한복음은 1세기 말 경에 기록된 것으로 추정된다.

일반적으로 고대 역사의 기준에 따르면, 그 대상이 죽은 지 40-70년 사이에 기록된 문서들은 상당히 동시대적인 것으로 판단될 수 있다. 하지만 역사 비평 방법이 성경에 적용된 지 200년이 지난 이후 복음서들을 무비평적으로 이용할 때의 위험요인은 너무나 분명하다.

(2) 요한복음

19세기에 슈트라우스(D. F. Strauss)와 바우어(F. C. Baur)가 요한의 역사적 신뢰성을 공격한 이후로 요한복음은 역사적 예수 연구에서 열외 취급을 받는 경향이 있었다. 이러한 경향은 여러 가지 면에서 별로 놀랄 일은 아니다. 요한복음의 기적들은 공관복음의 기적들보다 더 위대하다. 예를 들면, 베데스다 연못의 병자는 38년 동안이나 앓아누워 있었고(요 5:5), 나사로는 무덤에서 나흘이나 있었다(요 11:17). 공관복음에 자주 등장하는 간결한 어록들과 하나님 나라의 비유들이 요한복음에는 나오지 않는 대신, 예수라는 인물에 관한 확대된 강화들(discourses)이 독특한 요한의 관점에서 부각된다.

요한복음 전체에서 예수는 바리새인, 사두개인, 서기관, 헤롯당 등 다양한 집단들과 대화하는 것이 아니라, 불신과 거부의 암호가 되어 버린 "유대인들"이라는 무정형의 집단과 대화한다. 또 요한에게 예수는 단순히 갈릴리의 목수가 아니라, 하나님 자신, 즉 어둠 속에서 사는 자들에게 아버지 하나님을 계시하기 위해 잠시 이 땅으로 내려온 신적 말씀이다. 양식 비평가들, 역사적 예수의 "새 탐구자들," 그리고 최근 연구의 다수가 요한복음을 거의 전적으로 무시해 온 것도 별로 놀랄 일은 아니다. 실제로 예수세미나는 요한복음보다 『도마복음』에 더 많은 역사적 가치를 부여한다.

그러나 모든 사람이 요한복음을 역사적 가치가 없는 문헌으로 취급하는 것은 아니다. 1960년대에 다드(C. H. Dodd)는 요한복음 내에 역사적 전승들이 있다고 주장했고, 좀 더 최근에 무디 스미스(D. Moody Smith) 역시 동일한 주장을 했다.[19] 최근 SBL의 "요한, 예수, 그리고 역사"에 관한 프로젝트는 이 문제를 새롭게 다루었고, 마이어(J. P. Meier)와 프레드릭센(P. Fredriksen)은 몇몇 요한의 전승들을 진지하게 다루는 예수에 관한 책을 출간했다.[20]

요한복음의 강화(discourses) 부분에서 많은 역사적 자료를 찾아내려는 학자들은 거의 없지만, 내러티브 부분에는 거의 틀림없이 견고한 전승들이 존재한다. 어떤 학자들은 요한의 더 긴 사역 기간, 세례 요한과의 복합적인 관계, 십자가 처형 시기 등을 공관복음의 경우보다 더 선호했다. 요한복음에 지나치게 의존하기를 원치는 않지만, 필자가 보기에 요한은 1세기 유대의 현실을 잘 파악하고 있고, 앞으로 살펴보겠지만 유대인 지도자들 앞에서 진행된 예수 재판에 대한 기술은 어느 정도 역사적 신빙성을 가진다.

하지만 예수 생애의 나머지 부분에 대해서는 우리는 주로 공관복음에 의존하고 있다.

그렇다면, 우리는 공관복음을 어떻게 사용해야 하는가?

---

[19] C. H. Dodd, *Historical Tradition in the Fourth Gospel* (Cambridge: CUP, 1963); D. M. Smith, "Historical Issues and the Problem of John and the Synoptics" in M. de Boer (ed.), *From Jesus to John* (Sheffield: Sheffield Academic Press, 1991), 특히 255–256. 또한 J. Ashton, *Understanding the Fourth Gospel* (Oxford: Clarendon Press, 1991), 36–38도 보라.

[20] P. N. Anderson, F. Just and T. Thatcher (eds), *John, Jesus and History* (Atlanta: SBL, 2007). Meier와 Fredriksen의 책들은 본서의 참고문헌에서 찾을 수 있다.

(3) 공관복음

요한복음과 같이 공관복음은 1세기 말경에 기록됐고 초기 교회의 부활 이후의 상황을 반영하고 있는 것이 분명하다. 이 세 복음서들은 목격자들에 의해 기록된 것이 아니고, **우선적으로** 예수의 생애에 대한 역사적 기록들도 아니다(그것들이 전기적 형태로 표현됐지만).[21] 오히려 그것들은 가장 초기의 독자들의 믿음을 격려하거나 굳게 하려는 강한 열망으로 기록되었고, 예수의 참된 신분을 그리스도요 하나님의 아들로 선언하는 신앙고백 문서들이다. 각각의 복음서는 조금씩 다르게 예수를 묘사한다.

마가에게 예수는 고난 받는 메시아이고 십자가에 달린 후 하나님에 의해 의로움이 입증된 인자(the Son of man)이다. 마태의 예수 묘사는 유대적인 메시아이고 다윗의 자손이며 새로운 모세이다. 또 누가의 예수 묘사는 (이스라엘의 과거 예언자들처럼) 아무 죄가 없이 순교자로 죽은 예언자이다. 하지만 그들의 세부 묘사들은 다를지라도, 공관복음이 전하는 예수 묘사의 **넓은 윤곽**(예수와 세례 요한과의 관계, 하나님 나라 선포, 치유 사역과 십자가에서의 죽음 등)은 역사직 토대 위에 세워져 있다. 신중하게 사용하면, 공관복음은 역사적 예수를 회복하기 위한 최상의 자료를 제공해 준다.

공관복음에 포함된 전승들을 꼼꼼하게 살펴볼 때 다음과 같은 세 가지 점을 항상 염두에 두어야 한다.

① 공관복음은 세 개의 독립된 증언들이라는 인상을 주지만, 긴밀한

---

[21] 실제로 복음서들이 목격자의 증언을 기록하고 있다는 견해에 대해서는 R. Baukham, *Jesus and the Eyewitnesses: The Gospels as Eyewitness Testimony* (Grand Rapids: Eerdmans, 2006)을 보라.

문학적 관계로 서로 연결되어 있음을 기억할 필요가 있다. 공관복음은 모두 짧은 갈릴리 사역 이후 예루살렘에서 일어난 예수 수난 이야기가 폭넓게 전개되는 마가의 형태를 따른다. 마태와 누가는 모두 또 하나의 전승을 자료로 사용하지만(Q로 알려진), 전반적인 구조는 마가를 따른다.

② 물론 때때로 마태와 누가는 마가의 자료를 나름대로 변경시킬 경우(종종 꽤 상당한 정도로)가 있다. 이러한 변경들은 우리에게 이러한 복음서 저자들의 특정한 신학적 관심과 목적에 관해 많은 것들을 말해 줄 뿐만 아니라, 1세기 말경에도 전승들이 얼마나 유동성이 있었는지도 보여 준다. 이러한 점은 A.D. 70년경에 기록된 최초의 정경 복음서인 마가복음이 더 많은 역사적 자료를 보존하고 있을 것이라고 생각하도록 이끌 수 있다.

그러나 본서의 제1장에서 보았듯이 브레데(Wrede)는 마가 또한 신학적 관심을 가지고 내러티브를 구성했다는 점을 명확하게 보여 주었다. 아마 마가복음 저자는 마태와 누가가 자신들의 자료를 다루었던 방식, 즉 자신의 자료를 신학적 목적에 철저하게 맞추는 방식과 동일하게, 자신의 자료(구전이든 기록된 문서든)를 다루었을 것이다.

③ 복음서 저자들은 재능 있는 이야기 작가(storytellers)와 신학자였을 뿐만 아니라 목회자이기도 했다. 마태와 누가가 변경한 많은 부분은 자신들이 속한 공동체의 필요에 응답하기 위함이었다(예컨대, 박해에 직면하여 믿음을 강화시키기 위해, 예수의 재림 지연에 대해 대처하기 위해, 예수가 로마법상 무죄였음을 보여 주기 위해 등).

(요한복음을 포함한) 복음서들은 기독교 교회와 유대인의 지역 회당 간의 관계가 악화되어, 두 신앙이 각자 자신의 독자적인 길을 걷

기 시작했을 즈음에 기록됐다. 어떤 지역에서는 그리스도인들이 회당으로부터 쫓겨나고 있었다. 따라서 그 결과로 초래된 상처와 긴장과 정체성 상실의 차원을 과소평가해서는 안 된다. 당시 이러한 갈등의 많은 부분이 명확하게 복음서에 반영되어 있다.

예수와 서기관 및 바리새인과의 논쟁(분명 실제 있었던 갈등에 근거한 것일지라도)은 복음서 저자들의 청중과 지역 회당 지도자들 간의 충격적인 당시 상황을 반영하기 위해 보존하고 강화됐을 가능성이 크다. 특히 마태가 묘사하는 예수는 "그들의 율법" 또는 "그들의 회당" 등의 표현을 사용함으로써 자신을 동료 유대인들과 분리시킨다. 또 그는 마태복음 23장에서 바리새인과 서기관들에 대한 맹렬한 일련의 저주를 포함시키고, 마태복음 27:25에서 예수 죽음에 대한 책임을 유대 백성이 받아들이도록 한다.

이 모든 것들은 복음서 자료가 예수의 생애를 실제로 반영하고 있는지 아니면, 좀 더 자연스럽게 후대의 상황에서 유래한 것인지의 여부를 탐구할 때 특별히 조심해야 한다는 것을 의미한다.

오늘날도 여전히 역사가의 과제를 전승의 "순수" 형태를 발견하기 위해 후대의 첨가물들 떼어 내는 것으로 보는 새 탐구자들과 몇몇 학자들이 있다. 그 이미지는 흔히 바깥 껍질을 벗겨내면 속살을 볼 수 있는 양파에 비유되거나 수세기에 걸친 때를 제거하면 본래의 깨끗한 색깔을 드러내게 할 수 있는 더러운 유화에 비유된다. 그러나 이러한 접근 방법은 문제가 많다. 복음서 자료가 번역의 과정(아람어에서 헬라어로)을 겪은 것이 분명할 뿐만 아니라, 기억에 대한 현대 연구는 인간의 기억이 얼마나 신뢰할 수 없고 손상되기 쉬운지, 그리고 기억이 얼마나 무의식적인 추론이나 광범위한 가정들에 의존하는지도 보여 주었다.

복음서의 믿음의 관점을 완전히 배제하고 그것들 배후에 있는 역사적 예수를 발견하기를 기대하는 것은 비현실적이라는 던의 주장은 확실히 옳다. 복음서들은 예수가 가장 초기의 제자들에게 끼친 영향을 반영하며, 상당 부분 이러한 영향은 역사적 예수이다. 또는 그 영향은 우리가 역사적 예수에게 접근할 수 있을 만큼 가깝다. 우리가 복음서에 나타난 후대의 요소들(예수 부활 이후의 신학, 후대 교회를 반영하는 목회적 관심 등)을 분리할 수는 있겠지만, 그를 따랐던 사람들의 희망과 꿈으로부터 완전히 벗어난, 해석되지 않은 예수를 묘사할 수는 없을 것이다.

이런 점에서 공관복음은 예수의 생애에 대한 매우 훌륭한 자료이며, 우리는 공관복음이 줄 수 있는 것보다 더 많은 것을 공관복음에서 찾을 필요가 없다.

4. 제2부를 위한 길잡이

이상에서 우리는 현대 예수 연구에서 사용된 광범위한 자료들을 개관했다. 비기독교 자료 중에는 요세푸스와 "*b.Sanh* 43a"만이 도움이 될 것으로 보이는데, 그것들의 공헌은 주로 어떤 새로운 정보를 추가하기보다는 복음서 기록을 뒷받침해 주는 역할을 할 뿐이다. 비정경 자료, 특히 『베드로복음』과 『도마복음』은 역사적 가치가 거의 없다. Q에 속한 자료는 비교적 오래된 것이 분명하며 진지하게 다룰만한 가치가 있다. 그러나 Q는 정경 복음서에 포함되어 있다. 따라서 정경 복음서 본문들을 신중하고 비평적으로 읽게 되면 예수의 생애를 재구성하는 최상의 자료를 제공해 줄 것이다.

본서의 제2부에서 필자는 주요한 측면이나 사건을 포착한 일련의 스냅 사진(snapshots, 짤막한 묘사)으로 배열된 예수 생애의 개요를 제시할 것이다. 필자의 주요 자료는 공관복음이 될 것이며, 경우에 따라서는 요한복음, 요세푸스, "b.Sanh 43a"를 인용하기도 할 것이다. 필자는 또한 적절한 경우에는 갈릴리를 재구성하기 위해 고고학도 인용할 것이다(특히 본서의 제5장 참조).

필자가 앞으로 고찰할 예수 생애의 초점은 예수의 말씀을 재구성하거나, 이른바 "진정성의 기준"을 철저하게 적용시키는 데 있지 않다. 이는 부분적으로는 지면상의 문제이기도 하지만 좀 더 근본적인 이유는 예수의 실제 말씀(그것이 회복될 수 있다 하더라도)이 우리를 그리 멀리 데려다주지는 못할 것이라는 필자의 견해 때문이다. 일반적으로 필자는 복음서를 기록한 사람들이 자신들이 접할 수 있었던 전승들을 창의적으로 다루었고, 어떤 말씀들은 교회 내에서 유래했을 수도 있지만(아마 기독교 예언자들의 영감하에서?), 복음서들은 예수의 가장 초기의 제자들이 예수가 행하고 말한 것을 기억한 유형들(the types of things)에 대한 광범위한 지표(indicator)라고 가정할 것이다.

엘리슨이 말한 것처럼 역사적 재구성은 근본적으로는 "직관과 유비, 은유(metaphor)와 상상력을 필요로 하는 예술 행위(art form)"이다.[22] 필자가 앞으로 전개할 예수 묘사에는 예수의 말씀들이 분명 중요한 역할(특히 제7장에서)을 할 것이지만, 필자가 더 직접적으로 관심을 갖는 것은 예수가 무엇을 나타냈고, 자신의 역할을 어떻게 보았으며, 왜 로마식 십자가에서 죽었는지에 대한 보다 폭 넓은 그림에 있다. 그러나 우리의 첫 번째 과제는 예수를 그의 역사적 맥락에 두는 일이다.

그가 태어난 세상은 어떠한 세상이었는가?

---

[22] D. C. Allison, "A Plea for Thoroughgoing Eschatology," *JBL* 113 (1994), 651-668, 여기서는 665.

제2부

예수에 대한 짤막한 묘사들

제3장	역사적 맥락
제4장	예수의 탄생
제5장	갈릴리 출신
제6장	세례 요한
제7장	예수의 메시지
제8장	치유자와 귀신 축출자로서의 예수
제9장	가족과 지지자들
제10장	갈릴리에서의 반대?
제11장	예루살렘
제12장	재판과 처형
제13장	부활

제3장
역사적 맥락

예수는 극심한 격변(upheaval)을 겪었던 한 세계에서 탄생했다. 예수의 이야기를 이해하기 위해서는 당시의 역사적, 정치적, 종교적 맥락을 알아야 한다. 본 장에서는 먼저 이러한 혼란의 시기에 대해 간략하게 서술한 다음, 이러한 혼란의 시기에 예수의 동시대인들이 품었던 메시아 대망과 그러한 시대 상황과 맞섰던 사람들의 투쟁 방식을 살펴보고자 한다.

1. 역사적 맥락

몇 가지 면에서 예수의 이야기는 B.C. 2세기 초에 시작된다. 알렉산더 대왕(Alexander the Great)은 그것보다 한 세기 전에 동방을 휩쓸어 유대의 작은 영토를 그때까지 알려진 가장 큰 제국에 편입시켰다. 알렉산더가 후계자 없이 죽자 그의 영토는 서로 다투는 부하 장군들에 의해 분할됐다. 유대 땅은 처음에는 프톨레미(Ptolemaic, 이집트) 왕조에 의해 지배됐으나 나중에는 셀류키드(Seleucid, 시리아) 왕조의 통치를 받

게 됐다.¹

알렉산더는 자신의 제국을 확장된 영토만이 아니라, 하나의 공통 언어(그의 모국어였던 헬라어)와 하나의 공통 문화(헬레니즘[Hellenism]으로 알려진 그리스와 동방 전통의 절충적 혼합 문화)라는 비전 위에도 세웠다. 대부분의 유대인들은 헬라적 요소들이 모든 삶의 영역으로 통합되는 것에 상당히 만족스러워했다. 물론 그러한 문화 적응이 그들 자신의 선택이었고 그들이 가진 종교적 신념의 독특성을 침해하지 않는다고 생각하면서 말이다.

하지만 B.C. 167년 이스라엘 민족은 갈등에 빠져들었다. 셀류키드 왕 안티오쿠스 4세 에피파네스(Antiochus IV Epiphanes)가 (분명치 않은 이유로) 유대에 반하는 일련의 조처들을 취했는데, 유대인 예배를 억압하는 데서 그 절정을 이루었다. 성전이 더럽혀졌고, 할례가 금지됐으며, 돼지고기를 먹지 않는 관례가 법으로 금지됐다. 이에 대한 반발이 유대 땅 전역에서 일어났는데, 가장 유명한 저항은 제사장 맛다디아(Mattathias)와 그의 다섯 아들로부터 나왔다. 처음에는 게릴라전에 의존했지만, 나중에는 잘 훈련된 군대를 통솔함으로써 맛다디아의 아들 유다(Judas)는 승리를 연거푸 이어갔다. 이러한 거듭된 승리로 그는 마카비(Maccabee) 또는 "망치"라는 별칭을 얻게 됐다.

집안에서 일어난 권력 다툼에 어려움을 겪던 안티오쿠스는 주전

---

1 이 기간의 유용한 역사적 개요는 다음의 두 책에서 찾아볼 수 있다. E. Schüerer (G. Vermes and F. Millar에 의한 리뷰), *History of the Jewish People in the Age of Jesus Christ* (Edinburgh: T&T Clark, 1973), vol. I; L. L. Grabbe, *History of the Jews and Judaism in the Second Temple Period* (London: T&T Clark, 2004). 헤롯 대제에 대해서는 P. Richardson, *Herod: King of the Jews and Friend of the Romans* (Columbia: University of South Carolina Press, 1996)을 보라. 좀 더 일반적인 의미의 헤롯가문에 대해서는 N. Kokkinos, *The Herodian Dynasty: Origins, Role in Society, and Eclipse* (Sheffield: Sheffield Academic Press, 1998)을 보라.

164년에 자신의 법령을 철회하지 않으면 안 됐다. 예루살렘 성전이 다시 봉헌됐고(매년 하누카[Hanukkah] 절기 때 기념된 사건), 유대인들은 다시 한 번 자유롭게 예배드릴 수 있게 됐다.

최초의 목적을 성취한 후 마카비 일가는 자신들의 시야를 더 넓혀 이제는 유대 국가의 독립을 꿈꾸었다. 그들이 품었던 희망의 근거는 이스라엘 나라를 다윗과 솔로몬의 영광스러운 시기로 회복시키고자 하는 강력한 민족적 신화(national mythology)였다. 1세기 문화의 모든 측면에서 그랬듯이 여기서 정치와 종교가 밀접하게 연관됐다. 즉 유대가 정치적으로 더 강하면 강할수록 종교적 자유는 그 만큼 더 확실해진다는 것이었다. 또한 많은 사람들에게 이스라엘의 참된 지도자는 하나님 외에 그 누구도 아니었다.

마카비 형제들은 셀류키드 왕조를 계속 괴롭혔던 내부 권력 투쟁을 충분히 이용하면서 마침내 외국 통치에서 벗어나는 데 성공했고, 처음에는 이스라엘 민족의 대제사장으로 그리고 후에는 대제사장 겸 왕으로서의 자신들의 지위를 확고히 했다. 그들의 계승자인 하스모니아 왕조(Hasmonaeans)가 거의 한 세기 동안 유대 나라를 통치했다.

그러나 권력을 잡으려는 하스모니아 왕조의 노력을 모두가 지지한 것은 아니었다. 종교의 자유를 얻게 되자 어떤 이들은 투쟁을 그만두었다. 포로로부터 귀환한 이후로 고국은 사실상 계속해서 더 힘센 민족들의 통치하에 있었다. 따라서 종교의 자유가 유지되는 한, 그들은 이러한 상황을 기꺼이 받아들였다.

더 극적이게 사해 두루마리의 저자들(일반적으로 에세네파[Essenes]로 여겨지는)은 대제사장직을 찬탈한 하스모니아 왕조에 대한 저항의 의미로 쿰란 광야에 운둔했다. 하스모니아 가문은 제사장 가문이었지만, 수 세기 동안 대제사장직을 계승했던 것으로 보이는 사독 계열(Zadokite line)

에 속하지는 않았기 때문이다. 하지만 대다수 사람들은 종교적이고 정치적인 독립의 흐름에 휩쓸려 하스모니아 왕조를 위대한 민족의 해방자로 묘사했다.

그들의 통치하에 민족은 번창했고, 영토의 경계는 북쪽으로는 갈릴리와 사마리아로, 남쪽으로는 이두매로 확장됐다. 예루살렘은 번창했고 헬라 문화는 다시 한 번 삶의 모든 영역에 스며들기 시작했다. 하스모니아 왕조의 인기가 어느 정도였는지는 신약성경에서 그 가문의 이름을 따라 지은 이름들, 즉 맛다디아, 유다, 시몬, 마리아, 살로메 등이 자주 등장하는 것을 통해서도 지적할 수 있다.

하지만, B.C. 60년대쯤에 하스모니아 왕조의 세력이 쇠퇴하기 시작했다. 아이러니하게도 셀류키드 왕조의 권력 투쟁에 큰 덕을 보았던 하스모니아 왕조 역시 가문의 권력 투쟁과 뒤따라 일어난 내전에 의해 붕괴됐다. 왕좌를 차지하려 했던 두 경쟁자 아리스토불루스 2세(Aristobulus II)와 히르카누스 2세(Hyrcanus II)는 둘 다 동방에서 새로운 초강대국으로 부상한 로마에게 접근했다. B.C. 63년 로마 장군 폼페이우스(Pompey)는 다소 고분고분한 히르카누스를 대제사장으로 임명하고 유대의 영토를 상당히 축소시킨 후 무거운 공물을 요구했다. 분명한 것은 이제 로마가 유대 땅의 지배자가 됐다는 점이다.

이후 20여 년 동안 하스모니아 가문은 유대의 왕좌를 다시 차지하기 위해 여러 가지 시도를 했다. 하지만 안티파터(Antipater)라고 불린 이두매 출신의 유대인이며 히르카누스의 충성스런 지지자가 자신의 아들 헤롯(Herod)과 더불어 질서를 유지했다. 젊은 헤롯은 자신의 열정과 용감성, 그리고 지성으로 많은 로마 장군들의 호의를 얻었다. 그래서 B.C. 40년 동방의 강대국 파르티아(Parthia) 제국이 하스모니아 가문의 사람을 왕으로 임명했을 때, 마르쿠스 안토니우스(Mark Antony)와

옥타비아누스(Octavian, 후에 아우구스투스[Augustus] 황제가 됨)가 헤롯에게 유대의 왕좌를 제안했다.

예루살렘을 성공적으로 포위한 지 삼년 후 헤롯은 왕권을 주장하고 로마의 동쪽 국경 지역의 "분봉왕들"(friendly kings or client kings) 중 하나로 자리를 잡았다. 이러한 왕국들은 로마가 직접 통치하는 지역과 외부 영토 사이의 완충국(buffer states, 강대국들 사이에 위치하여 강대국들이 직접 국경을 접함으로써 일어나게 될 긴장 관계를 완화시켜 주는 역할을 하는 약소국-역주)으로서의 역할을 담당했다. 이러한 왕국의 통치자는 일정 수준의 자율권을 누렸지만, 필요할 경우 로마에 대한 충성과 지원을 제공해야 했다.

헤롯 대제(Herod I 또는 Herod "the Great")는 비교적 오랫동안 통치했으며 그의 통치는 여러 가지 면에서 성공적이었다(B.C. 37-4년). 그는 자기 자신을 세계 무대의 선두 주자(a major player)이며 로마 후원자들과 꽤 친분이 있는 자신감 넘치고 관대한 헬라 군주로 표현했다. 그의 충성심에 대해 로마는 영토 확장으로 보상해 주었고, 그 결과 그의 영토는 솔로몬이 차지한 영토에 필적할 수 있었다.

헤롯 대제는 위대한 건축가였고, 지중해 연안의 도시들에 아낌없이 투자했으며, 디아스포라 유대인들의 권리를 보호하기 위해 노력했다. 헤롯의 통치하에 예루살렘 성이 재건됐고, 예루살렘 성전을 증축하여 고대 세계의 기적 중 하나가 되게 했다. 그러나 전제 군주로서 그의 통치는 억압적이었고, 계속해서 긴장감이 감돌았다. 헤롯은 오랫동안 지속된 참혹한 내전의 여파로 왕위에 올랐고 많은 유대의 귀족들(특히 하스모니아 왕조를 지지한 사람들)을 처형하기 시작했다.

또한 요세푸스는 이 시기에 자주 발생한 강도들(레스타이[lēstai])의 출현을 기록한다. 이러한 강도들 중 하나인 히스기야(Hezekiah)가 헤롯에 의해 진압될 때까지 시리아 국경 지역에서 많은 지지자들을 얻었고

(*War* 1.204), 다른 강도들도 수십 년 후에 갈릴리에서 활동을 계속했다 (*War* 1.304-313, 314-316). 요세푸스의 탐탁찮은 문체를 통해서는 이들이 단순히 이 시기의 무법적 상황을 이용한 강도들이요, 도적들이었는지, 아니면 이념적 근거로 헤롯/로마의 통치에 반대한 사람들이었는지 확인하기는 어렵다. 여하튼, 헤롯은 국경을 보호하기 위해서가 아니라 자신의 백성들 간의 질서를 유지하기 위해 일련의 사막 요새들을 지었다.

B.C. 4년 헤롯이 죽자 나라는 급속도로 무정부 상태로 빠져 들어갔다. 나라 전역에서 폭동이 일어났고, 왕위를 노린 많은 사람들이 사무엘상 21-30장에 나오는 산적 떼를 이끌었던 젊은 왕 다윗의 이야기에 영감을 얻은 듯이 왕좌를 차지하기 위해 분투했다(*War* 2.56-65). 로마는 이에 신속하고도 적극적으로 대처했다. 로마는 시리아 총독 바루스(Varus)의 지휘 하에 두 개의 연대를 파송하여 갈릴리 전역을 휩쓸며 저항자들을 십자가형에 처하고 반란군을 진압했다. 예수의 고향 나사렛에서 단지 한 시간 남짓한 거리에 있던 도시 세포리스(Sepphoris)는 초토화됐고 그곳 주민들은 노예로 끌려갔다.

좀 더 멀리 남쪽 예루살렘 성전에서는 많은 유대인들이 목숨을 잃은 혈투가 일어났다. 바깥뜰을 둘러싸고 있던 주랑들(porticos)이 불탔고, 보물 창고가 약탈당했다. 질서는 곧 회복됐지만, 이러한 시련에 대한 기억들과 로마 군대의 잔인성은 유대인들의 뇌리에 강한 흔적을 남겼음에 틀림없다. 헤롯에게는 자신의 후계자를 선택할 수 있는 흔치 않는 특권이 부여됐다. 하지만 그 유언은 황제의 비준을 필요로 했기에 헤롯의 아들들은 곤경에 빠진 고국을 남겨두고 로마로 떠났다. 황제 아우구스투스는 옛 왕 헤롯의 소원을 들어주기로 결정하여 팔레스타인 땅을 세 아들에게 나누어 주었다.

〈지도 3.1〉 예수 시대의 이스라엘 지도

아켈라오(Archelaus)는 행정장관(ethnarch)이라는 칭호(문자적으로는 "민족 통치자"[national ruler])로 유대, 이두매, 그리고 사마리아를 포함한 팔레스타인 땅 거의 절반을 물려받았고, 자신의 가치를 입증만 한다면 왕이 될 수 있을 것이라는 약속도 받았다. 나머지 두 아들 안티파스(Antipas)와 빌립(Philip)은 분봉왕(tetrarchs, 문자 그대로는 한 나라의 4분의 1의 영주)으로 통치했는데, 안티파스가 갈릴리와 베레아(Peraea 또는 Perea)를 물려받은 반면, 빌립은 갈릴리 호수의 북쪽과 동쪽에 위치한 주로 이방인 영토를 할당받았다.

하지만 십 년이 채 못 되어 아켈라오는 특유의 잔인함 때문에 폐위됐고 아우구스투스는 그의 땅을 로마로부터 파송한 로마 총독이 감독하는 로마의 속주로 돌리기로 결정했다. 예수 시대의 갈릴리가 유대인 분봉왕 헤롯 안티파스에 의해 통치된 반면 유대의 남쪽 지역이 로마의 직접적인 통제 하에 있었던 것은 바로 이러한 이유 때문이었다(지도 3.1 예수 시대의 이스라엘 지도를 참조하라).

2. 메시아 대망

그러한 강렬한 정치적 격변의 여파로 인해 현재 및 미래와 연관된 다양한 종교적, 민족적 희망이 생겨났다는 것은 오히려 당연한 일일 것이다. 하지만 1세기 유대교는 결코 단일 형태가 아니었으며, 유대인들이 다양한 열망과 기대를 품었다는 사실을 기억해야 한다. 특히 중요한 것은 메시아가 어떤 인물이며 어떤 일을 해야 하는지에 대한 전

반적인 합의가 존재하지 않았다는 점이다.[2]

히브리어 "메시아"(messiah)는 헬라어 "크리스토스"(christos, 그리스도)에 해당하는 단어로, 단순히 "기름 부음 받은 자"(anointed)를 의미한다. 이 용어는 히브리어 성경에서는 그 자체로("메시아"[the Messiah]) 미래의 구원자(future redeemer or saviour figure)를 언급하기 위해 사용된 적이 결코 없다. 메시아라는 용어는 왕, 대제사장, 예언자, 즉 하나님에 의해 특별한 임무를 위해 특별한 지위를 부여받거나 구별된 사람들을 가리키는 데 사용되곤 한다(사 45:1에서는 페르시아의 왕 고레스[Cyrus]도 기름 부음 받은 자로 말해진다).

강조점은 일반적으로 종말에 나타날 인물로 분명하게 정의된 "기름 부음 받은 인물"이 아니라, 현재 또는 임박한 미래에 나타날 하나님의 행위에 주어진다. 이와 유사하게 몇몇 본문에서는 메시아적 인물에 대한 언급 없이 영광스런 미래의 시대를 예상하는 것도 충분히 가능하다(예컨대, 신 30:1-10; 시락서 36.1-17; 희년서 23장; 『모세의 유언』 10.1, 3). 하나님은 물론 미래의 한 시점에 어떤 중재자의 도움 없이도 스스로 오실 수 있는 능력이 있는 자였다.

하지만 다수의 본문들은 기름 부음 받은 이상적인 왕을 기대하는 것처럼 보이는데, 이러한 기대는 예수가 태어나기 바로 이전 세기에 발전한 것으로 보인다. 이른 바 시편의 제왕시(Royal Psalms, 2편, 18편, 20편, 21편, 45편, 72편, 89편, 101편, 132편, 144편)는 종종 왕을 주의 기름 부음 받은 자

---

[2] 1세기 유대의 메시아 대망에 대해서는 G. E. Nicklesburg and J. J. Collins (eds), *Ideal Figures in Ancient Judaism: Profiles and Paradigms* (Chico: Scholars Press, 1980); J. Neusner, W. S. Green and E. Frerichs (eds), *Judaism and Their Messiahs at the Turn of the Christian Era* (Cambridge: CUP, 1987); J. J. Collins, *The Scepter and the Star: The Messiahs of the Dead Sea Scrolls and Other Ancient Literature* (New York: Doubleday, 1995)를 보라.

로 언급하곤 한다. 본래 이 제왕시들은 단순히 군림하는 군주(monarch)를 언급했지만, 점차적으로 미래의 기름 부음 받은 왕을 언급하는 것으로 해석되기 시작했다. 시편 45:6-7은 다음과 같이 선언한다.

> 하나님이여 주의 보좌는 영원하며
> 주의 나라의 규는 공평한 규이니이다
> 왕은 정의를 사랑하고 악을 미워하시니
> 그러므로 하나님 곧 왕의 하나님이 즐거움의 기름을 왕에게 부어
> 왕의 동료보다 뛰어나게 하셨나이다(시 45:6-7).

시편 89:19-37은 다윗과 그의 자손과의 영원한 언약을 찬양하며, 다수의 예언서 본문들은 이상적인 다윗 왕에 대한 희망을 간략하게 계속해서 피력한다(특히, 사 9:2-7; 11:1-9; 미 5:2-4; 겔 34:23-24). 종종 그러한 본문들은 하나님이 시작하시는 이스라엘의 12지파가 하나님의 이름으로 통치하는 다윗 왕 하에서 재결합되는 평화와 번영의 시대를 기대한다(행 1:6-7에서도 표현된 희망).

미래의 다윗 왕에 대한 상세한 묘사는 유일하게 『솔로몬의 시편』 (*Psalms of Solomon*)에서만 발견된다. B.C. 1세기 후반에 폼페이우스(Pompey)의 예루살렘 점령에 대한 반응으로 기록된 이 시편에서 저자는 로마의 강탈이나 비-다윗 계열인 하스모니아 왕조에 대해서는 거의 내용을 할애하지 않는다. 『솔로몬의 시편』 17편은 기름 부음 받은 다윗의 한 자손이 이스라엘 민족을 적으로부터 정결케 하고, 예루살렘을 적절한 상태로 회복시키며, 정의 사회를 설립할 날을 고대한다.

그러나 그 이상적인 왕은 군사적 인물이 아니다. 왕은 자신의 말, 기병, 활이 아니라 하나님을 신뢰하며 왕의 힘은 하나님의 지혜와 말씀

안에 있다. 시편 2편, 이사야 11장, 예레미야 23장, 에스겔 34장에 근거하여 저자는 기름 부음 받은 다윗 가문의 통치자를 하나님 자신의 궁극적인 권위로 통치하는 이상적인 왕, 재판장, 목자로 본다.

또 다른 본문들은 자신들의 희망을 이상적인 **제사장적**(priestly) 인물에 둔다. 하나님과 인간 사이의 중재자로서의 제사장직(일반적) 또는 대제사장직(특정적)을 고려하면, 하나님을 섬기는 제사장적인 통치자에 대한 기대(참으로 신정적[theocratic] 또는 성직자적[hierocratic] 국가)는 예상치 못할 발전은 아니었다. 시편 110편은 창세기 14:17-24에 언급된 신비로운 제사장이며 왕인 멜기세덱(Melchizidek)의 반열을 따라 메시아적 왕권과 이상적인 제사장직을 이미 결합시켰다.³

그러나 제사장적 메시아라는 개념이 실제로 번창했던(아마도 대제사장직을 불법적으로[몇몇 사람들의 시각에서] 탈취하여 왕권과 결합시킨 하스모니아 왕조에 대한 반응으로) 시기는 B.C. 1세기였다. 『레위의 유언서』(*Testament of Levi*)는 하나님이 "새로운 제사장"을 일으키실 것으로 기대했다(17.2-11; 18.2-9).

또 메시아적 기대가 사해 두루마리의 커다란 특징은 아닌 것으로 보일지라도 다수의 본문들은 "아론의 메시아"와 "이스라엘의 메시아"에 관해 언급한다. 여기서 얼마나 많은 인물들이 상상되고 있는지는 분명하지 않지만, 제사장적 측면들이 지배적인 것처럼 보인다. 이러한 저자들의 제사장적 배경을 고려하면 이는 놀랄만한 일은 아니다.

이상에서 볼 때 예수의 시대에는 "메시아"에 대해 정확히 규정된 개념이 없었고, 그러한 인물이 어떤 일을 해야 하는지에 대한 분명한 개

---

3 이와 유사한 사상은 슥 4:14; 시락서 45.24-25; 50.1-21; 겔 21:30-32의 헬라어 번역에서 찾을 수 있다.

념도 존재하지 않았다. 보통 사람들 사이에서는 일종의 왕적 지도자에 대한 욕구가 매우 강했을 것이고, 어떤 부류에서는 이상적인 제사장에 대한 기대가 높았을 것이다.

그러나 대부분의 사람들은 자신들의 기대를 다소간 모호하게 남겨둔 것처럼 보인다. 정확히 "메시아"와 같은 인물이 다가올 시대에 어떤 역할을 하고 왕으로서 어떻게 하나님과 관계를 맺는지는 철저하게 탐구되지 않은 개념들이다. 그러나 우리가 추정할 수 있는 것은 예수 시대의 많은 유대인들이 현재의 정치적 투쟁들 때문에 로마가 아니라 하나님이 통치하신다면 이 나라는 어떤 모습일까를 꿈꾸었을 것이라는 점이다.

부분적으로는 하스모니아 왕조 아래서 실현됐던 민족 회복에 대한 희망들이 계속해서 커졌다. 대부분의 사람들은 그러한 꿈을 꾸는 데 만족했을 것이고 자신들의 희망을 하나님의 구원에 두었을 것이다. 하지만 다른 어떤 사람들은 그 문제를 자신의 손으로 직접 해결하려고 했다. 이제 그러한 사람들에게로 눈을 돌려보자.

3. 혁명가들과 예언자들

헤롯 통치의 초기 시대에 강도들의 출현으로 말미암아 어려움이 있었고, 헤롯이 죽은 뒤 왕위를 노리는 자들과 반역자들이 지지자들을 규합했음을 이미 살펴보았다. 그로부터 10년이 지난 후 유대가 로마의 속주로 편입된 A.D. 6년에 수리아 총독 구레뇨(Quirinius)는 적절한 조세 수준을 결정하기 위해 인구 조사를 실시했다. 요세푸스에 따르면, 이 일로 인해 유다(Judas)라는 한 갈릴리 사람이 하나님만이 그들의 주인이라고 선언하면서 유대인들에게 반란을 일으키도록 선동했다 (*War* 2.118; *Ant.* 18.23-5). 이 반란은 그리 오래가지 않았지만, 상황이 얼마나 불안했는지를 다시 한 번 보여 준다.

요세푸스는 유다를 "네 번째 철학"(fourth philosophy, 바리새파, 사두개파, 에세네파와 함께)의 창시자로 묘사한다. 그래서 이전의 학자들은 이 말을 갈릴리 출신의 유다가 열심당(Zealots)으로 알려진 민족주의 운동을 창시했다는 의미로 받아들였다. 그들에 따르면, 이 열심당은 1세기 내내 활동했는데, 사회 분열과 A.D. 66-70년에 발발한 로마와의 전쟁에서 그 절정을 이루었다. 현대의 학자들은 하나의 집단으로서의 열심당의 등장은 그 전쟁에서 처음으로 입증된다는 점을 들어 그 견해에 이의를 제기했다(열심당이란 명칭은 아마 민 25장의 비느하스[Phineas]나 왕상 19장의 엘리야와 같은 성경적 영웅들의 열심[zealousness]에서 유래됐을 것이다).

그러나 어떤 **조직적** 저항은 없었을지라도 비교적 안정기에 속했던 20년대와 30년대에도 간헐적인 폭동이나 저항들이 로마에 대항에서 일어났을 가능성은 매우 크다. 적어도 예속된 유대 지역의 사람들은 이방인 지배자들을 반대하는 나름대로의(미미했을지라도) 방법들을 찾았을 것이다.[4]

요세푸스는 50년대에 "암살단"(assassins) 또는 "시카리"(*sicarii*)로 알려진 한 집단의 출현에 대해 언급한다. 그러한 명칭은 그들이 숨기고 다닌 단검(*sica*)에서 유래하는데, 그들은 몰래 다가가 그것으로 대상자들을 순식간에 찌르고 달아났다(*War* 2.254-257). 요세푸스는 이들을

---

4 열심당에 대해서는 M. Smith, "Zealots and Sicarii: Their Origins and Relation," *HTR* 64 (1971), 1-19를 보라. 이 주제를 좀 더 일반적으로 다룬 책으로는 R. A. Horsley and J. S. Hanson, *Bandits, Prophets and Messiahs* (Harrisburg: Trinity Press, 1985)를 보라. 농민 반란에 대해서는 J. C. Scott, *Weapons of the Weak: Everyday Forms of Peasant Resistance* (Yale: Yale University Press, 1985)를 보라.

"보다 깨끗한 손을 가지고 있지만, 보다 불경한 의도를 지닌" 일련의 예언자들과 대조시킨다(War 2.258).

이러한 예언자들 중 하나인 한 사마리아인이 예수가 죽은 지 얼마 안 되는 A.D. 36년에 등장했다. 그는 많은 군중을 모아놓고 그들을 거룩한 그리심 산 위로 데리고 가서 모세가 숨겨 놓은 거룩한 그릇들을 보여 주기로 약속했다. 무장한 추종자들이 모였지만, 그 산에 오르기도 전에 본디오 빌라도(Pontius Pilate)에 의해 신속하게 진압됐다(Ant. 18.85-87).

A.D. 44-45년경에 드다(Theudas)라는 예언자가 나타나 다수의 백성들을 요단강으로 가도록 설득했는데, 거기서 그는 요단강을 둘로 갈라 사람들이 그리로 지나가게 하려고 했다. 그러나 로마 총독이 신속하게 기병대를 투입해 많은 사람들이 죽임을 당했다(Ant. 20.97-98; 행 5:36). 그 후에도 한 이집트인이 나타나 무력으로 예루살렘으로 입성하기 위해 30,000여 명을 모아 광야로부터 감람산까지 자신을 따르도록 선동했다. 그는 예루살렘에 들어가 로마의 수비대를 타도한 후 그 도시를 통치할 계획을 세웠다. 그러나 그 이집트인은 달아났고, 이 폭동 역시 로마인에 의해 진압됐다(Ant. 2.261; 행 21:37-39).

A.D. 50년대의 상황은 "강도들," "협잡꾼들," "사기꾼들"의 집중적인 출현으로 인해 유대 전쟁을 향해 점점 더 다가갔다.[5] 예루살렘 성전이 불타버린 A.D. 70년 로마인들이 예루살렘 도시를 포위한 마지막 국면에서도 한 예언자가 나와 하나님이 곧 오셔서 자신의 백성을 구원하실 것이라고 선포했다.[6]

---

5 War 2.258-260, 264-265; Ant. 20.160-161, 167-168, 172, 188을 보라.
6 War 6.285-286. 이 모든 사람들에 대한 유용한 논의를 위해서는 P. W. Barnett, "The Jewish Sign Prophets" in J. D. G. Dunn and S. McKnight (eds), *The Historical Jesus*

이러한 예언자들을 제대로 평가하기에는 상당한 어려움이 따른다. 왜냐하면 우리가 가진 자료들은 모두 친-로마적 성향을 지닌 요세푸스의 작품이며, 그가 그들을 혐오한 것이 분명하기 때문이다. 그는 그들의 특성을 판에 박힌 듯 "사기꾼"(charlatans) 또는 "거짓 예언자"로 규정한다. 당대의 교양 있는 다른 작가들처럼 요세푸스 역시 고전적인 의미로서의 예언은 이미 중단된 것으로 생각한 것이 분명하다.[7]

하지만 이러한 사람들의 진정성(sincerity)이나 그들을 예언자로 받아들였던 추종자들의 진정성을 의심할 이유는 전혀 없다. 흥미로운 것은 이러한 예언자들이 선정한 장소들, 특히 요단강과 광야가 이스라엘의 과거를 상기시킨다는 점이다. 이 두 장소 모두 하나님과 그의 백성이 지금보다 훨씬 더 강하고 직접적인 관계를 맺고 있었던 과거의 이상화된 시기를 떠올리게 하는 매우 상징적인 장소였다.

이 예언자들은 이스라엘 역사 속의 위대한 인물들, 특히 모세와 여호수아의 본을 따른 것처럼 보이며, 그들의 "표적들"(signs)은 이 위대한 인물들과 연관된 위대한 행위들을 떠올리게 했을 것이다. 앞에서 언급한 이집트인은 왕으로 자처한 반면, 다른 사람들은 자신들을 하나님의 예언자로 여기고 하나님의 임박한 도래와 하나님의 새 시대의 수립을 선포한 것으로 보인다. 아마도 그들은 "표적"이 일어난 후 하나님이 곧 바로 개입하실 것을 기대했거나, 아니면 그 "표적"을 통해 하나님의 손길이 반드시 개입하실 것을 희망했을 것이다.

---

in Recent Research (Winona Lake: Eisenbrauns, 2005), 444-462; R. Gray, *Prophetic Figures in Late Second Temple Jewish Palestine* (Oxford: CUP, 1993), 112-144를 보라.

7 *Ag. Ap.* 1.41. 또한 마카비상 4.45-46; 9.27; 14.41; *tos.Sotah* 13.2-6도 보라. 논의를 의해서는 R. Gray, *Prophetic Figures*, 7-34를 보라.

우리가 다음 장들에서 살펴보겠지만, 예수와 세례 요한의 사역은 A.D. 20년대 후반 또는 30년대 초반에 진행된 것으로 추정할 수 있다. 이 시기는 국내의 불안이 증가되고 폭동이 난무했던 그 이후 시대와 비교할 때 상대적으로 폭동과 소요 사태가 거의 없던 시기였다. 실제로 로마인의 관점에서 역사가 타키투스(Tacitus)도 티베리우스(Tiberius, A.D. 14-37년) 황제의 치하에서 유대는 비교적 조용했다고 언급할 수 있었다(*Histories* 5.9.2).

그러나 분명한 것은 긴장감이 수면 밑에서 증가하고 있었으며, 여러 가지 면에서 세례 요한과 예수는 나중에 출현할 "표적 예언자들"(sign prophets)의 선구자로 간주될 수 있었다는 점이다. 이 두 사람 또한 하나님 나라의 임박한 도래를 선언했고, 자신들을 하나님의 예언적 사신(prophetic ambassadors)으로 간주했으며, 이스라엘의 회복을 기대했다.

이상에서 볼 때 예수 시대의 이스라엘 땅은 이미 한 세기 이상 동안 정치적 혼란을 겪었었다. 과거에 있었던 영광의 이야기들이 어떤 이들에게는 보다 나은 상태, 즉 황금기에 대한 희망을 불러일으킨 반면, 그것이 어떤 모습이며 또 어떻게 올 수 있을지에 대해서는 어떤 일치된 합의도 없었다. 1세기 내내 다양한 왕적/제사장적 인물들이 다양한 시기에 출현해서 자신들이 이 새 시대의 전령(herald)이라고 주장했다. 그들은 상당한 대중적인 지지를 얻기도 했지만, 로마에 의해 신속하게 진압됐다. 이것이 예수가 태어난 세상이었다.

그렇지만 그는 정확하게 언제 탄생했고, 또 어디에서 탄생했는가?

제4장
예수의 탄생

예수의 탄생 이야기는 그의 생애 중 가장 많이 알려진 이야기 중 하나이다. 크리스마스 때마다 그리스도인들은 마리아의 예상치 못했던 잉태, 베들레헴으로 가는 여정, 목자들의 방문, 천사와 동방 박사, 헤롯의 유아 살해, 애굽으로의 피신 등의 이야기를 나눈다. 그러나 곧 살펴보겠지만, 이 탄생 이야기는 전체 예수 이야기 중 가장 논란이 많은 측면 중 하나이며, 대부분의 학자들에게는 복음서 기록 중 역사적 사실과 가장 많은 차이가 나는 부분이기도 하다. 마리아가 처녀의 몸으로 예수를 잉태했다는 진술과 예수가 베들레헴에서 태어났다는 전승을 살펴보기 전에 먼저 예수의 탄생 시기를 살펴보고자 한다.

1. 예수는 언제 탄생했는가?

신약성경은 예수의 탄생 시기에 대해 분명하게 언급하지 않는다.

- 마태는 예수의 탄생 시기를 헤롯 대제의 통치가 끝나기 약 2년 전(마 2:1, 16, 19), 즉 대략 B.C. 6년으로 잡는다.

- 누가는 예수의 탄생을 "유대 왕 헤롯 때"(눅 1:5)로 잡지만, 나중에는 예수의 탄생을 A.D. 6년 구레뇨(Quirinius)의 인구 조사와 연결한다(눅 2:1-2). 여기에 언급된 헤롯 왕이 B.C. 4년-A.D. 6년에 통치했던 분봉왕 아켈라오(Archelaus)와 동일 인물이 아니라면, 누가의 이야기는 모순이 있다. 나중에 그는 세례 요한이 사역을 시작한 시기를 디베료(Tiberius) 황제 통치 15년, 즉 대략 A.D. 29년으로 추정한다(눅 3:1). 누가에 따르면, 예수가 사역을 시작할 때는 30세쯤 됐다(눅 3:23). 이는 세례 요한의 사역이 얼마나 지속됐는가에 달려 있지만, 그의 탄생은 빨라도 B.C. 1년으로 추정될 수 있다.
- 요한복음은 예수의 탄생 시기를 정하는 데 별로 도움이 되지 못한다. 요한복음 8:57에서 예수가 아직 50세도 못됐다는 적대자들의 발언을 고려할 때 예수의 탄생을 늦어도 대략 B.C. 10년경으로 추정할 수 있다.

이처럼 예수의 탄생 시기가 복음서마다 일치하지 않는 것은 별로 놀라운 일이 아니다. 처음 그리스도인들은 주로 예수의 사역과 죽음에 관심을 가졌으며, "예수의 삶"(lives of Jesus)이 기록되기 시작한 것은 1세기 후반부터였다. 그러나 그때에는 예수가 정확히 언제 태어났는지 잃어버린 후였다. 증인들은 아마도 예수를 30세쯤 되는 남성으로 기억했을 것이다. 아마 그가 헤롯 대제의 통치 말년에 태어났다는 것 또한 알려졌을 것이다. 그러나 그 밖의 역사적 가치를 지닌 정보는 복음서 저자들에게 거의 알려지지 않은 것이 분명하다.

마태와 누가만이 예수의 탄생 이야기를 기록하고 있지만 두 이야기는 상당한 차이를 보인다. 누가복음에는 예수의 가족이 나사렛에서 살고 있다. 누가는 예수의 탄생을 위해 그들이 베들레헴으로 내려

가게 된 계기를 찾아야 한다(그는 인구 조사를 통하여 그 일을 한다). 반면에 마태복음에는 예수의 가족이 이미 베들레헴에 살고 있으므로 마태의 과제는 그들이 예수의 탄생 이후 어떻게 갈릴리로 이주했는지를 보여 주는 데 있다(그는 헤롯의 유아[두 살 이하의] 학살 이야기와 아켈라오의 잔인성을 통해 그 일을 한다). 이 두 이야기를 조화시키는 것은 불가능하며 두 이야기 중 어느 것도 현대인이 원하는 실제 정보에 의존하지 않는 것이 거의 확실하다.

더욱이 두 이야기 모두에 역사적인 문제점이 있다. 수리아 총독 구레뇨에 의한 로마의 인구 조사는 안티파스(Antipas) 치하의 갈릴리 주민들을 대상으로 한 것이 아니라, 최근에 새롭게 로마 속주가 된 유대 땅(province of Judaea)에 거주하는 사람들에게만 해당됐다. 또한 요세푸스가 헤롯 대제 통치 말경에 일어난 일들을 상세하게 묘사하고 있지만, 그 어디에서도 베들레헴과 그 주변에서 일어난 이른바 "유아 학살"(massacre of the innocents)에 대한 증거는 찾을 수 없다.

하지만 두 복음서들은 두 가지 점에서는 서로 일치한다.

첫째, 예수의 어머니가 처녀의 몸으로 예수를 잉태했다는 점.

둘째, 예수가 베들레헴에서 태어났다는 점.

이런 점에서 마태복음과 누가복음이 A.D. 80년대 이전에 기록됐을 가능성은 적지만, 이 두 전승이 이 저작 시기보다 이전의 것임은 분명하다. 이 두 전승이 각각의 이야기에서 이처럼 다르게 사용되고 있다는 사실을 보면, 오랜 기간의 발전 과정이 있었고, 따라서 비교적 초기 전승이 있었음을 암시한다. 그렇다면, 이 두 전승을 좀 더 조사할 필요가 있다.

1) 처녀 잉태

처녀 잉태(virginal conception)가 현대 기독교 신앙의 핵심 요소임에도 불구하고 신약성경의 많은 부분이 처녀 잉태에 관해 전혀 모르는 것처럼 보이는 것은 놀라운 일이다.[1] 신약성경에는 다음과 같은 세 가지 대안이 제공된다.

① 본문의 대부분은 단순히 예수를 요셉의 아들로 추정하는 것처럼 보인다. 바울은 어디에서도 예수의 잉태에 관하여 논하지 않으며, 예수가 "육신으로는 다윗의 혈통에서 나셨고"라는 그의 진술은 "보통의" 부권(normal paternity)을 인정하는 것처럼 보인다(롬 1:3). 누가가 탄생 이야기가 아닌 다른 부분에서는 예수를 "요셉의 아들"로 언급하듯이(눅 4:22), 요한 역시 공개적으로 예수를 "요셉의 아들"(요 1:45; 6:42)로 언급한다. 예수의 계보 또한 분명 요셉을 통해 예수까지 내려간다. 마태복음 1:16과 누가복음 3:23의 경우처럼 예수의 탄생을 마리아와 연관시키려는 약간 어색한 표현들은 예수의 계보가 본래 요셉의 부권을 가정한 배경에서 구성됐다는 점을 암시해 준다.

② 마태복음 1:18-25과 누가복음 1:34-35은 마리아가 예수를 잉태했을 때 아직 처녀였음을 시사한다. 그 이야기는 예수가 문자 그대로 하나님의 아들이었다고 꽤 분명하게 언급한다(이와 유사한 표현이 로마 세계에도 존재하는데, 특히 황제 아우구스투스가 아폴로[Apollo]

---

[1] 탄생 내러티브에 대한 최상의 연구는 여전히 R. E. Brown, *The Birth of the Messiah* (London: Chapman, 1992), 『앵커바이블 메시아의 탄생』(CLC, 2014)이다.

신전에서 잉태됐다는 수에톤의 언급[*Augustus* 94.4]이 그러하다). 이 이야기가 신학적으로 중요한 것은 분명하지만, 가장 초기의 저자들인 바울과 마가를 포함한 신약성경의 나머지 부분에서는 전혀 언급하고 있지 않기 때문에 대부분의 예수 학자들은 그 진술의 역사성을 의심한다.

2세기에 나온 『야고보의 유아 복음』은 마태복음 및 누가복음보다 훨씬 더 나아가 마리아가 예수를 낳은 이후에도 계속해서 처녀로 남아 있었음을 암시한다. 마리아의 영원한 처녀성을 기리는 가톨릭 교리의 길을 열어 준 것이 분명한 그 작품은 2세기 들어 성적 접촉의 절제를 통해 표현된, 예수 어머니의 무죄성에 대한 관심이 고조됐음을 반영해 준다. 여기서도 신학적 관심이 그 이야기 구성에 지대한 영향을 끼쳤음을 보여 준다.

③ 어떤 본문들은 예수가 **사생아**였을 가능성도 제기한다. 이에 대한 가장 분명한 증거로는 마가복음 6:3을 들 수 있는데, 거기서 예수는 나사렛 사람들에 의해 "마리아의 아들"로 불린다. 1세기 사회에서 한 아들을 그의 어머니와 연결시키는 예는 이례적인 일이므로 제인 샤버그(Jane Schaberg), 게르트 뤼데만(Gerd Lüdemann), 브루스 칠톤(Bruce Chilton)과 같은 학자들은 예수가 실제로 사생아였다고 주장했다.[2]

또한 요한복음 8:41에 언급된 예수의 적대자들의 말("우리는 음행으로 태어나지 않았으며"—표준새번역 개정판)과 『도마복음』 105장(예수가

---

2 J. Schaberg, *The illegitimacy of Jesus* (Sheffield: Sheffield Academic Press, 1995); G. Lüdemann, *Virgin Birth? The Real Story of Mary and her Son Jesus* (London: SCM, 1998); B. Chilton, "Recovering Jesus' Mamzerut" in Charlesworth, J. H. (ed.), *Jesus and Archaeology* (Grand Rapids: Eerdmans 2006), 84–110.

말하기를, "아비와 어미를 아는 자는 누구든지 창기의 자녀로 불릴 것이다")에 호소하는 경우도 있다. 물론 이 두 구절 중 어느 것도 분명한 지지를 얻지는 못하지만 말이다. 하지만 예수를 "마리아의 아들"로 언급하는 것 자체가 모호하다. 이에 대한 가장 명백한 설명은 단순히 요셉이 이미 죽었으므로 예수를 마리아의 아들로 부르는 것이 좀 더 쉽게 이해될 수 있었다는 견해이다.

사생아란 표현은 분명 기독교의 적대자들로부터 나온 비난이었을 것이다. 우리는 그 표현을 켈수스(Celsus)라는 신플라톤(neo-Platonic) 철학자의 글에서 처음으로 발견할 수 있는데, 그의 작품 『참된 교리』(*True Doctrine*)는 기독교에 대해 공격하는 가장 초기의 문헌이다. 이 작품 자체는 현재 남아 있지 않지만, 대략 A.D. 250년경에 기록된, 그에 대한 오리겐(Orogen)의 응답서인 『켈수스에 반대하여』(*Against Celsus*)에 많은 부분이 보존되어 있다. 켈수스는 당시 유대인의 반-기독교 논쟁에 의지해서 예수가 그의 어머니의 음행의 결과로 잉태됐으며, 그의 진짜 아버지는 판데라(Panthera)라는 로마 병사였다고 주장한 것으로 보인다.

후대의 랍비 전승들 중 다수가 예수를 "판데라의 아들"(ben Panthera/Pandera)로 묘사하며, 판데라를 마리아의 음행 상대로 언급한다.³ 여기에서의 난점은 처녀 잉태 전승이 판데라 이야기의 기독교적 개작(Christian reworking)인지, 아니면 판데라 이야기가 예수가 처녀에게서 탄생했다는 기독교 교리에 대한 반-기독교적 왜곡인지의 여부 문제이다("판데라"라는 단어는 처녀를 뜻하는 헬라어 단어

---

3 Origen, *Against Celsus* 1.2; *b.Sanh* 64a에서 병행된 *b.Shabbat* 104b를 보라. R. Van Voorst, Jesus Outside the New Testament, 104-134도 그러하다.

파르테노스[*parthenos*]와 어느 정도 유사성이 있다). 대부분의 역사적 예수 학자들은 후자의 견해를 지지한다. 이것은 처녀 잉태 이야기가 역사적이라는 의미는 아니다. 다만 그 이야기가 2세기 초에 일반적으로 회자됐고 적대자들 편에서는 논박할 필요가 있었다는 점만을 알려준다.

증거를 통해 알 수 있는 가장 단순한 해결안은 대다수의 신약성경 저자들의 추론을 따라 예수가 자연적으로 그의 아버지 요셉에게서 태어났다는 것을 받아들이는 것이다. 마태복음과 누가복음에 보존된 처녀 잉태 이야기는 처음부터 그가 위대한 사람이었음을 보여 주고 그의 신적 부자 관계를 상징적으로 강조하려는 시도였던 것으로 보인다.

그러나 그는 어디에서 태어났을까?

2) 베들레헴에서의 탄생?

앞에서 살펴보았듯이 예수가 베들레헴에서 태어났다는 전승은 마태복음과 누가복음보다 이전의 것이었다. 그러나 처녀 잉태와 마찬가지로 신약성경의 나머지 부분에서는 그에 대한 아무런 언급도 없다. 바울은 예수의 탄생지를 언급하지 않고, 마가는 요한과 마찬가지로 (요 1:46), 그를 단지 나사렛과 연결시킬 뿐이다(막 1:9). 나다나엘이 "나사렛에서 무슨 선한 것이 날 수 있느냐"라는 팔레스타인 남부 지방 사람의 편견을 드러내고 있음을 고려할 때, 요한의 침묵은 특히 놀라운 일이다. 요한이 예수가 실제로 베들레헴에서 태어났다는 전승을 알았다면, 확실히 그 점을 언급했을 것이다.

하지만 베들레헴에 대한 언급 역시 상징적 표현일 가능성이 대단히 높다. 베들레헴은 다윗의 도시였으며, 미가 3:2에 나오는 한 전승은 하나님의 기름 부음 받은 자가 거기에서 태어날 것이라고 예언했다. 예수의 탄생을 몇십 년 후에 숙고하면서, 마태와 누가에게 알려진 그 전승은 베들레헴을 예수의 출생지로 언급하는 데 전혀 거리낌이 없었다. 왜냐하면 예수가 참으로 메시아, 즉 하나님의 영광스런 통치를 시작할 왕적 통치자였다는 확고한 믿음이 있었기 때문이다. 예수는 이제 태어날 때부터 하나님의 기름 부음 받은 바로 그 사람, 즉 참된 다윗의 자손으로 간주됐다. 예수의 가족이 참으로 다윗의 자손이었다면(롬 1:3이 암시하듯이), 그러한 전이는 더욱 분명했을 것이다.[4]

예수의 베들레헴 탄생 전승이 이러한 초기 단계에서 비롯된 것이 아님은(앞에서 살펴보았듯이) 마태복음과 누가복음이 두 개의 지리적 요인들, 즉 베들레헴 탄생과 나사렛에서의 어린 시절을 완전히 다른 방식으로 연결하고 있다는 점에서 설명된다. 더욱이 마태와 누가의 두 탄생 내러티브는 각 복음서 저자의 특정한 관심을 반영한다. 마태는 장차 새로운 믿음을 갖게 될 사람들이 이방인임을 알고(이런 이유로 동방박사 방문 이야기가 나옴), 예수를 제2의 모세로 보여 주기를 원한다(헤롯의 유아 학살은 예수를 출 2장에 나오는 바로[Pharaoh]와 견고하게 연결시키고, 예수와 모세[유대 율법 수여자] 사이의 확실한 병행을 이끈다).

누가는 기독교 사건을 세계사적 사건과 연결하고(이런 이유로 인구 조사 이야기가 나옴), 예수가 가난하고 소외된 자들을 위해 왔다는 것을 보여 주기를 좋아한다(이런 이유로 여관에 빈 방을 발견하지 못하는 마리아/요셉 이야

---

[4] G. Theissen and A. Metz, *The Historical Jesus: A Comprehensive Guide* (London: SCM, 1998), 196을 보라.

기와 목자들의 이야기가 나옴). 이런 점에서 두 복음서에 나오는 탄생 이야기는 예수의 기원에 관한 전기적 정보를 제공하려는 의도보다는, 오히려 두 복음서의 나머지 부분에 대한 신학적 서곡(overture)으로의 기능을 한다.

 본 장에서 고찰한 내용을 요약해 보면, 예수는 요셉의 아들이었고 갈릴리의 작은 마을 나사렛에서 태어나고 성장했을 가능성이 높다. 그러한 결론은 본서의 제1장에서 상술한 학자들을 포함하여 일반적으로 대부분의 역사적 예수 비평가들이 수용하는 견해이다(톰 라이트를 제외하고).

 그러나 1세기 갈릴리의 모습은 어떠했는가?

 이제 이 주제를 다루어 보자.

제5장
갈릴리 출신

안티파스가 통치한 갈릴리는 어떤 도시였을까?

또 나사렛 같이 작은 마을에서 아이들은 어떻게 성장했을까?

이러한 질문들에 대한 대답은 중요하다. 예수의 정황(context)을 더 확실하게 파악하면 할수록 그의 메시지를 더 잘 이해할 수 있게 되기 때문이다. 본 장에서는 먼저 갈릴리의 종교적인 개요 및 경제 상황과 특별히 나사렛의 상황을 살펴본 다음, 예수의 어린 시절을 잠정적으로 재구성하고자 한다.

1. 갈릴리는 얼마나 유대적이었나?

얼핏 보면, 이 질문은 약간 이상하게 들릴 수도 있다. 갈릴리는 전통적으로 이스라엘의 일부였고 그곳의 민족 종교는 유대교였다. 그러나 갈릴리의 특정한 역사를 살핌으로써 어떤 이들은 갈릴리를 유대적 지역으로 간주하는 것은 너무 성급한 판단이라고 생각하기도 했다.

이러한 논쟁에서 가장 저명한 학자 중 하나는 리차드 호슬리(Richard Horsley)인데, 그는 솔로몬이 죽었을 때 갈릴리가 남유다 왕국과 분리된 북이스라엘 왕국의 일부였다고 지적했다. B.C. 8세기 아시리아인들(Assyrians)이 많은 백성들을 이주시켰을 때, 갈릴리 주민들은 자신들의 문화를 함께 가져 온 메소포타미아인들(Mesopotamians)로 대체됐다는 것이다(왕하 17:6, 23-24를 보라).

호슬리의 견해에 따르면, 그 결과로 나타난 북부 지방 주민들은 예루살렘의 보다 학식 있는 서기관 집단과 자주 상충되는 그들 나름대로의 대중적인 구전 전승들을 발전시켰다. B.C. 104년 하스모니아의 통치자들이 갈릴리를 유대교로 강제로 개종시킨 후에도, 그들은 완전히 유대 문화에 통합되지 않았으며 절기를 지키기 위해 예루살렘으로 올라가는 사람들은 거의 없었다. 그들은 유대인의 삶의 방식들을 환영하거나 받아들여야 할 것이 아니라 그들의 남부 지방 이웃들이 억지로 떠맡긴 부담으로 간주했다. 그리고 매우 독립심이 강한 갈릴리인들(Galileans)은 결코 진정으로 "개종"된 것이 아니었다.[1]

하지만, 이러한 1세기 갈릴리의 모습과는 완전히 다른 그림이 숀 프레인(Sean Freyne)의 책으로부터 나온다. 그는 갈릴리인들이 그들의 역사 전반에 걸쳐 예루살렘 및 그 성전과 긴밀한 연관성을 유지했다고 주장한다. 주로 문학적인 증거에 의존해서 프레인은 갈릴리에 제사장들이 존재했고, 사람들은 절기에 참여하기 위해 예루살렘으로 긴 여행을 했으며, 십일조를 제사장과 성전에 지불했다고 주장한다.

매우 흥미로운 점은 가이우스(Gaius) 황제가 예수가 죽은 지 겨우 10년이 지난 후 예루살렘 성전을 더럽히려고 위협했을 때, 갈릴리인들이 재빠르게 항의했다는 것이다. 또 후에 요세푸스가 유대 반란(전쟁)

---

[1] R. A. Horsley, *Galilee: History, Politics, People* (Valley Forge: Trinity Press International, 1995)와 *Archaeology, History and Society in Galilee* (Valley Forge: Trinity Press International, 1996).

동안 갈릴리에 자신의 권위를 확립하려 했을 때, 그는 북부 지방 청중들과 공감할 수 있기를 기대함으로써 자신이 예루살렘 및 제사장들과 연관성이 있음을 강조했다는 점이다. 또 한 가지 흥미로운 점은 예수의 토라 지식을 통해 볼 때, 토라가 갈릴리에서 널리 받아들여졌을 뿐만 아니라 중심 역할도 했다는 것이다.[2]

최근의 고고학은 프레인의 유대적인 갈릴리에 대한 묘사를 압도적으로 강화시켜 주었다. 이 지역은 하스모니아 왕조의 확장 정책 이전에는 사실상 주민의 수가 감소했으나, 그 이후에는 많은 유대인들이 자신들의 독특한 유대 문화를 가지고 그 지역으로 이주해 왔다. 유대인의 정체성은 돼지 유골이 발견되지 않은 점(이는 주민들이 음식 규례를 지켰다는 사실을 보여 준다), 돌(석회암)그릇들이 풍부하게 발견된 점(유대 정결법에 따르면, 돌그릇은 진흙그릇과는 달리 제의적으로 부정함이 침투할 수 없다고 여겨졌다), 미크바 욕조(*miqvaoth*, 유대인들이 정결을 위해 몸을 물에 담그는 못)로 사용된 여러 장소들이 발견된 점, 유대인의 매장 관습에 대한 증거 등에 의해 확인될 수 있다. 또한 비유대인 이웃들과 비교할 때, 갈릴리에서는 비교적 큰 도시들에서조차도 이방 신전의 유적들이나 제의 물품 같은 증거가 거의 발견되지 않았다.[3]

물론 1세기의 것으로 추정되는 회당들이 갈릴리에서 거의 발견되지 않는다는 것은 사실이지만, 이것은 이스라엘의 나머지 지역에서도 마찬가지이다. 1세기경의 회당들이 발견되지 않는 이유는 아마도 예수

---

2 S. Freyne, *Galilee from Alexander the Great to Hadrian* (Wilmington: Notre Dame, 1980)과 *Galilee, Jesus and the Gospels* (Dublin: Gill and Macmillan, 1988).

3 특히 J. L. Reed, *Archaeology and the Galilean Jesus: A Re-Examination of the Evidence* (Harrisburg: Trinity Press International, 2000)를 보라. 또 M. Chancey, *The Myth of a Gentile Galilee* (Cambridge: CUP, 2002)와 *Greco-Roman Culture and the Galilee of Jesus* (Cambridge: CUP, 2005)를 보라.

당시의 유대인 회합들이 종교적 목적만이 아닌("회당"[synagogue]이라는 용어는 사람들의 모임만이 아니라, 건물 그 자체를 의미하기도 한다), 다양한 목적으로 사용된 큰 건물에서 행해졌기 때문일 것이다. 아마도 그러한 건물들은 목적을 분명하게 명시하지 않았기 때문에 단순히 확인되지 않았을 것이다.

이스라엘에 있는 아주 소수의 회당들만이 1세기의 것으로 추정될 수 있다. 예를 들어, 가믈라(Gamla, 빌립의 영토에 있는), 마사다(Masada), 헤로디움(Herodium, 유대에 있는) 등이 그러하고, 아마도 막달라(갈릴리에 있는)와 예루살렘에 있는 데오도투스(Theodotus) 회당도 가능성이 있다. 몇십 년 후 복음서를 기록한 복음서 저자들은 자신들이 처한 디아스포라의 상황처럼, 단순히 팔레스타인의 "회당들"이 확인할 수 있는 건물들이었다고 추정했다(특히 눅 7:5을 보라).[4]

다른 무엇보다 중요한 결론은 예수 당시의 갈릴리인들이 철저하게 유대적이었고, 율법과 예루살렘 성전에 대한 헌신을 공유했으며, 그들의 남부 지방 이웃들이 품은 미래 회복에 대한 희망도 받아들였다는 점이다. 물론 그들은 틀림없이 그들 자신의 역사와 독특성에 대한 강한 자의식을 유지했을 것이고 엘리야와 엘리사와 같은 북부 지방 예언자들을 특히 칭송했을 것이다. 그러나 우리는 그들의 종교적 독특성을 너무 지나치게 강조할 필요는 없다. 여기서 중요한 것은 갈릴리인들이 유대적이었다는 사실이다.

---

4 회당에 대해서는 H. C. Kee, "The Transformation of the Synagogue after 70 CE: Its Import for Early Christianity," *NTS* 36 (1990), 1-24; J. S. Kloppenborg, "The Theodotus Inscription" and J. D. G. Dunn, "Did Jesus Attend the Synagogue?" in J. H. Charlesworth (ed.), *Jesus and Archaeology* (Grand Rapid/Cambridge: Eerdmans, 2006), 206-222와 236-282를 보라.

2. 갈릴리의 경제

또 하나 논의할 문제는 갈릴리의 경제인데, 많은 경우 안티파스(Antipas)의 건축 활동과 연관된다. 안티파스의 아버지 헤롯 대제는 화려한 건축물과 웅장한 도시 건축으로 널리 칭송을 받았다. 그러나 헤롯의 웅대한 건축 정책에도 불구하고 갈릴리는 비교적 황폐한 채로 남아 있었다.

이러한 결핍을 채우고 헤롯의 친아들임을 과시하기 위해 안티파스는 자기 자신의 건축 계획에 착수했다. 먼저 그는 도시 세포리스(Sepphoris)를 재건했는데, 이 도시는 B.C. 4년에 일어난 폭동으로 완전히 파괴됐지만, 안티파스에 의해 "갈릴리 전체의 보석"으로 변화됐다(Ant. 18.27). 나사렛에서 불과 4마일 떨어진(그곳에서 보일 정도의 거리) 세포리스는 이제 그 지역에서 가장 크고 가장 중요한 도시가 됐고, 안티파스의 왕궁과 행정부가 자리 잡은 정치 중심지가 됐다.

A.D. 19년에 분봉왕 안티파스는 갈릴리 호수 부근에 또 하나의 도시를 설립하고 그곳 이름을 디베랴(Tiberias)로 지었으며(티베리우스 황제를 기리며), 행정부를 그리로 옮겼다.

하지만 안티파스가 설립한 도시들이 해안가에 있는 가이사랴 마리티마(Caesarea Maritima)나 예루살렘처럼 주요 중심 도시였다고 생각하면 오산이다. 세포리스와 디베랴 두 도시는 비교적 소도시였고(두 도시 모두 주민이 12,000명 이하였다), 주요 무역 통상로에 접해 있지 않았으며, 헬라 도시의 전형적인 편의 시설이 부족했고(널리 알려진 세포리스의 원형 극장은 빨라도 2세기경의 것으로 추정된다), 비유대인 주민들을 영입하지도 않았던 것으로 보인다. 두 도시는 대도시 문화(cosmopolitian culture)의 겉모양을 자랑했을지는 몰라도, 기껏해야 지방 소도시에 불과했다. 안티파스는 자신의 아버지가 지닌 건축 비전을 전혀 갖지 못했다. 그의 건축 사업이 자신의 영토에서는 어느 정도 위엄을 주었지만, 그 이상은 아니었다.

그러나 이러한 도시화가 주변 마을에 끼친 영향은 어떠했을까?

또 우리는 이 시기에 도시와 마을의 관계를 어떻게 분류할 수 있을까?

주로 비교-문화인류학(cross-cultural anthropology)에 의지하여 몇몇 학자들은 안티파스 치하의 도시와 시골 지역 간의 관계를 "기생적"(parasitic) 관계로 묘사했다. 즉 건축 사업은 지역 경제를 고갈시키고 주변 지역들에 막대한 부담을 지웠다. 게다가 과중한 세금이 부과됨으로써 이전에는 자급자족할 수 있었던 마을 공동체들이 더 이상 지탱될 수 없었고, 그 주민들은 빠르게 고생, 빈곤, 강도 행위의 악순환 속으로 빠져 들어갔다는 것이다.[5] 이러한 견해들이 영향을 끼치긴 했지만(특히 크로산과 호슬리의 재구성에 가장 많은 영향을 끼쳤다), 다방면에서 점점 더 도전을 받아왔다.

첫째, 1세기 상황에 비교 문화적 모델들을 어느 정도까지 적용시킬 수 있을지 논란의 여지가 있다. 호슬리와 크로산이 적용한 렌스키-카우츠키(Lenski-Kautsky) 모델은 갈릴리 마을 사람들의 가치(친족 관계가 더 중요했던)보다는 오히려 현대의 유럽 중심적 추정(assumptions, 계급 의식과 같은)에 근거를 둔다. 물론 자료들이 없을 경우, 이러한 모델들이 틈새

---

[5] D. E. Oakman, *Jesus and the Economic Questions of His Day* (Lewiston: Mellen, 1986); R. A. Horsley, *Jesus and the Spiral of Violence* (San Francisco: Harper and Row, 1987); R. Horsley and J. S. Hanson, *Bandits, Prophets and Messiahs*; K. C. Hanson and D. E. Oakman, *Palestine in the Time of Jesus: Social Structures and Social Conflicts* (Minneapolis, Fortress, 2008); G. Theissen and A. Merz, *The Historical Jesus*, 162-183.

(gaps)를 어느 정도 채울 수도 있을지 모르지만, 너무 과도하게 적용해서는 안 된다.[6]

둘째, 우리가 앞에서 살펴보았듯이 안티파스가 재건한 도시들은 공공 편의 시설을 별로 갖추지 못한, 비교적 작은 규모의 도시였다. 건축 사업 때문에 지불할 세금이 다소 증가했을지라도, 그 도시들이 주변 마을에 커다란 영향을 끼칠 정도는 아니었을 것이다.

셋째, 갈릴리 시골 마을의 고고학적 발굴에 따르면, 지역 경제가 번창했고 교역 활동도 활발했기 때문에, 이 시기의 인구, 거주 상황 또는 경제 활동에서의 주요 변화는 없었다. 간단히 말해서 도시와 시골 공동체 간의 관계가 특별히 껄끄러웠다는 어떤 증거도 찾을 수 없다.[7]

끝으로, 요세푸스는 안티파스의 통치 시대에 광범위한 강도 행각들이 난무했다는 어떤 증거도 제공하지 않는다. 몇몇 저항들이 간헐적으로 일어난 것은 분명하지만, 대부분의 경우는 비폭력적 경향을 보였다(예컨대, 빌라도의 기장 사건[8]과 가이우스의 동상 사건[9]과 연관된 저항들).[10]

---

6 J. A. Overman, "Jesus of Galilee and the Historical Peasant" in D. R. Edwards and O. T. McCullough (eds), *Archaeology and the Galilee: Texts and Contexts in the Greco-Roman and Byzantine Periods* (Atlanta: Scholars Press, 1997), 67-74; M. Sawicki, *Crossing Galilee: Architecture of Contact in the Occupied Land of Jesus* (Harrisburg: Trinity Press International, 2000)의 비판을 보라.

7 J. L. Reed, *Archaeology and the Galilean Jesus*; M. A. Chancey, *Myth of a Gentile Galilee*; L. Levine (ed.), *The Galilee in Late Antiquity* (New York: Jewish Theological Seminary of America, 1992); D. R. Edwards and O. T. McCullough (eds), *Archaeology and the Galilee*; D. R. Edwards (ed.), *Religion and Society in Roman Palestine* (London: Routledge, 2004).

8 총독 부임과 함께 티베리우스 황제의 얼굴이 새겨진 기장을 예루살렘으로 몰래 들여온 사건-역주.

9 가이우스가 예루살렘 성전의 지성소 안에 자신의 동상을 세워 숭배케 하려고 한 사건-역주.

10 빌라도의 기장(군기)에 대해서는 *War* 2.169-171; *Ant.* 18.55-59을 보라. 가이우스의 동상에 대해서는 *War* 2.184-203; *Ant.* 18.261-308; *Leg* 207-333을 보라.

물론 이 말은 도시-시골 간 분쟁이나 경쟁이 전혀 없었다는 의미는 아니다. 새로운 민족과 관료들이 도시로 유입되고, 안티파스의 신하들이 최상의 땅을 차지함에 따라 이따금씩 긴장이 초래됐다는 것은 의심의 여지가 없다. 예수의 비유들은 부유한 지주, 부재지주(absentee landlords), 착취하는 관리인의 존재를 보여 준다. 그러나 몇몇 학자들이 제시한 극단적인 사회적 긴장은 과장된 것으로 보인다.

이상에서 볼 때 안티파스 통치하의 갈릴리는 꽤 번창하고 안정된 지역이었으며, 통치자 안티파스와도 비교적 좋은 관계에 있었다. 여러 면에서 안티파스의 오랜 통치는 직접적인 로마 통치와 착취에 대해 완충 역할을 했다.

마트 챈시(Mark Chancey)의 지적에 따르면, 그의 통치 기간 동안 헬라와 로마 문화가 좀 더 두드러진 것은 사실이지만, 분봉왕 안티파스의 개혁 작업은 비교적 미미한 편이었고, 그의 땅을 "로마화"(Romanize)하려는 진지한 시도는 없었다. 대중목욕탕, 이교도 신전 및 운동 경기가 갈릴리의 일상생활의 특징이 된 것 같지 않으며, 헬라어가 광범위하게 사용됐다는 증거도 없다.

안티파스의 군대는 가까운 이방 도시인 가이사랴(Caesarea)와 세바스테(Sebaste)로부터 차출됐고 로마 군대는 그 지역에 주둔하지 않았다(마 8:5-13//눅 7:1-10에 나오는 "백부장"은 아마 안티파스의 장교 중 하나였을 것이다). 증거에 따르면, 갈릴리는 어느 정도 고립되어 보다 넓은 주변 세계와 거의 접촉이 없던 독립적인 지역이었다. 갈릴리 마을의 삶 역시 수십 년 동안 크게 달라지지 않았다. 모르텐 젠센(Morten Jensen)의 최근 연구에 따르면, 극히 평범한 통치자로서 안티파스는 갈릴

의 평화를 유지했고, 백성들에게 호황까지도 안겨주었다.[11]

갈릴리는 농업 사회였으므로, 갈릴리인의 대부분이 땅을 경작하는 일에 종사했다. 온화한 기후와 비옥한 땅은 뿌리 작물(root crops)과 곡식 재배에 유리했고, 많은 사람들이 양이나 염소 몇 마리씩은 가지고 있었다. 올리브기름, 도자기, 포도주 생산이 이 지역의 경제 활동을 보다 융성하게 했다. 각 도시마다 나름대로의 소규모 산업도 있었는데, 예를 들어, 가나(Cana)에는 비둘기장, 올리브 압축기, 유리 세공 시설이 있었고, 아마도 양털이나 가죽을 깎는 시설도 있었을 것이다.

특히 중요한 것은 갈릴리 호수 주변의 어업이었고, 서쪽 연안의 번화한 도시 막달라(Magdala)의 건어물 생산과 선박 제조 같은 관련 활동이 알려졌다.[12] 요세푸스의 책들과 복음서에는 예루살렘 사람들이 갈릴리 사람들을 약간 뒤떨어진 사람으로 여겼다는 증언이 나오는데(요 7:41, 52), 이는 세계 어디서든 도시인들이 시골 사람을 만날 때 흔히 일어나는 현상이다. 갈릴리 사람들은 독특한 지방 방언을 가진 아람어를 사용했으며(마 26:73), 일반적으로 친족 의식과 가족 유대감이 강한 상당히 보수적인 성향의 사람들이었던 것으로 보인다. 바로 이러한 갈릴리의 소도시와 마을에서 예수는 성장했고 자신의 사역을 시작했다.

---

11 M. H. Jensen, *Herod Antipas in Galilee: The Literary and Archaeological Sources on the Reign of Herod Antipas and Its Socio-Economic Impact on Galilee* (Tuebingen: Mohr Siebeck, 2006). 그 당시 갈릴리에 대한 좀 더 상세한 연구로는 E. P. Sanders, "Jesus in Historical Context," *Theology Today* 50 (1993), 429–448; "Jesus' Galilee" in I. Dunderberg, C. Tuckett and K. Syreeni (eds), *Fair Play: Diversity and Conflicts in Early Christianity* (Leiden: Brill, 2002), 3–41을 보라. 예수 시대의 유대의 상대적인 평온 상태에 대해서는 J. S. McLaren, *Turbulent Times? Josephus and Scholarship on Judaea in the First Century CE* (Sheffield: Sheffield Academic Press, 1998)을 보라.

12 갈릴리에 대한 직접적인 묘사를 위해서는 Josephus, *War* 3.35–44, 506–521을 보라.

그러나 우리는 나사렛과 예수의 초기 생애에 대해서는 얼마나 알 수 있을까?

3. 예수의 초기 생애

예수의 초기 생애에 관해 확실하게 알려진 것이 별로 없다. 외경에 속하는 다수의 유아 복음서들이 예수의 어린 시절의 업적을 다룬 환상 같은 이야기들로 그 간격을 메우려고 시도했지만, 이러한 이야기들은 역사적 가치가 없다. 누가복음은 예수가 12살 때 성전에 있었던 이야기를 전해 준다. 그 이야기에 따르면, 예수는 모여 있던 선생들을 자신의 학식으로 놀라게 했다(눅 2:41-51). 나중에 위대한 지도자들이 된 다른 비범한 아이들의 이야기 유형과 유사하다는 점을 고려할 때(요세푸스의 자서전에 나오는 이야기를 포함하여, *Life* 9), 이 이야기가 역사적 회상보다는 오히려 기독교 경건에 그 기원을 두고 있음을 암시해 준다.

우리가 확실히 말할 수 있는 것은 예수가 나사렛에서 성장했다는 점이다.[13] 이는 모든 복음서가 증언해 주고 있는 사실이다. 예수 시대에 나사렛은 주민이 400여 명이 채 되지 않는 작은 마을이었다. 요세푸스와 탈무드 모두 갈릴리의 도시들과 마을들을 열거하지만, 나사렛에 대한 언급은 없다. 이는 그 마을의 하찮은 지위를 확인해 준다. 대부분의 사람들은 아마도 농업이나 영세 산업에 종사했을 것이다. 마가복음 3:6은 예수의 직업을 "텍톤"(*tektōn*)으로 전하는데, 이 단어는 목수나 석공, 또는 건축자를 의미할 수 있다.

---

[13] 마 2:23; 막 1:9; 눅 2:39-40, 51-52; 4:16; 요 1:46.

병행 구절인 마태복음 13:55은 그를 "텍톤"의 아들로 언급한다. 예수를 하나의 사업(trade)과 연관시키기에는 다소 당혹스러움이 있을 수도 있지만, 요셉 또한 "텍톤"이었다는 지적은 충분히 일리가 있다. 나사렛과 같이 작은 마을에서 요셉은 가족을 부양할 만큼의 충분한 일을 찾지 못했을 것이다. 그래서 그는 일을 찾기 위해 주변 마을을 돌아다녔을 것이고, 아마 세포리스에도 들렀을 가능성도 높다.

그러한 직업을 가진 요셉의 가족은 사회적으로 어느 계층에 속했을까?

한쪽 극단에는 크로산의 견해가 있는데, 그는 목수들이 고대 자료에는 경멸적으로 언급되며, 예수와 그의 가족은 이른바 "장인 계층"(artisan class), 즉 소농이었다가 재산이 몰수된 집단에 속했다고 주장한다. 이 집단은 농부보다는 가난했지만, 거지와 "천민 계층"(expendable class)보다는 바로 위의 계층이었다.

또 다른 한쪽 극단에는 플루서(Flusser)의 견해가 있는데, 그는 예수와 그의 가족이 비교적 유복했으며, 목수들은 사회에서 존경을 받는 직업이었다고 주장했다. 크레이그 에반스(Craig Evans) 역시 예수의 사역이 어느 정도의 재정적 수단을 전제하며(다른 사람들의 지원으로 보충됐을지라도), 예수의 제자들 중에도 비교적 유복한 사람들이 있었다고 주장했다(예컨대, 막 1:19-20에 나타난 것처럼 자신의 배를 가지고 있고, 품꾼을 고용할 수 있는 어부들과 막 2:14에 나오는 세리). 그는 "대단하지는 않지만 충분한 재정을 갖춘 가족"을 연상해야 한다고 제안한다.[14]

---

14 J. D. Crossan, *Historical Jesus*, 46; D. Flusser, *Sage*, 12-13; C. A. Evans, "Context, Family and Formation" in M. Bockmuehl (ed.), *Cambridge Companion to Jesus*, 11-24, 여기서는 21을 보라.

예수의 사회적 수준에 대해 어떻게 평가하든지 이스라엘에서의 부(wealth)는 모든 고대 사회에서처럼 균등하게 분배되지 않았다는 것을 기억해야 한다. 아주 적은 상류층과 중류층이 나라 자원의 대부분을 소유했고, 대부분의 사람들은 하류층에 속했다. 아마도 예수와 그의 가족은 앞에서 언급한 두 극단적인 견해 사이 그 어딘가에 속했을 것이며, 대략 농부 계층으로 분류될 수 있을 것이다. 가족의 사업을 통해 그들은 경제적으로 자급자족할 수는 있었지만, 가난과 그리 멀리 떨어져 있지 않았다.

그러한 가정의 아들로서 예수는 어떤 교육을 받았을까?

그는 읽고 쓸 수 있었을까?

두 복음서(누가복음과 요한복음)에는 예수가 글을 읽고 쓸 줄 아는 인물로 나타난다. 요한은 예수가 땅 위에 글을 쓴 것(아니면, 그는 낙서를 한 것인가?)으로 서술하고 있고(요 8:6, 8), 누가는 그가 회당에서 두루마리 성경을 읽었다고 언급한다(눅 4:16-30). 하지만 이 두 단락 중 어느 것도 그리 간단하게 판단할 수 없다. 요한복음 8장은 간음한 여인의 이야기에 속하는데(요 7:53-8:11), 학자들은 이 이야기를 거의 만장일치로 후대의 첨가 부분으로 추정한다. 또 누가복음 4장은 마가복음 6:1-6에 나오는 예수의 나사렛 회당 방문을 정교하게 발전시킨 것인데, 마가복음 본문에는 예수가 두루마리의 글을 읽었다는 언급이 없다.

아마도 요한복음 8장과 누가복음 4장은 예수가 읽고 쓸 줄 알았고, 그러므로 교육을 받았다는 점을 암시함으로써 그의 위신을 높이려는 후대 기독교의 열망을 반영한 것으로 보인다. 필로(Philo)와 요세푸스는 유대인 부모들이 자녀들에게 토라를 가르쳤을 뿐만 아니라 그것을 읽는 법도 가르쳤다고 주장했다.[15] 그러나 이러한 언급들은 그렇게 할 수 있는 충분한 시간과 여유가 있었던 보다 유복한 유대인들의 관례를 반영한 것일 수도 있다.

던, 플루서, 마이어, 라이트와 같은 학자들이 예수가 적어도 글을 읽을 수는 있었다(쓰는 것은 보다 더 높은 수준의 지적 능력을 필요로 했다)는 점에 일치할지라도, 일반적으로 공식 학교들이 부재했다는 사실과 고대 사회에서의 낮은 문맹률(기껏해야 보통 10% 정도)을 고려한다면, 예수의 읽고 쓸 수 있는 능력은 매우 기초적인 수준에 머물렀을 것이다. 물론 이 모든 것은 예수가 이야기를 통해 사람들의 주의를 끌었던 특별한 능력을 지닌, 천부적 의사소통 능력의 소유자였다는 사실을 훼손시키는 것은 아니다. 그는 히브리어(히브리 성경의 언어)와 헬라어를 어느 정도 알고 있었을지라도, 그의 모국어는 아람어(팔레스타인과 그 주변 지역의 언어)였을 것이다.

예수의 결혼 여부 문제는 최근에 특히 대중적인 작품들에서 많이 다루어졌다. 이 경우 예수의 아내로 가장 많이 부각되는 인물은 막달라 마리아(Mary Magdalene)였다. 예수 당시의 유대인 사회에서 30대의 한 남자가 결혼하지 않은 채로 남아 있었다면 그것은 확실히 평범한 일은 아니었을 것이다. 당시에는 "생육하고 번성하라"(창 1:22)는 하나님의 명령이 진지하게 받아들여졌기 때문이다.

그러나 예수를 따르던 제자들의 가족에 대해서는 가끔 스치듯이 언급되기는 하지만(특히 베드로의 장모와 아내, 그리고 자녀들),[16] 예수 자신이

---

15 Philo, *De Legatione* 210; Josephus, *Against Apion* 1.60, 2.176, 178, 204. 또 *T. Levi* 13.2도 보라; 막 2:25; 12:10; 12:26 등에 언급된 "너희가 읽지 못하였느냐"는 예수의 지속적인 표현. 이 논쟁에 대해서는 C. Keith, *Jesus' Literacy: Education and the Teacher from Galilee* (London: T&T Clark, 2011)를 보라.

16 막 1:29-31; 고전 9:5; 막 10:28-30.

결혼했다는 지적은 어디에도 나오지 않는다. 마가복음 3:20-31에서 예수가 소란을 일으킨다고 걱정하는 사람들은 그의 어머니와 형제자매들일 뿐, 아내에 대한 언급은 전혀 없다. 또 후에 그가 죽은 뒤 예수의 몸에 기름을 바른 여인들도 친구와 추종자들일 뿐, 거기서도 아내에 대한 언급은 찾아볼 수 없다(막 16:1과 병행 구절).

가장 가능성이 있는 추론은 예수가 결혼하지 않았다는 것이다. 왜냐하면 아내가 있었다면 초기 교회가 그 사실을 숨길 이유가 없었을 것이기 때문이다(본서의 제7장에서는 예수에게 아내와 자녀들이 없었다는 추론이 이 세대가 마지막 세대라는 그의 묵시적 의미와도 일치한다는 점을 살펴볼 것이다).

4. 유대인 예수

본서의 제1장에서 이미 살펴본 바와 같이, 현대의 예수 연구는 예수의 유대적 유산을 당연한 것으로 받아들인다. 우리는 복음서를 통해 예수가 회당에 참석했고(막 1:12, 23; 3:1; 6:1-2 등), 거기서 히브리어 성경을 히브리어로 낭독하고, 아람어로 통역하며, 그것에 대해 회당의 저명한 구성원이 해설하는 소리를 들었다고 짐작할 수 있다. 누가는 예수 가족의 경건을 특히 강조하여, 율법에 따라 예수가 난지 8일만에 할례를 받고 성전에 드려졌으며(눅 2:21-40), 그 가족이 매년 유월절을 지키러 예루살렘에 올라갔다고 전한다(눅 2:41-52). 공관복음에는 모두 예수가 율법에 규정된 대로 술이 달린(with fringes) 의복을 입었다고 전한다(막 6:56; 마 9:20; 14:36; 눅 8:44).[17] 이러한 내용들의 역사성 여

---

[17] 민 13:37-39; 신 6:8; 11:18; 22:12.

부를 떠나, 예수가 유대인 집안에서 성장했고 이스라엘의 역사를 알았으며 히브리어 성경에 친숙했던 것은 분명하다.

예수가 적대자들과 논쟁했던 주제들은 분명 유대적인 관심사였다. 토라에 대한 해석, 안식일 준수, 정결과 부정의 문제, 성전의 위치 등이 그 예이다. 복음서들이 명시적으로 밝히고 있지는 않지만, 예수 또한 신명기 6:4에 토대를 둔, 하나님에게 대한 인간의 사랑을 고백하는 매일 기도문 쉐마(shema)를 날마다 암송했다고 추정할 수 있다. 이러한 하나님에 대한 깊은 사랑, 열정적인 헌신, 전적 순종이 그의 사역 내내 함께 했고, 예수가 어렸을 때부터 지녔던 가치관의 특징이 되었음이 틀림없다.

하지만 그 밖의 것들은 확실하게 파악하기가 어렵다. 아마도 홀로코스트 이후의(Post-Holocaust) 기독교 학계는 예수의 시대 못지않게 현대에도 오해의 여지가 없는 유대적인 예수를 제시하기 위해 안간힘을 쓸 것이다. 하지만 우리가 살펴보았듯이 1세기 유대교는 극히 다양했고, 유대적이 되는(being Jewish) 방식 또한 매우 다양했다. 심오한 종교사상가로서 예수는 자신이 믿고 있는 바에 대한 나름대로의 관점을 지니고 있었고, 그러한 관점들 때문에 적대자들과 열띤 논쟁을 벌였을 것이다(우리가 앞으로 살펴볼 것이다).

그러나 예수 역시 처음부터 자신의 길이 어디에 있는지 전적으로 확신하지는 못했을 것이다. 아마도 예수는 더 큰 영적 이해를 추구하는 과정에서 세례 요한을 만났고, 그의 세례를 통해 심오한 종교적 체험도 가질 수 있었을 것이다.

제6장
세례 요한

사복음서 저자들 모두 예수의 공생애 이야기를 요단강에서 일어난 세례 사건으로 시작한다. 또 사도행전 1:21-22에는 열두 제자 중 하나였던 가룟 유다를 대신할 사도의 자격 요건을 "요한의 세례"로부터, 즉 처음부터 예수와 함께 있었던 사람으로 설정한다.

그러나 우리는 세례 요한에 대해서 얼마나 알고 있는가?

또 그의 사역은 예수의 사역과 왜 그렇게 불가분의 관계에 놓여 있는가?

다행스러운 것은 세례 요한의 정보를 찾기 위해 사복음서에만 의존할 필요가 없다는 점이다. 요세푸스 역시 그 세례자에 대해 긍정적으로 언급하고 있다. 요세푸스는 그에 대해 비교적 길게 서술한다.

> 그러나 일부 유대인들은 헤롯의 군대의 패배를 하나님의 보복, 즉 세례자로 불린 요한의 일에 대한 정당한 보복으로 여겼다. 왜냐하면 헤롯이 죽인 요한은 선한 사람이었으며 세례를 받으려는 유대인들에게 권면하기를 의로운 삶을 살라고, 즉 동료들 간에는 정의를, 하나님 앞에서는 경건을 행하라고 했기 때문이었다. 요한에 따르면, 이러한 행위는 세례가 하나님에게 받아

들여지기 위해 필요한 예비 단계(preliminary)였다. 그들은 세례를 어떠한 죄든 용서를 얻기 위해 사용해서는 안 되고, 옳은 행위를 통해 영혼이 이미 철저하게 정화됐음을 나타내는 몸의 성결(consecration of the body)로 사용해야 한다. 사람들이 그의 설교에 큰 감동을 받아 그의 주위에 모여들자 헤롯은 깜짝 놀랐다. 요한이 사람들에게 큰 영향을 끼치고 있는 것을 본 헤롯은 폭동이 일어날까봐 두려워했다. 왜냐하면 요한이 무슨 말을 하든지 군중이 다 들을 것처럼 보였기 때문이다. 그러므로 헤롯은 기다리다가 어려운 상황에 빠져 자신의 실수를 한탄하기보다는 폭동이 일어나기 전에 먼저 그를 쳐서 제거하는 것이 더 나은 방법이라고 판단했다. 헤롯의 의심 때문에 요한은 쇠사슬에 묶여 우리가 이전에 언급했던 요새인 마케루스(Machaerus)로 보내져 그곳에서 처형당했다. 그러나 유대인들의 판단에 따르면, 헤롯 군대의 패배는 요한의 결백에 대한 입증이었다. 왜냐하면 하나님이 헤롯을 그렇게 징벌하는 것이 옳다고 보셨기 때문이었다(Ant. 18.116-119).[1]

세례 요한의 가장 두드러진 활동은 세례였는데, 그것은 그가 "세례자"(Baptizer)라는 별명을 얻을 만큼 중요하고도 독특한 행위였다. 제의적 목욕과 세례는 성결을 제공하고 유지하는 방법으로서 1세기 유대인들 사이에서 흔하게 사용됐다. 많은 제의용 욕조들(또는 미크바오트 [miqvaoth])이 1세기 거주지들에서 발견된 것은 당시 유대인들이 레위기 11-15장에 묘사된 정결법에 큰 관심을 두었다는 증거이다.

---

1 L. H. Feldmann, *Josephus* (Loeb Classical Library XII), 81-85에 의한 번역.

하지만 세례 요한의 세례는 다음과 같이 몇 가지 면에서 독특했다.

첫째, 세례 요한은 세례를 베풀기 전에 내적 성결, 부도덕한 삶의 회개, 하나님에게로의 참된 전향을 요구했다.

마음이 참으로 의로워졌을 때에만 몸의 성결은 하나님 앞에서 유효할 수 있었다.[2] 테일러(Joan Taylor)가 언급했듯이 이와 유사한 정서가 과거의 예언자들에 의해, 특히 이사야 1:12-17; 35:8; 52:1, 11에서 표명된 바 있었다.[3] 세례 요한의 세례가 어떤 면에서 실제로 죄를 속죄했는지(아마도 막 1:4//눅 3:3의 경우처럼), 아니면 외형적 정결은 내적 청결에 외적 청결을 추가함으로써 인간의 준비를 단순히 "마무리한 것"(finished off)인지(요세푸스의 주장처럼)의 여부는 분명치 않다.

둘째, 대부분의 유대인들은 자기 스스로 제의 목욕(ritual immersions, 몸을 물에 잠그는 의식-역주)을 수행했던 반면, 세례 요한은 주위에 모여든 사람들의 세례에 적극적인 역할을 했던 것으로 보인다.

아마도 그들을 물 가로 데려간 것도 세례 요한이었을 것이다.

셋째, 대부분의 유대인 제의 목욕과 달리, 세례 요한의 세례는 일회적 사건이었던 것으로 보인다.

그가 세례를 받기 위해 두 번 이상 찾아올 것을 기대했다는 증거는 전혀 없다. 이런 점에서 어떤 학자들은 유대인 개종 세례(proselyte baptism)와의 유사성을 끌어냈는데, 거기서 세례의 시점은 한 사람이 유대교 신앙을 시작한다는 신호였다. 하지만 이에 대한 증거가 후대의 것이라는 사실은 차치하고서라도, 세례 요한의 일회적 세례에 대한 주된

---

2 막 1:4과 병행 구절; 눅 3:7-8//마 3:7-8.

3 J. E. Taylor, *The Immerser: John the Baptist within Second Temple Judaism* (Grand Rapids: Eerdmans, 1997). 또한 R. L. Webb, *John the Baptist and Prophet: A. Socio-Historical Study* (Sheffield: JSOT Press, 1991)도 보라.

이유는 자신이 종말에 살고 있었다는 확신과 연관된 것으로 보인다.

공관복음은 세례 요한의 메시지가 매우 종말-지향적이며, 세례 요한은 임박한 심판과 함께 성령과 불로 세례를 주실 더 강력한 분의 도래를 예고함으로써 묵시적 메시지를 선포했음을 암시하고 있다(막 1:7-8과 병행 구절). 요세푸스는 이 점에 대해서는 침묵하고 있지만, 그가 침묵한 의도는 쉽게 설명될 수 있다. 그는 A.D. 66-70년에 일어난 처절한 유대 전쟁 이후에 로마의 청중들을 향해 글을 쓰면서 유대인의 묵시적 기대에 대한 암시를 숨기려고 노력했을 것이다.

이 점에 대해서는 분명 공관복음의 묘사가 보다 더 역사적이다. 세례 요한과 그 주위에 모였던 사람들은 자신들이 시대의 종말에 살고 있으며 이에 대한 적절한 반응은 오로지 회개하고 다가 올 고난을 준비하는 일뿐이라고 생각했다. 아브라함의 후손이라고 해서 안전이 계속해서 보장될 수는 없었다(눅 3:8).

세례 요한이 일깨운 묵시적 열기는 그가 사역한 장소에 의해 한층 더 고조됐다. 공관복음은 그가 자신의 기반을 요단강에 두었음을 분명하게 지적한다. 이스라엘의 과거 역사를 볼 때 요단강은 상징적 의미로 가득한 장소였다. 바로 이 요단강을 통과하여 이스라엘 백성은 약속의 땅으로 들어갔다(수 3-4장). 나중에 출현할 "표적 예언자들"(본서의 제3장을 보라)의 경우처럼, 광야가 상기시켜준 것은 이스라엘이 하나님과의 관계가 훨씬 더 친밀했던 시기뿐만 아니라, 하나님이 자신의 백성에게 스스로를 계시했던(출 3장; 왕상 19장) 장소, 여호와의 날에 "백합화 같이 피어 즐거워"할 장소였다(사 35장). 세례 요한에게 나아가 세례를 받은 사람들은 이 모든 역사를 알고 있었다.

아마도 그들은 정결케 되고 회복된 약속의 땅에서 민족의 회복을 갈망했으며, 그러한 갈망이 하나님의 도움으로 곧 현실이 될 것을 민었을 것이다.

그러나 이 새로운 질서를 시작할 그 뒤에 "오시는 이"는 누구였는가?

그는 도끼를 들어 심판하시고, 키를 들어 알곡과 쭉정이를 구분하시며, 성령과 불로 세례를 주시기 위해 오는 자로 묘사된다.[4] 그는 세례 요한보다 더 능력이 많은 자로서 세례 요한은 그의 신발 끈을 풀기도 감당하지 못할 자이다(막 1:7 병행). 여기서 사용된 어휘들이 상징적이고 신인동형론적인(anthropomorphic) 표현이라면, "오시는 이"는 심판을 위해 다가오시는 하나님 자신일 수도 있다.

그러나 세례 요한은 종말이 오기 전에 와서 이 민족을 불로 정결하게 할 것으로 기대된 엘리야와 같은 천상의 대행자를 상상했을 가능성이 더 크다.[5] 감옥에 있던 세례 요한이 예수에게 한 질문은(그것이 역사적이라면) 이 역할을 수행할 사람이 인간일 경우에만 이해될 수 있다(눅 7:18-23//마 11:2-6).

물론 교회 전승은 늘 세례 요한이 엘리야라고 주장했다. 둘의 연관성은 세례 요한의 의복 및 금욕적 삶의 묘사가 엘리야를 반영하며(막 1:6과 병행 구절은 왕하 1:8을 연상시킨다), 예수가 그를 엘리야와 동일시하는 공관복음에 이미 명확하게 나타난다(막 9:11-13과 병행 구절).

이처럼 세례 요한을 엘리야와 동일시한 것은 후에 그리스도인들이 예수를 하나님의 기름 부음 받은 자로 보고 세례 요한을 그의 선구자로 여겼을 때 이해가 된다.

하지만, 세례 요한 자신은 아마 하나님의 천상의 대행자의 임박한 도래를 예고하는 자신의 역할에 대해 그처럼 분명하게 확신하지는 못

---

4 본문들은 마 3:10, 12//눅 3:9, 17과 막 1:8; 마 3:11//눅 3:16 등이다.
5 말 3:2-3; 4:5; 또한 시락서 48.10을 보라.

했을 것이다. 세례 요한에게 나아왔던 사람들은 의심의 여지없이 그를 과거 이스라엘의 예언자들과 마찬가지로 하나님의 영감을 받아 이 민족에게 회개와 미래의 구원을 외친 위대한 예언자로 보았다. 던(Dunn)이 언급한 것처럼 요세푸스의 증언은 세례 요한이 그 당시에는 예수보다 더 중요한 인물이었음을 암시해 준다.[6]

1. 예수의 세례

예수가 세례 요한에게 세례를 받은 것은 분명하다. 세례와 죄 용서가 긴밀하게 연관됐으므로 예수가 세례를 받았다는 사실은 초기 그리스도들 편에서는 당혹감을 주기에 충분했을 것이다. 마태는 세례 요한이 예수에게 세례를 베풀만한 자격이 없다고 말하는 것을 첨부하는 반면(마 3:14-15), 누가와 요한은 예수의 세례 장면을 매우 빠르게 지나간다(눅 3:21-22; 요 1:32-34). 하지만 바로 이러한 당혹감이 이 사건의 역사성을 확인해 준다(앞에서 언급한 "당혹성의 기준" 참고-역주).

어렸을 때부터 강한 종교적 확신과 갈망을 지녔던 예수가 세례 요한을 찾아갔을 가능성이 매우 높다(눅 1:36이 암시하는 대로 두 사람이 친척 관계였다면 더욱 그러하다). 다른 많은 사람들처럼 예수 역시 세례 요한의 제자 집단에 들어갔을 것이다. 그는 세례 요한의 윤리적이고 묵시적인 가르침을 들었을 것이고 일정한 준비 기간이 지난 후 세례를 자청했을 것이다.

---

[6] J. D. G. Dunn, *Jesus Remembered*, 350.

마가는 이 세례 사건에 대해 다음과 같이 묘사한다. 예수는 요단강에서 올라왔을 때 하늘이 열리고 성령이 비둘기 같이 자신에게 내려오는 것을 보았으며, "너는 내 사랑하는 아들이라 내가 너를 기뻐하노라"는 하나님의 음성을 들었다(막 1:9-11). 성령의 내려오심과 시편 2:7 및 이사야 42:1로부터 인용된 하나님의 말씀은 분명 특정한 목적을 위해 구별된, 하나님의 기름 부음의 의미를 나타낸다.

3인칭으로 기록된 이 장면은 세례 때 무슨 일이 일어났는지를 설명하려는 초기 그리스도인들의 시도로 보인다. 그러나 아마 그 배후에는 예수가 세례 받을 때 심오한 종교적 체험, 즉 지금과는 완전히 다른 삶의 방향으로 나아가야 한다는 자각을 했다는 회상이 있었을 것이다. 이러한 체험과 가장 가까운 구약성경의 예들은 예언자의 소명 경험에서 찾을 수 있다. 이러한 소명이 때로는 환상의 경험일 경우도 있고(사 6장; 겔 1:1-3:15 또는 렘 1:13-19), 때로는 하나님이 한 개인에게 특별한 사명을 가지고 있다는 깨달음일 경우도 있으며(암 7:14-15), 때로는 한 사람이 탄생하기도 전에 택함을 입었다는 의미일 경우도 있다(렘 1:4-6; 또한 갈 1:15-16를 보라).

이러한 압도적인 경험에 대한 예수의 반응은 일정 기간 광야로 물러나 있는 것이었다(막 1:13과 병행 구절에 나오는 "40일"은 대략적인 수치이다). 이 일은 타당성이 있어 보인다. 바울 또한 부활한 예수를 만난 후 3년 동안 아라비아와 다메섹으로 물러나 있었고(갈 1:17), 요세푸스도 청년 때 광야에서 영성을 탐구하면서 금욕 생활을 했기 때문이다(*Life* 11).

예수는 기도와 금식을 통해 하나님의 인도함을 구하며 오직 하나님과의 시간을 원했을 것이다. Q 전승만이 광야에서 예수가 시험을 받았다고 지적한다(눅 4:1-13//마 4:1-11). 구약성경적 색채가 매우 강하므로 이 구절들이 예수 자신에게로 거슬러 올라갈 가능성은 적지만, 예수가 새로운 임무의 의미를 숙고하기 위해 일정 시간을 보냈다는 기본적 요점은 역사적으로 타당하다.

2. 예수, 세례 요한 그리고 세례 요한의 처형

세례를 받은 이후 예수와 세례 요한의 관계는 어떻게 됐을까?
예수 운동은 세례 요한의 운동에서 벗어났을까?
두 사람의 사역은 겹쳤을까?
또 세례 요한은 정확히 언제 처형됐는가?
이러한 질문들에 대해 확실히 대답하기가 어려운 이유는 마가와 요한의 전승이 둘의 사역에 대해 서로 다른 연대를 설정하고 있기 때문이다.

마가(마태와 누가도 그를 따른다)는 예수가 세례 요한이 체포된 이후에 자신의 사역을 시작했다는 점을 명확히 한다(막 1:14). 사실상 예수가 자신의 사역을 시작하기 전에 마치 세례 요한이 죽기를 기다린 것처럼 이 두 사건은 밀접하게 연관된다. 하지만 요한복음에서는 둘의 사역이 일정 부분 겹쳐지는데, 그 기간 동안 세례 요한은 예수를 자신의 제자들과 군중에게 소개한다(요 1:19, 26-27, 31, 36; 3:28-30; 10:41). 마가와 요한의 이야기 모두 신학적 경향을 띤다.

공관복음에서(우리가 이미 보았듯이) 세례 요한은 모든 것을 준비하기 위해 오는 엘리야이다. 그러므로 세례 요한의 사역이 끝나야 비로소 예수의 사역이 시작될 수 있다. 하지만 요한복음의 경우에 세례 요한은 엘리야가 아니다(요 1:21). 그의 역할은 오히려 예수가 누구인지 증언하는 데 있다(요 1:15). 이 역할은 둘의 사역이 중복될 때, 그가 할 수 있는 최상의 역할이다.

이 두 개의 전승 중에 하나를 선택하기는 어렵다. 필자의 경우 요한의 더 신학적인 도입 장면들보다는 공관복음의 진술을 더 선호하고 싶지만 말이다(하지만 던[Dunn], 스미스[D. M. Smith], 프레드릭슨[P. Fredriksen], 마이어[Meier]와 같은 다수의 학자들은 예수와 세례 요한이 겹치게 사역했다는 요한의 보고를 더 신뢰한다는 점을 인정해야 한다). 여기서 확실하게 말할 수 있는 것은 예수가 세례 요한의 사역 끝 부분에, 아마도 그가 이미 감옥에 갇힌 다음에 자신의 사역을 시작했다는 점이다.

그렇다면, 세례 요한은 어떤 이유로 투옥되고 처형됐는가?

여기서도 공관복음의 이야기들은 대략 요세푸스의 증언으로 보강된다. 안티파스는 통치 초기에 정치적 목적으로 나바테아(Nabataea) 왕국의 아레타스 4세(Aretas IV)의 딸과 결혼했다. 그러나 후에 그는 그녀와 이혼하고 이복동생 헤롯 빌립(Herod Philip, 분봉왕 빌립이 아님, *Ant.* 18.110, 136)의 아내였던 헤로디아(Herodia)와 재혼했다. 그러나 그의 이복동생이 아직 살아 있었으므로 이 결혼은 불법이었다(레 18:16; 20:21).

마가와 마태에 따르면, 세례 요한이 안티파스의 이러한 행동을 공개적으로 비판했기 때문에 체포됐다(막 6:17; 마 14:3). 그 후 안티파스의 생일 잔치 때 헤로디아는 자신의 딸(요세푸스는 그녀의 이름을 살로메[Salome]로 거명한다. *Ant.* 18.136)을 설득하여 안티파스를 위해 춤을 추게 했다. 그는 완전히 매료되어 그녀가 원하는 것은 자기 왕국의 절반이라도 주겠다고 제안했다. 그녀의 어머니와 의논한 끝에 그 딸은 세례 요한의 목을 요청했다. 그는 몹시 낙담했지만, 그녀의 요청에 응해야만 했다.

이 이야기는 다소간 전설적 분위기를 띠며, 내용은 에스더(Esther) 이야기와 열왕기상 18-22장에서 엘리야를 미워한 이세벨(Jezebel) 이야기를 연상시킨다. 그러나 세례 요한이 안티파스의 결혼을 비판했다는 핵심 내용은 역사적인 것으로 추정된다. 불법적 결혼과는 별도로, 아레타스의 딸과의 이혼은 정치적으로 위험한 사안이었기 때문에 안티파스는 대중의 인기를 얻고 있는 한 거룩한 사람(세례 요한)이 그 일에 대해 계속적으로 주의를 집중시키는 것을 원치 않았을 것이다.

요세푸스는 세례 요한의 죽음을 훨씬 더 간략하게 다룬다. 그는 세례 요한의 죽음을 다루기 바로 직전 안티파스의 국내 협정을 다루긴 하지만, 결혼에 대한 세례 요한의 비판(또는 헤로디아의 계략)에 대해서는 언급하지 않는다(*Ant*. 18.109-115). 요세푸스에 따르면, 안티파스는 세례 요한의 많은 신봉자들이 폭동을 일으킬까봐 염려해서 그를 마케루스의 요새에 가두고 처형했다(*Ant*. 18.116-119).

이 기사는 마가복음의 이야기와 충분히 조화를 이룰 수 있다. 세례 요한이 반란을 선동하지는 않았을지라도, 그의 임박한 구원 및 심판에 대한 종말론적 표현과 약속은 명백한 정치적 함의를 지녔다(세례 요한이 안티파스를 비판하고 그를 부도덕한 통치자의 예로 들었다면 더욱 그러하다). 따라서 분봉왕 안티파스가 더 큰 문제가 발생하기 전에 그 운동의 싹을 잘라 버리기로 결정한 것은 그리 놀라운 일이 아니다.

세례 요한의 처형이 정확히 언제 일어났는지 결정하기는 어렵다. 누가는 세례 요한 운동이 "디베료 황제가 통치한 지 열다섯 해" 또는 대략 A.D. 28년에 시작됐다고 기록한다. 그러나 그가 언제 죽었는지는 분명하게 밝히지 않는다. 요세푸스는 A.D. 36년 아레타스가 자신의 딸에 대한 보복으로 안티파스를 공격하여 승리한 군사 작전에 대해서는 기술하지만, 세례 요한의 죽음은 하나의 "회상 장면"(flashback)으로 보고한다(*Ant*. 18.119가 보여 주듯이 요세푸스는 안티파스의 완전한 패배가 세례 요한의 처형에 대한 징벌이라는 대중적인 견해를 공유했던 것으로 보인다). 세례 요한이 A.D. 36년 이전에 죽은 것은 분명하지만, 정확한 날짜를 산정하기는 불가능하다(우리는 본서의 제11장에서 연대 문제를 다시 다룰 것이다).

요한이 체포되던 때에 30세쯤 된(눅 3:23) 예수는 자신의 독자적인 사역을 시작했다. 그가 계속해서 세례 요한을 높이 존중했고(눅 7:24-28a//마 11:7-11a), 세례 요한의 관점 중 많은 부분을 간직했으며, 아마 초기에는 세례 사역을 직접 행한 것이 분명하다(세례가 예수 사역의 특징이 아니었다면, 초기 교회가 왜 그 사역에 전념했는지 설명하기 어렵다[7]). 그러나 몇 가지 중요한 측면에서 예수의 활동은 세례 요한의 활동과는 달랐다. 이제 예수의 독특한 사역에 대해 살펴보기로 하자.

---

[7] 요 3:22-23은 예수와 그의 제자들이 세례를 주었다고 분명하게 언급하는 반면, 요 4:2(후대의 첨가?)에는 예수 자신은 세례를 베풀지 않았다고 기록한다. 행 2:38에 따르면, 베드로와 나머지 제자들은 오순절 이후에 세례를 베푼다. 세례가 예수 자신의 사역의 특징(아무리 주변적일지라도)이 아니었다면, 그들이 그렇게 세례를 베풀었을 가능성은 희박하다. 예수와 세례 요한의 추종자들 간의 경쟁 관계에 관해서는 P. J. Tomson, "Jesus and His Judaism" in M. Bockmuel (ed.), *Cambridge Companion to Jesus*, 25-40, 여기서는 30.

제7장
예수의 메시지

예수의 공생애는 서로 연결된 두 가지 면이 있는데, 하나는 그의 말이고, 다른 하나는 그의 행동이다. 이 둘이 서로 긴밀하게 연결되어 있지만, 본 장에서는 먼저 그의 독특한 메시지를 살펴보고 다음 장에서 치유자와 귀신 축출자로서의 그의 활동을 살펴보고자 한다.

1. 하나님의 통치

학자들은 일반적으로 예수의 핵심 메시지가 "하나님의 나라"(Kingdom of God)라는 점에서 일치한다.[1] 요한은 이 용어를 거의 사용하지 않고(요한은 계층 구조의 나라 개념보다는 함께 동거하는 친구라는 더 포괄적인 언어를 선호한다), 마태는 "천국"(Kingdom of Heaven)이란 용어를 더 선호한다(하나님이란 이름 사용을 꺼리는 유대인의 방식에 따라). 그러나 "하나님의 나라"라는 용어는 마가복음과 Q에서는 흔하게 사용되며(『도마복음』의

---

[1] 예수의 가르침에 대한 유용한 개관을 위해서는 G. Stanton, "Message and Miracles" in M. Bockmuehl, *Cambridge Companion to Jesus*, 56-71을 보라. "하나님 나라"의 개념에 대해서는 D. C. Duling, *Anchor Bible Dictionary* vol. IV, 49-68을 보라.

헬라어 단편에서도 적어도 한번은 나옴), 예수가 실제 사용한 것이 분명하다.

그러나 예수는 "하나님의 나라"라는 용어를 어떤 의미로 사용했을까? "하나님의 나라"라는 용어가 구약성경에는 사용되지 않았을지라도, 대부분의 사람들은 그 말을 이해하는 데 별 어려움이 없었을 것이다. 많은 구약성경의 구절들이 하나님의 왕 됨을 언급하고 있는데, 그는 이스라엘을 백성으로 선택하였고, 특별한 의미로 그들을 통치하며, 언젠가는 비유대인들에 의해서도 인정받을 자이다.² 예언자들은 흔히 군림하는 군주를 비판하고 하나님이 직접 자기 백성을 다스릴 미래의 시대를 갈망했다(사 33:22; 52:7-11).

그래서 이러한 갈망은 1세기의 어떤 집단에서는 하나님의 종말론적 통치에 대한 희망이 됐다(이것은 『솔로몬의 시편』 17.3; 『모세의 유언』 10.1, 3, 9; 『에녹1서』[1 Enoch] 63.1-4에서 분명하게 나타난다). "나라"(kingdom)로 번역된 헬라어 바실레이아(basileia)는 하나의 **장소**, 즉 하나의 지리적 영토나 지역보다는, 인간 세상에 대한 하나님의 **적극적인 통치**를 가리킨다. 그렇다면, 하나님의 나라는 하나님이 통치하신다면 세상은 어떤 모습일지를 설명하고, 하나님의 의와 자비와 평화의 통치를 상징하는 약칭이다.

거의 모든 예수의 말씀을 하나님의 나라라는 이 지배적인 주제 아래 포함시킬 수 있다. 예를 들면, 하나님의 나라에 대한 묘사, 그 나라의 도래, 제자들이 자신들을 준비해야 할 필요성, 그 나라의 일부가 될 사람에게 요구된 전적 헌신 등이 그렇다.

그러나 그 나라는 언제 어떻게 올 것인가?

그 나라는 전적으로 미래에 이루어지는 것인가?

아니면 예수의 활동 안에서 이미 현재하는 것인가?

---

2 대상 28:5; 대하 13:8; 출 15:18 그리고 특히 시 22편; 47편; 93편; 96-99편; 103편; 145편.

또한 그 나라는 하나님 자신이 대격변의 사건을 통해 시작하시는 것인가?

아니면 인간들에 의해 시작되는 것인가?

역사적 예수 연구에서 가장 의견이 분분한 문제 중 하나는 "예수의 묵시적 관점"(apocalyptic outlook, 본서의 제1장을 보라)에 관한 문제이다. "묵시적"이란 말은 묵시문학(apocalypse)이라는 문학 장르에서 유래한다. 이러한 묵시 문학들은 매우 다양한 형태를 취하지만, 일반적으로는 천상의 진리를 드러내는 환상과 연관되고, 급진적인 행동의 변화를 요구하며, 악의 세력에 대한 하나님의 궁극적인 승리와 그 결과로서 따르는 심판과 우주적 갱신을 예견한다.

논쟁의 중심에는 예수가 과연 "묵시적 종말론"(apocalyptic eschatology)을 가졌는지의 여부 문제가 놓여 있다.

즉 예수는 그 나라가 하나님의 임박한 도래, 우주적 심판, 세계 변형을 통해 시작될 것이라고 기대했는가?

아니면 예수는 그 나라가 이미 성도들의 공동체 내에 현재하며, 사회가 점차적으로 그의 철저하게 새로운 윤리적 행동을 통해 점차적으로 변화될 것이라고 생각했는가?

양 쪽의 주장을 살펴보기로 하자.

2. 묵시적 예수?

예수가 묵시적 예언자였다는 견해는 오랜 전부터 있어왔다. 이 견해는 20세기 초 바이스(Weiss)와 슈바이처(Schweitzer)의 연구 이후에 다수의 견해로 자리 잡았고, 오늘날에는 특히 샌더스(Sanders)와 엘리슨

(Allison)에 의해 옹호되고 있다(본서의 제1장을 보라).³ 이 견해를 지지하는 몇 가지 중요한 근거들은 다음과 같다.

① 첫째는 이른바 "묵시적 연속성"(apocalyptic continuum)이다. 앞 장에서 살펴보았듯이 세례 요한은 묵시적 선포자였고 예수는 그에게 와서 세례를 받았으며 계속해서 그를 높이 평가했다. 바울과 초기 기독교 또한 묵시적인 관점에서 예수의 임박한 재림과 하나님 나라의 확립을 기대했다(특히 데살로니가전서를 보라). 예수 또한 그러한 견해를 가졌다는 생각은 매우 논리적이다.

② 묵시문학이 예수 시대의 팔레스타인 유대교 내에서 상당한 인기를 누리고 있었던 것은 분명하다. 묵시적 종말론은 당대의 다양한 문헌들에서 발견된다. 특히 『솔로몬의 시편』, 『에디오피아어 에녹서』(*Ethiopic Book of Enoch*), 『에스라4서』(*4 Ezra*), 『아브라함의 유언』(*Testaments of Abraham*)과 『모세의 유언』, 그리고 몇몇 쿰란 문헌들을 예로 들 수 있다. 이러한 문헌들은 일정한 심판의 기간과 지상적 고난 이후에 뒤따를 하나님의 통치 확립과 지상 천국을 다양하게 상상한다.⁴

어떤 학자들은 묵시문학을 박해 시기의 억압되고 소외된 집단들

---

3 묵시적 예수에 대한 보다 더 상세한 논의를 위해서는 R. L. Webb, "'Apocalyptic': Observations on a Slippery Term," *JNES* 49 (1990), 115-126; D. C. Allison, "A Plea for Thoroughgoing Eschatology," *JBL* 113 (1994), 651-668; B. Ehrman, *Jesus, Apocalyptic Prophet of the New Millennium* (New York: OUP, 1999); A. J. Levine, "The Earth Moved: Jesus, Sex and Eschatology" in J. Kloppenborg and J. Marshall (eds) *Apocalypticism, Anti-Semitism and the Historical Jesus: Subtexts in Criticism* (Edinburgh: T&T Clark, 2005), 83-97을 보라.

4 충분한 논의를 위해서는 C. C. Rowland, *Christian Origins: An Account of the Setting and Character of the Most Important Messianic Sect of Judaism* (London: SPCK, 1985)를 보라.

과 연관시켰지만, 이를 확실하게 입증할 수는 없다(사실상 이러한 묵시문헌들을 기록한 대부분의 저자들의 정체를 거의 알지 못한다). 그렇다면 안티파스의 통치하에 있던 갈릴리의 농부들이 묵시적 관점에서 하나님 나라에 대한 미래 희망을 받아들였을 것이라는 생각을 배제할 어떤 근거도 없다.

③ 마가복음 13장과 병행 구절은 묵시적 표상으로 가득 차 있으며, 어떤 예수의 말씀들은 분명 하나님의 종말론적 통치의 임박한 도래를 명시적으로 선언한다(막 9:1; 10:23; 13:30). 여기에 주의 오심을 기다리도록 격려하는 다수의 비유들, 장차 인자의 정당함이 입증될 것이라는 말씀들, 동시대인에 대한 종말론적 저주 등이 추가될 수 있다.[5] 이러한 구절들의 일부는 진정성을 의심받기도 하지만, 그러한 말씀들이 전승에 다수 포함되어 있다는 사실은 예수가 종말론적 관점에서 말한 인물로 기억됐음을 강하게 암시한다.

④ 예수의 성 윤리(sexual ethics)는 자신의 세대가 마지막 세대임을 전제한다. 예수는 결혼과 자녀를 낳을 필요성에 대해 전혀 언급하지 않는다. 오히려 그는 새 시대의 시작을 위한 준비로 독신의 생활 방식을 강조한다. 예수는 마지막 고난과 사람들이 천사들과 같이 되어 결혼과 출산이 더 이상 필요하지 않는 부활의 새 시대를 기대했다(막 12:25; 마 22:30; 눅 20:35-36).

⑤ 초기 교회는 예수의 죽음과 부활을 종말론적으로 해석했다. 그러한 해석은 예수가 묵시적 종말론을 지녔다고 볼 때 가장 잘 이해될 수 있다. 그의 죽음은 묵시적 사건들을 수반한다(예컨대, 온 땅

---

[5] 예컨대, 눅 12:39-40//마 24:43-44; 눅 12:35-38//마 25:1-13; 막 13:17. 눅 10:12-15//마 11:20-24; 눅 6:24-26; 막 1:15; 13:28-29, 33, 37. 눅 21:36//마 25:13. 눅 18:1-8; 21:34-36.

이 어둠에 덮임, 지진, 죽은 자들의 부활 등. 마 27:51-53). 바울은 예수의 부활을 "잠자는 자들의 첫 열매"(고전 15:20; 참조, 고전 15:23), 즉 종말론적 추수의 시작으로 보았다. 또한 공관복음의 묵시적 특성의 많은 부분을 최소화하는 요한복음 역시 예수의 죽음을 사탄의 통치를 끝내는 "세상의 심판"으로 본다(요 12:31; 16:11). 이러한 전승들의 역사성을 어떻게 평가하든 이렇게 많은 자료들이 널리 퍼졌다는 사실은 예수의 메시지가 매우 이른 시기부터 묵시적 관점에서 이해됐다는 것을 암시한다.

이런 점에서 하나님이 인간사(human affairs)에 개입하여 자신의 나라를 이 땅에 세울 것이라는 묵시적 사상을 예수가 가졌다고 결론 내릴 만한 강력한 근거들이 있다. 그러나 이와 다른 견해들도 있다.

3. 비-묵시적 예수

묵시적 예수에 대한 가장 초기의 도전자 중 하나는 영국 학자 다드(C. H. Dodd)였는데, 그는 1930년대에 예수의 많은 가르침에 나타난 "지금 여기에서"(now and here)의 특성(이것을 종종 "실현된 종말론"[realized eschatology]이라고 부르기도 한다)을 강조했다. 예수는 볼 수 있는 눈을 가진 사람들에게는 하나님의 나라가 이미 여기에 있다고 자주 언급하곤 한다. 1980년대 이후로 이러한 입장은 마커스 보그(Marcus Borg)와 예수세미나에 의해 옹호됐다(그들에게 묵시적 부인[apocalyptic denial]은 하나의 신념과도 같다).[6] 이러한 견해를 지지하는 중요한 근거는 다음과 같다.

① 이른바 "묵시적 연속성"은 나타난 것만큼 그렇게 자명하지 않을 수도 있다. 예수는 분명 여러 면에서 세례 요한과 단절했다 (무엇보다 세례 요한의 금욕적 생활 방식을 거부했다). 그러므로 예수가 세례 요한의 묵시적 관점을 유지했다고 가정할 필요는 없다. 더욱이 초기 교회의 강력한 묵시적 종말론은 부활과 함께 생겨난 것으로 보인다. 만일 그렇다면, 묵시적 관점은 예수의 초기 메시지에 대한 후대의 묵시적 윤색일 가능성이 크다.

② 다드는 "위기의 비유들"(parables of crisis)을 근거로 주장하기를, 예수의 사역이 청중들이 반드시 현재에 반응해야 하는 최고의 위기를 역사 속에 초래했다고 했다.[7] 이런 점에서 초점은 미래 시대가 아니라 현재 세계에 놓여 있다.

③ 비-묵시적 예수의 주창자들은 종종 특별한 자료에 호소한다. 앞에서 우리는 가설상의 Q 문서 내에 다양한 층들이 존재한다고 주장하는 학자들을 살펴보았다. 그들의 주장에 따르면, 지혜 말씀이 묵시적 자료들보다 더 초기층에 속한다는 것이다. 『도마복음』 역시 지혜 문헌이며, 그 안에 묵시적 자료는 거의 찾아볼 수 없다. 『도마복음』이 초기 자료를 보존한다고 생각하거나, Q의 가장 초기의 문헌적 층을 예수 말씀과 더 가깝다고 보는 학자들은

---

[6] C. H. Dodd, *The Parables of the Kingdom* (London: Nisbet & Co, 1935); M. J. Borg, "Reflections on a Discipline: A North American Perspective" in B. Chilton and C. A. Evans (eds) *Studying the Historical Jesus: Evaluations of the State of Current Research* (Leiden: Brill, 1994), 9-31.

[7] 특히 다음을 보라. 막 13:34-36//눅 12:35-38; 마 24:43-44//눅 12:39-40//『도마복음』 21장; 마 24:45-51//눅 12:42-46.

예수가 미래 종말론에 거의 관심이 없었던 지혜 교사였다고 결론 내린다(본서의 제2장에 언급된 논의를 보라).

④ 인자(the Son of man) 구절들이 특히 세심하게 검토됐다. 인자라는 이 독특한 명칭은 분명 예수가 자신을 가리키기 위해 애용하는 방식 중 하나이며(아래를 보라), 그 명칭을 포함하고 있는 말씀들은 세 가지 유형으로 구분된다.

첫째, 예수가 자신의 겸손이나 권위에 대해 언급하는 말씀들(막 2:10, 28; 눅 9:58),

둘째, 인자의 수난과 부활에 대해 언급하는 말씀들(예컨대, 막 8:31과 병행 구절),

셋째, 묵시적 관점에서 인자의 최종적 정당성 입증(final vindication)을 언급하는 말씀들(막 13:26; 14:62; 눅 12:40)이다.

마지막에 언급한 범주는 분명 다니엘 7:13의 묵시적 비전("인자 같은 이"를 언급하는)을 상기시키는데, 비-묵시적 예수의 주창자들의 눈에는 역사적 예수 자신보다는 예수 부활 이후(post-Easter)의 기독교적 성찰로 가장 잘 이해된다.

⑤ 다수의 예수 말씀들은 하나님의 나라가 이미 예수의 활동 내에서 현재한다거나(특히 마 12:28; 눅 11:20; 17:20-21), 또는 하나님의 약속이 지금 여기에서 예수의 말씀과 행위를 통해 이루어지고 있다고 지적한다(마 13:16-17; 눅 10:23-24). 다수의 비유들 또한 그 나라가 이미 왔고 눈에 띄지 않게 서서히 자란다고 언급한다(막 4:30-32와 병행 구절). 이러한 구절들이 예수의 진짜 말씀이 아닐지라도 그것들이 전승 내에 존재하는 이유를 설명해야 한다.

이러한 견해에 전적으로 동조하는 학자들은 거의 없으며, 지배적인 입장은 여전히 예수의 가르침에 미래의 묵시적 요소가 있음을 인정하는 것이다. 하지만, 그의 가르침 안에는 "지금 여기에서"의 요소가 포함되어 있음도 부인할 수 없다. 이러한 말씀들이 Q와 같은 초기 자료에 있다는 사실은 그 나라의 현재적 특성이 처음부터 예수가 전한 메시지의 한 요소였음을 암시해 준다. 물론 이러한 현재적 측면은 예수의 임박한 재림에 대한 초기의 기대가 희미해짐에 따라, 초기 교회에 의해 더 강조되고 확장됐을지라도 말이다.

4. 예언자 예수

예수의 묵시적 특성에 대한 논의들은 예수와 가장 가까운 선례들이 이스라엘의 예언자들과 그들의 여호와의 날에 대한 선포라는 사실을 감출 수 있다.[8] 여호와의 날은 환란과 심판의 날이요, 악한 자들이 멸망할 "참혹한 진노의 날"이 될 것이다. 또 그날이 언제 올지는 명시되어 있지는 않지만, "가깝고도 빠를 것"은 분명하다(습 1:14).

하지만, 예수가 (세례 요한을 포함한) 예언자들보다 탁월한 점은 지평선 너머를 더 분명하게 볼 수 있는 그의 능력이었다. 여호와의 날은 그 자체로 종말이 아니라, 하나님 나라가 확립되는 날이요, 세상과 인류가 새로워지는 날이었다. 이사야와 마찬가지로 예수는 하나님 나라가 어떤 모습일지 상상 속에서 볼 수 있었다. 아마 이사야 35장이 하나의 청사진을 제공했을 것이다. 즉 눈먼 자가 볼 것이고, 귀먹은 자가 들을 것이며, 저는 자가 뛸 것이고, 말 못하는 자가 노래할 것이며,

---

[8] 특히 암 5:18-27; 욜 2:1-11; 습 1:7-18; 사 13:6-9; 겔 13:5; 30:3; 말 4:5을 보라.

모든 땅이 옥토가 될 것이다(마 11:2-6; 눅 7:18-23).

예수는 과거의 다소 염세주의적인 예언자들보다는 미래를 훨씬 더 낙관적으로 보았다. 최후의 목표에 대한 확신이 매우 강했기 때문에 그는 하나님의 나라가 이미 자신의 선포와 기적을 통해 시작됐음을 감지한다. 이 경우도 예언자 이사야를 상기시키는데, 이사야서에서 가장 위대한 단락 중 하나인 이사야 48장은 하나님이 이미 약속을 성취하셨다는 기쁨으로 끝나고 있다(사 48:20-21).

예수와 예언자들 모두에게 종말에 대한 선포는 근본적으로 윤리적 요청이다. 예언자 요엘은 다음과 같이 선언한다.

> 여호와의 말씀에 너희는 이제라도 금식하고 울며 애통하고 마음을 다하여 내게로 돌아오라 하셨나니 너희는 옷을 찢지 말고 마음을 찢고 너희 하나님 여호와께로 돌아올지어다 그는 은혜로우시며 자비로우시며 노하기를 더디하시며 인애가 크시사 뜻을 돌이켜 재앙을 내리지 아니하시나니(욜 2:12-13).

세례 요한처럼 예수 역시 하나님이 원하시는 바가 악한 자의 진멸이 아니라 회개임을 알았다. 바로 이것이 "때가 찼고 하나님의 나라가 가까웠으니 회개하고 복음을 믿으라"(막 1:15)라는, 마가가 요약한 예수 메시지의 핵심이었다. 앞에서 인용한 요엘의 선언에서 보듯이 회개란 단순히 잘못에 대한 용서만이 아닌, 한 사람의 삶이 철저하게 하나님에게로 방향 전환하는(re-orientating) 행위이다.

또한 예수의 가르침 중 많은 부분이 윤리적 권면과 연관된다(특히 Q에서 온 상당수의 가르침 및 마태복음의 산상설교를 보라). 예수가 가장 많이 인용하고 애용한 말씀들이 더러 이 자료에 속한다. 예를 들면, 원수를 사랑하고 박해하는 자를 위해 기도하라는 명령(마 5:44; 눅 6:28, 35), 남이 모르게 자선을 베풀고 금식하라는 명령(마 6:4, 17-18), 하나님과 맘몬을 동시에 섬길 수 없다는 명령(마 6:24; 눅 16:13), 다른 사람을 비판하지 말라는 명령(마 7:1-2; 눅 6:37-38) 등이다. 우리는 이러한 권면들을 종말을 어떻게 준비하고 대비하며 살아야 하는지를 보여 주는 **중간 윤리**(interim ethic)라고 부를 수도 있을 것이다.

여러 면에서 주의 기도는 예수의 메시지를 완벽하게 요약한다. 주의 기도는 하나님이 이 땅에 곧 자신의 나라를 임하게 할 것이라는 미래의 소망뿐만 아니라, 그 나라를 기다리는 동안 그리스도인들에게 부과된 윤리적 기대도 포함한다.

> 아버지여 이름이 거룩히 여김을 받으시오며
> 나라가 임하시오며
> 우리에게 날마다 일용할 양식을 주시옵고
> 우리가 우리에게 죄 지은 모든 사람을 용서하오니
> 우리 죄도 사하여 주시옵고
> 우리를 시험에 들게 하시 마시옵소서(눅 11:2-4. 약간 다른 형태로는 마 6:9-13 참조).

예수가 실제로 이런 식으로 제자들에게 기도를 가르쳤든(대부분의 학자들이 그렇게 생각한다), 아니면 이 기도를 예수가 가르친 주제들과 강조점들의 요약으로 보든(크로산이 그러하다), 이 주의 기도는 예수의 주요 관심사를 깔끔하게 요약해 준다.

5. 이스라엘의 회복

종교적인 언어로 표현됐지만, 예수의 메시지는 분명 **정치적 함의**를 담고 있었다. 세례 요한의 경우에서 살펴본 것처럼, 그 메시지를 들었던 사람들은 설사 무기를 드는 데 관심이 없었을지라도 심판과 새 시대에 대한 발언은 불가피하게 정치 소요와 연루되지 않을 수 없었다. 나라에 대한 발언(그것이 하나님의 나라일지언정)이 민족주의적 차원을 지닌 것은 명백했다. 미래적 하나님의 통치를 말하는 본문들 중 많은 부분은 흩어진 이스라엘 백성의 결집과 열두 지파의 회복을 예고했다. 이스라엘의 적들은 심판받을 것이고 외국의 통치자들은 쫓겨나며 하나님 홀로 통치하실 것이다(신 30:1-10; 겔 37:15-28).

예수 또한 이런 생각을 품고 있었다는 점을 열두 제자의 임명이 지적해 준다. 열두 제자의 역사성이 도전받고 있지만, 다음과 같은 두 가지 요인이 열두 제자가 예수 사역의 특징 중 하나임을 암시해 준다.

첫째, 그들은 바울을 포함해서 현존하는 모든 초기 자료에서 언급된다(고전 15:5).

둘째, 그들은 초기 교회에서 빠르게 적합성(relevance)을 잃어버렸고, 2-30년 내에 대부분 현장에서 사라졌다. 그들이 초기 그리스도인들에 의해 고안됐다면, 어떻게 그렇게 빨리 사라질 수 있었는지 그 근거를 제시하기 어렵다.

예수가 특정한 목적을 위해 열두 사람을 임명했다는 것은 거의 확실하다. 하지만 한 가지 흥미로운 점은 복음서에 나타난 열두 제자 목록들이 저명한 멤버들에 대해서는 일치하지만, 덜 알려진 이름에 대해서는 확실치 않다는 것이다(막 3:17-19과 그 병행 구절들을 비교해 보라). 이 같은 점은 "열둘"로서의 제자들의 **상징적 가치**가 모든 구성원의 정확한 신원 확인보다 더 중요했음을 강력하게 시사한다.

그러나 그들은 무엇을 상징했는가?

팔레스타인의 맥락에서는 그들이 이스라엘의 열두 지파 외에는 다른 것을 가리킬 수 없다(마 19:28과 눅 22:30이 분명하게 지적하는 것처럼). 북이스라엘 열 지파는 B.C. 8세기 아시리아 정복 때에 이미 사라졌고, 예수 시대에는 오로지 남부의 두 지파만 남아 있었다. 따라서 처음의 열두 지파 회복은 마지막 황금시대에 이루어질 희망으로 계속해서 굳게 자리 잡고 있었다(슥 8:7-8; 『바룩서』 5.5; 『솔로몬의 지혜』 11.1-9).

그러므로 열둘의 존재는 이스라엘의 회복, 즉 일찍이 다윗과 솔로몬 시대에 있었던 이스라엘의 재건을 상징했다(복음이 이방인 세계로 확장된 이후로 이러한 특정 요소는 그 타당성을 잃고 경시됐다). 예수의 메시지는 분명했다. 즉 그의 운동을 통하여 이스라엘은 과거의 시대처럼 재건될 것이며 이번에는 하나님이 왕으로 통치하실 것이다.

그렇다면, 하나님 나라의 선포는 단순히 경건한 성도들의 마음속에 간직된 무해한 사상이 아니라, 그 선포를 따르는 사람들로 하여금 다른 형태의 모든 권력과 통치를 포기하고 하나님에게로 방향 전환하도록 요청한 의도적이고 도발적인 도전이었다.

그렇다면, 예수는 자신의 사상을 표현하기 위해 어떤 언어를 사용했을까?

그의 표현 방식은 상당히 독특했던 것으로 보인다. 따라서 그가 흔하게 사용했던 언어 방식을 살펴보기로 하자.

6. 격언

공관복음에 나타난 예수의 가장 특징적인 어법은 간결하나 함축적인 말씀들(pithy sayings, 좀 더 기술적인 측면에서는 격언[aphorisms]으로 알려진)을 통해 나타난다. 이러한 말씀들은 종종 속담과 유사한, 짧지만 분명하면서도 재치가 넘치는 선언들이다. 이러한 말씀들은 흔히 지혜 문헌에서 발견되는데, 이런 말씀들의 유대적 모음들로는 잠언, 전도서, 집회서(Ben Sira)가 있다. 많은 격언은 생생하고, 충격적이며, 사람들로 하여금 세상이나 자신들의 가치를 새로운 방식으로 곰곰이 생각하도록 이끈다.

예를 들면, 가이사의 것은 가이사에게 하나님의 것은 하나님에게 바치라는 지시(막 12:17), 가진 사람이 더 많이 받을 것이라는 예언(막 4:25), 먼저 강한 자를 결박하지 않고는 그 강한 자의 집에 들어갈 수 없다는 진술(막 3:27) 등이 여기에 속한다. 100개 이상의 격언이 예수와 연관되며, 그것들 중 많은 수가 Q에 있다. 어떤 격언은 나중에 예수의 말씀으로 간주된 속담일 수도 있지만, 매우 많은 경우는 그의 실제 말씀임에 틀림없다. 따라서 예수는 예수의 현명한 말씀들에 의해서 기억됐다는 결론은 타당하다.

7. 비유

격언이 예수의 말씀 전승에서 수적으로는 가장 많지만, 가장 독창적인(original) 형태는 예수의 비유이다. 공관복음에는 다양한 자료들(마가복음, Q, 마태와 누가의 특수 자료)로부터 유래한 약 40개의 비유들이 포함되어 있다. 그중 많은 경우는 의심할 바 없이 예수에게로 거슬러 올라간다. 요한복음에는 비유가 나오지 않지만, 10:6; 16:25, 29에 비유적 요소가 나오며, 이 복음서의 특징인 "나는 … 이다"(I am) 말씀은 초기 비유에 대한 발전 또는 반추일 가능성이 크다(예컨대, "나는 선한 목자이다"라는 말씀은 목자와 목자의 양의 비유에 대한 반추이다).

"비유"(parable)라는 용어는 수수께끼, 속담, 은유 등을 의미하는 히브리어 "마샬"(mašal)에서 유래하는데, "의사야 너 자신을 고치라"라는 누가복음 4:23의 짧은 말씀(세 단어로 구성)으로부터 훨씬 더 길고 복잡한 탕자(눅 15:11-24)나 혼인 잔치 이야기(마 22:1-14; 눅 14:16-24)에 이르기까지 광범위한 말씀들에 적용될 수 있다. 어떤 비유들은 보다 정확히는 직유(similies)로 묘사되고("천국은 마치 … 와 같다"), 또 어떤 비유들은 알레고리적 성향을 띠기도 하지만(막 12:1-9에 나오는 "악한 포도원 농부"의 비유), 거의 모든 비유들은 마지막에 놀람의 요소(element of surprise), 즉 극적 반전(dramatic twist)이 있다.[9]

비유는 종교적 선포자들이 흔하게 사용한 방식은 아니었다. 히브리 예언자들은 비유를 많이 사용하지 않는다(아마 예언자 나단이 다윗에게 말한 삼하 12:1-10의 비유가 가장 유명할 것이다). 또 성경을 보다 일반적으로 설명할 목적을 가진 랍비 문헌 여기저기에 비유가 조금 나타날 뿐이다. 그레코-로만 세계에서 찾을 수 있는 가장 가까운 사례는 종교적 색채를 찾을 수 없는 이솝 우화(Aesop's fables)이다.

---

9 최근에 비유에 대한 관심이 늘어났다. 예컨대, J. D. Crossan, *In Parables: The Challenge of the Historical Jesus* (New York: Harper and Row, 1973); R. Longenecker (ed.), *The Challenge of Jesus; Parables* (Grand Rapid: Eerdmans, 2000); K. Snodgrass, *Stories with Intent: A Comprehensive Guide to the Parables of Jesus* (Grand Rapids: Eerdmans, 2008); A. Jack, "For Those on the Outside, Everything Comes in Parables': Recent Readings of the Parables from the Inside," *ET* 120, 125-129.

예수는 무엇보다도 하나님 나라의 한 측면을 묘사하기 위해 비유를 사용한다. 그는 주로 하나님 나라를 청중들에게 익숙한 배경과 행동들로 비유했다. 이에 대한 예들로 씨 뿌리는 자의 비유(막 4:2-9과 병행 구절)나 선한 사마리아인의 비유(눅 10:30-37)를 들 수 있다. 어떤 비유들은 하나님 나라의 조용한 성장을 표현한다(막 4:3-8 및 병행 구절에 나오는 네 가지 씨 비유, 막 4:30-32 및 병행 구절에 나오는 겨자 씨 비유, 그리고 마 13:33과 눅 13:20-21에 나오는 누룩 비유 등). 또 어떤 비유들은 모든 개개인을 향한 하나님의 사랑, 자비, 관심에 관해 가르친다(예컨대, 눅 15장에 나오는 세 개의 비유).

예수는 비유의 소재를 당대의 갈릴리 시골 생활과 비유를 듣는 청중의 경험에서 이끌어 낸다(예컨대, 농부, 어부, 빵을 만드는 여인, 잃어버린 드라크마를 찾는 여인, 일일 노동자, 부재지주와 소작농 등). 그는 처음에는 청중들을 친숙한 환경으로 초대하지만, 끝에 가서는 그들의 편안한 기대를 전복시킨다. 비유의 내용은 유대인들이 잘 아는 주제로부터 인용되기도 한다(하나님의 주권적 사랑, 자비로 완화된 하나님의 의, 가난하고 억압된 자들에 대한 하나님의 관심 등). 하나님 나라의 선포가 새롭고 도전적이었던 반면, 하나님에 대한 묘사(portrait)는 전적으로 익숙한 것이었다.

마가복음 4:10-12에는 매우 특이한 예수의 말이 나온다. 예수는 제자들에게 따로 씨 뿌리는 자의 비유를 알레고리적으로 설명하기 직전에 다음과 같이 말한다.

> 하나님 나라의 비밀을 너희에게는 주었으나 외인에게는 모든 것을 비유로 하나니 이는 그들로 보기는 보아도 알지 못하며 듣기는 들어도 깨닫지 못하게 하여 죄 사함을 얻지 못하게 하려 함이라(막 4:11-12).

이 단락만 보면, 비유의 목적이 복음을 일부러 모호하게 만들어 사람들로 하여금 이해할 수 없도록 하는 데 있는 것처럼 보이게 한다. 이것은 앞에서 언급한 예수의 비유 사용에 대한 더 자연스런 이해와 전적으로 모순되는 것처럼 보인다. 물론 예수가 모든 사람들이 다 자신의 비유를 이해하고 받아들일 것으로 생각하지는 않았겠지만, 비유들이 사람들로 하여금 하나님에게로 **돌아서지 못하게 의도됐다**는 것은 상상할 수도 없다.

이 단락을 이해하는 중요한 열쇠는 그 인용구가 이사야 6:9-10에서 유래했다는 사실을 받아들이는 데 있다. 이사야의 본문은 흔히 예언자 이사야가 자신의 사역 실패의 원인을 성찰하는 문맥에서 이해된다. 여기서는 왜 그렇게 많은 사람들이 예수의 메시지에 응답하지 못했는지에 대한 초기 교회의 후대 성찰로 보인다. 예수와 예수의 가르침에 대한 이스라엘의 거부는 하나님의 신비한 목적의 일부로서만 설명될 수 있었다. 그렇다면, 이 단락은 예수가 비유로 말한 목적보다는 최초의 그리스도인들이 느꼈던 좌절감이 좀 더 반영된 것으로 볼 수 있다.[10]

8. 예수의 독특한 어법들

그의 독특한 메시지 외에도 예수는 또한 세 가지 독특한 표현들을 사용한 것으로 보인다.

---

[10] 이 단락에 대해서는 예컨대, M. Hooker, *The Gospel According to St Mark* (London: A&C Black, 1991), 125-129를 보라.

첫째, 예수는 자신의 말에 권위를 부여하기 위해 "아멘"(Amen)이란 용어를 엄숙하게 사용한다(예컨대, 마 5:18; 요 1:51 등을 보라). 아멘은 히브리어와 아람어에서 다른 사람의 말을 보증하기 위해 사용됐거나(민 5:22; 신 27:15-26), 또는 예전적인 문맥에서 사용됐다(시편에서 흔히 볼 수 있듯이). 예수가 자신의 말씀을 보증하는 방식은 아마도 비범한 일이었으며, 그의 선포에 강조점이나 권위를 더하기 위한 그의 어법의 특징적 표현으로 기억됐을 것이다.

둘째, 예수가 기도할 때 하나님을 "압바"(abba, 아버지)로 호칭한 것 또한 독특한 어법으로 보인다(막 14:36). 예수 당대의 유대인들이 하나님을 그렇게 불렀다는 증거가 더러 있지만, 그것은 결코 흔한 일이 아니었다. 바울이 주로 이방인 그리스도인들에게 보낸 헬라어 서신에 "압바"라는 아람어를 사용했다는 사실(갈 4:6; 롬 8:15)은 압바가 전승에서 특별한 위치를 차지했다는 것을 암시해 준다. 그것보다 훨씬 뒤에 복음서 저자들은 단순히 그 용어를 헬라어 "파테르"(patēr, 아버지)로 번역했다(예를 들어, 주의 기도의 첫 부분 참조).

압바라는 용어가 친밀감, 아들 됨, 효심(filial love)의 의미를 포함하는 것은 분명하지만, 널리 알려진 견해와는 달리 어린아이가 아버지를 부르는 형태는 아니다("아빠"[daddy]와 같은). 이 모든 것은 예수가 특히 하나님의 아버지 됨(fatherhood)에 대한 강한 개인적 의식을 지니고 있었으며, 그를 따르는 자들이 그것을 똑똑히 기억할 수 있을 만큼 독특했다는 점을 암시한다.

셋째, 좀 더 복잡하기는 하지만 인자(the Son of man)라는 표현 역시 예수가 사용한 독특한 어법이다. 이 용어가 유대적 기원의 헬라어 문헌(예컨대, 70인역[Septuagint]이나 알렉산드리아의 필로[Philo of Alexandria])에서는 단수 및 복수 형태로 사용되고 있지만, 헬라어로는 자연스런 표현은 아니며, 아람어에 기원을 두고 있는 것이 분명하다. 더욱이 신약성경의 경우처럼 시종일관 정관사와 함께 나타나는 표현(그 인자[the Son of man])은 고대 문헌 어디에도 유례를 찾아볼 수 없다. 따라서 예수의 이 용어 사용은 매우 이례적이다.

복음서에서 인자라는 표현은 자기 자신을 가리키는 예수의 전형적인 어법이다(공관복음보다는 적지만 요한도 그 용어를 간직하고 있다). 이 용어는 청중들에게 어떤 혼동도 일으키지 않으므로, 때때로 병행 구절들은 그것을 단순히 "나"로 대체한다(예컨대, 마 16:13을 막 8:27; 눅 9:8과 비교하라). 우리는 앞에서 인자 말씀의 일부가 다니엘 7:13과 밀접한 연관성을 가지며, 이러한 말씀들의 역사성이 논란이 됐음을 살펴보았다.

그러나 대부분의 인자 말씀이 예수의 진정한 말씀이라 추정한다면, 그는 이 특이한 용어를 어떤 의미로 사용했을까?

이전 세대의 학자들은 인자라는 표현이 1세기 팔레스타인에서는 묵시적 인물을 의미하는 칭호(title)였다고 추정했다. 또한 슈바이처(Schweitzer)는 예수가 종말론적 시대를 시작할 천상적 인자(heavenly Son of man)의 도래를 예고했다고 제안했지만(본서의 제1장에서 살펴본 것처럼), 대부분의 학자들은 예수가 자기 자신을 인자로 지칭하는 것으로 이해했다. 하지만 예수 시대에 인자라는 용어가 하나의 칭호로 사용됐다는 증거는 거의 없다.

이 용어가 『에녹1서』 46.1-4과 『에스라4서』 13.1-4에서는 다니엘서에 언급된 천상의 인자를 가리키기 위해 사용된 것으로 보이지만, 두 본문 모두 예수 시대보다 후대에 나온 작품일 가능성이 크다. 그러므로 좀 더 최근에는 그 문구를 "나"에 대한 완곡어법이나(게자 버미스[Geza Vermes]), 일반적으로 인간을 의미한다(모리스 캐시[Maurice Casey])는 제안이 있었다. 그러나 예수 시대에 그렇게 사용된 용례들이 있었다

는 증거 역시 거의 없다.[11]

우리가 말할 수 있는 것은 그 용어가 자기 자신을 언급하는 예수 자신의 독특한 방식이라는 것뿐이다. 이 용어는 그의 공유된 인성(humanity)을 강조할 뿐 아니라, 하나님에 의해 특별한 목적을 위해 선택됐다는 자의식을 분명히 보여 주는 그의 특별함("그 인자")도 보여 준다.

초기 교회가 다니엘 7장과의 연관성을 보다 분명하게 할 목적으로 인자 말씀의 일부를 손질했을 수는 있지만(예컨대 막 14:62; 마 27:64), 예수가 자신을 다니엘서의 인자와 연관시켰을 가능성은 결코 배제할 수 없다. 특히 그가 자신의 역할을 하나님의 종말론적 시대를 선언하는 존재로 자각했을 때, 그리고 자신의 죽음이 점점 더 확실해짐에 따라 일종의 미래의 정당성 입증(vindication)을 기대했을 때는 더욱 그러하다.

이상에서 볼 때, 아멘, 압바, 인자 모두는 예수의 독특한 어법에 속하며, 청중들의 뇌리에 오랫동안 남아 있을 만큼 비범하여 전승으로 보존됐다. 하나님 나라에 대한 예수의 진술은 1세기 청중들의 상상력에 호소했다. 바로 그러한 진술을 통해 사람들은 하나님의 통치를 임박한 가능성으로 믿게 됐고, 과거 모습 그대로의 이스라엘의 재건을 희망했으며, 유대 예언자들의 희망이 곧 성취되기를 꿈꿀 수 있었다.

이제 다음 장에서는 예수 사역의 다른 측면, 즉 치유자와 귀신 축출자로서의 그의 기적 행위들을 살펴보기로 하자.

---

11 M. Casey, *The Solution to the "Son of Man" Problem* (London: T&T Clark, 2007); 개관을 위해서는 L. W. Hurtado and P. L. Owen (eds), *Who Is This Son of Man? The Latest Scholarship on a Puzzling Expression of the Historical Jesus* (London: T&T Clark, 2010)을 보라.

제8장
치유자와 귀신 축출자로서의 예수

거의 확실한 것은 목격자들이 기적이라는 인상을 받을 정도로 예수가 병자를 치유하고 귀신을 쫓아냈다는 점이다. 역사적 예수의 옛 탐구가 이러한 기적 행위의 난점을 해명하기 위해 노력했고, 새 탐구가 그것들을 조용히 무시했던 반면, 최근의 연구들은 예수의 기적적인 치유 행위를 그의 하나님 나라 선포의 필수 부분으로 보고 핵심 주제 중 하나로 회복시켰다.[1]

본 장에서는 예수의 치유 행위와 귀신 축출을 그 역사적 맥락에서 분석한 다음, 그러한 기적 행위들과 그의 메시지와의 연관성을 고찰하고자 한다(이른바 "자연 이적"[nature miracles]은 다음 장에서 다룰 것이다). 그

---

1 예수의 기적에 관한 유용한 논의는 G. Stanton, "Message and Miracles," M. Bockmuehl (ed.), *Cambridge Companion to Jesus*, 56-71; G. Twelftree, *Jesus the Exorcist: A Contribution to the Study of the Historical Jesus* (Tuebingen: Mohr Siebeck, 1993); G. Theissen, "The Intention of Primitive Miracle Stories" in J. D. G. Dunn and McKnight (eds), *The Historical Jesus in Recent Research* (Winona Lake: Eisenbrauns, 2005), 350-360; P. J. Achtemeier, *Jesus and the Miracle Tradition* (Oregon: Cascade, 2008); E. Eve, *The Healer from Nazareth: Jesus' Miracles in Historical Contex*t (London: SPCK, 2009)에서 찾을 수 있다. 일차 텍스트에 대한 유용한 모음집은 W. Cotter, "Miracle Stories: The God Asclepius, The Pythagorean Philosophers, and the Roman Rulers" in A. J. Levine, D. C. Allison, and J. D. Crossan, *Jesus in Context*, 166-178에서 찾을 수 있다.

리고 끝으로 예수의 말씀과 행위에 비추어 예수가 자신을 누구라고 생각했는지 물을 것이다.

1. 증거

우리는 예수가 기적적인 치유자였다고 어떻게 확신할 수 있을까?

첫째, 예수는 모든 중요한 전승에서 치유자로 나타나며(마가복음, Q, 마태와 누가의 특수 자료, 요한복음), 요한복음을 제외한 모든 전승에서 강력한 귀신 축출자로 나타난다(요한은 십자가를 사탄의 최후의 궁극적 패배로 보기 때문에 귀신 축출 기사를 언급하지 않은 것 같다).

둘째, 우리가 본서의 제2장에서 보았듯이, 요세푸스는 예수를 "놀라운 묘기를 부린 사람"으로 서술한다(*Ant.* 18.63). 이 단락에 역사성을 의심받는 요소들이 일부 포함되어 있긴 하지만, 대부분의 현대 학자들은 비교적 수수하게 표현된 이 문구를 요세푸스 자신의 글로 받아들인다.

셋째, 예수의 적대자들은 그의 기적 행위 자체를 의심하지 않는다. 그들은 오히려 예수가 하나님의 능력으로 행한다는 것을 부인하고, 예수가 악마의 힘을 빌어서 그런 기적 행위를 일으킨다고 주장했다. 예를 들면, 마가복음 3:22에서 서기관들은 예수가 귀신의 왕 바알세불이 들렸다고 고발한다. 이와 유사하게 후대의 랍비 전승은 예수를 마술사나 주술사(sorcerer)로 묘사함으로써 기독교 선포에 대응했다. 마술사나 주술사라는 용어들은 그의 기적 활동을 부인하기보다는 오히려 폄하하고 불법화하려는 의도로 사용된 것처럼 보인다(*b.Sanh* 43a, 107b). 이러한 증거를 통해 예수가 매우 초기부터 기적적인 치유자로 기억됐다는 것을 알 수 있다.

물론 21세기 서구인들이 이러한 예수 묘사를 받아들이기 힘든 것은 사실이다. 우리 중 대부분은 어떤 초자연적인 현상이나 귀신 들림(demon possession), 또는 의학의 범위를 넘어서는 일종의 치유 행위를 배제하는 엄격한 합리주의적 관점을 지니고 있다. 하지만 예수의 치유와 귀신 축출을 분석할 때는 복음서 본문들과 오늘날의 역사적 재구성 사이에 있는 비평적 거리(critical distance)를 유지하는 것이 중요하다. 우리는 복음서가 묘사하는 대로 모든 일이 일어났다고 가정하는 순박한 믿음(naive credulity)과 방관자의 입장에서 기적 이야기들을 모두 미신으로 치부하는 공공연한 회의적 접근 사이에 있는 또 하나의 길을 따라갈 필요가 있다.

예수의 치유와 귀신 축출 이야기들은 새로운 환경과 문화적 정황에 적용될 때, 예수의 다른 어떤 전승들보다 더 많이 과장되고 윤색되는 과정을 겪었을 것이 거의 확실하다. 그 특성상 기적 이야기들은 과장될 가능성이 매우 높기 때문이다. 이러한 과정은 기적 이야기들이 갈릴리 주변에 퍼지자마자 시작됐을 것이지만, 특히 예수의 부활 이후 그의 정체성 확립에 대한 요구들이 늘어남에 따라 더 강화됐을 것이다. 어떤 기적 이야기들, 특히 이른바 자연 이적들(nature miracles)은 예수에 관한 신학적 확신을 표명하려는 특별한 목적으로 각색됐을 수도 있다(이에 대해서는 다음 장에서 살펴볼 것이다).

이상에서 볼 때, 전승의 후대층으로부터 기적을 제거함으로써 역사적 핵심을 발견하려는 시도는 부질없는 일임을 알 수 있다. 결국 우리가 할 수 있는 최선은 전승의 광범위한 윤곽을 살펴보고 우리가 어떻게 기적을 가장 잘 이해할 수 있으며, 예수의 비범한 능력이 어떻게 그의 메시지에 기여했는지를 묻는 일이다.

2. 치유 행위

공관복음은 치유 행위가 예수 사역의 중심 부분이었으며, 군중을 끌어들인 동력이 치유자로서의 그의 명성에 있었음을 보여 준다(요한은 나름대로 더 신학적이고 독특한 기적의 모습을 제공하는데, 그에 따르면 신중하게 선별한 일곱 개의 기적 또는 "표적"[signs]은 예수의 영광을 드러내 준다). 여러 가지 면에서 예수에 의해 초래된 열광적 흥분은 거의 놀랄 일은 아니다. 에세네파가 약초 치료로 유명세를 탔고, 어떤 여인들은 묘약과 산파 일로 어느 정도의 명성을 얻었지만, 그 시대의 의학 지식은 아직 초보 단계였고, 더욱이 시골 사람들이 숙련된 의사를 만나기란 거의 불가능했을 것이다.

오늘날에는 쉽게 치료될 수 있는 수많은 질환들이 고대 세계에서는 큰 어려움으로 다가왔을 것이다. 죽음은 말할 것도 없고, 불구나 질병이 위생적 설비를 갖춘 오늘날보다 훨씬 더 만연됐을 것이다. 이런 점에서 치유 은사를 가진 한 거룩한 사람이 끼친 영향력은 결코 과소평가되어서는 안 된다.

다수의 요약 구절을 제외하고도 복음서에는 예수가 수행한 17개의 치유 행위가 나온다. 우리는 예수가 나병환자를 고치고 소경의 눈을 뜨게 하며, 귀머거리를 듣게 하고, 혈우병 앓는 여인들 치유하며, 손 마른 자를 회복하고, 중풍병자를 걷게 하며, 죽은 자들(마가복음에 나오는 회당장 야이로의 딸, 누가복음에 나오는 나인성 과부의 아들, 요한복음에 나오는 나사로)을 소생시키는 이야기들을 듣는다. 다른 치유자들이 흔히 주문이나 주술을 사용한 반면(마술사와 주술사라는 비난을 받기 쉬운 특성들), 예수는 그러한 방법들을 피했던 것으로 보인다. 간혹 그가 침을 사용했다는 이야기를 들을 때도 있지만(막 7:31-37; 8:22-26; 요 9:6-7), 단순히 병자를 만지거나 치료됐다고 선언함으로써 치유하는 경우가 대부분이다.

물론 복음서가 예수의 치유 행위에서 마술적인 요소들을 제거했을 가능성도 있다. 흥미로운 점은 마태가 혈우병 앓는 여인이 예수의 옷을 만짐으로 치유됐다는 마가복음의 진술을 수정하여(옷 자체에 마법의 힘이 있음을 의미할 수도 있기에), 치유의 효능이 예수의 말씀에 있음을 분명하게 지적하고 있다는 점이다(마 9:20-26을 막 5:24-34과 비교하라). 그러나 전승 내에 이러한 마법적 요소들이 거의 존재하지 않는다는 사실은 예수의 치유 방법이 그의 말씀의 권위에 근거한 것이었음을 암시해 준다.

중요한 것은 예수가 고대 세계에서 기적적인 능력과 연관된 유일한 인물이 아니었다는 점이다. 동시대의 유대인들은 원을 그리는 사람 호니(Honi the Circle Drawer)를 칭송했는데, 그는 B.C. 1세기의 가뭄 때에 하나님이 곡식을 위해 적절한 비를 내릴 때까지 자기 주위에 원을 그리고 그곳을 떠나지 않았다.

그로부터 1세기 후 갈릴리인 하니나 벤 도사(Hanina ben Dosa)는 좀 더 광범위한 활동 기록을 남겼다. 그는 기도를 통해 병자를 고칠 수 있었고, 하나님에게 비를 멈춰 달라고 기도했고, 한 도시에서 여러 사람을 물어 죽인 도마뱀을 물리쳤으며, 다수의 기둥들을 기적적으로 길게 만들어 집을 지을 수 있었다(이와 유사한 이야기가 『도마의 유아 복음』 13장에 어린 예수와 연관하여 기록되어 있다).

예수와 마찬가지로, 이 두 인물 역시 기적 행위자일 뿐만 아니라 교사와 학자로도 알려졌고, 둘 다 하나님과 가깝고 친밀한 관계를 누림

으로써 외부인들이 종종 그들의 태도가 무례하다고 생각할 정도였다.[2]

이교 사회에서는 아스클레피오스 신(the god Asclepius)이 소경의 눈을 뜨게 하고 벙어리를 말하게 하며 마비된 팔다리를 회복시킬 수 있는 능력이 있다고 믿어졌다. 그래서 많은 사람들이 에피다우로스(Epidauros)에 있는 그의 신전으로 몰려들었다. 티아나의 아폴로니우스(Apollonius of Tyana) 역시 1세기에 널리 알려진 치유자였다. 일례로 그는 귀족 출신의 젊은 여인의 장례 행렬 중에 그녀를 일으켜 세웠다고 전해진다. 타키투스의 기록에 따르면, 베스파시안(Vespasian) 황제조차도 소경의 눈을 고치고 마비된 손을 회복시키는 치유자로 묘사된다(Tacitus, *Histories* 4.81).

우리는 이 모든 경우에 대하여 어느 정도 회의적인 태도를 견지할 수 있고, 그 이야기들은 전해질 때마다 부풀려진 것은 분명하다. 그러나 우리가 그 이야기들의 역사성을 모두 부인할 만한 근거는 없다. 그중의 일부는 적어도 어느 정도의 역사성을 간직하고 있다고 추정할 수 있다.

하지만 동시대의 유대인 및 이교도 치유자들과 예수 사이의 유사성 때문에 양자 간의 중대한 차이를 놓쳐서는 안 된다. 다른 어떤 인물도 예수만큼 많은 치유와 귀신 축출을 한 인물은 없으며, 다른 어떤 치유자도 예수와 같은 강력한 능력을 행했다고 알려진 치유자도 없다. 또 예수와 일치하는 "유형"의 치유자에 대한 어떤 증거도 존재하지 않는다(Vermes에 반대하여).

---

[2] 호니(Honi)에 대해서는 *b.Ta'anith* 19a와 요세푸스(그를 오니아스[Onias]로 부르는), *Ant.* 14.3.1을 보라. 하니나 벤 도사는 그보다 1세기 후에 살았고 좀 더 광범위한 기록을 남겼다. *b.Sotah* 49a; *Berakoth* 34a-b; *Ta'anith* 24b, 25a를 보라. 이 두 거룩한 사람들의 좀 더 충분한 논의를 위해서는 특히 G. Vermes, *Jesus the Jew*, 58-82를 보라.

사실상 에릭 이브(Eric Eve)가 지적한 것처럼, 기적 행위는 유대 전승에서는 비교적 드문 현상이었으며, 무엇보다 예언자들(특히 모세, 여호수아, 엘리야, 엘리사)과 출애굽 및 가나안 정복이라는 위대한 구원 사건과 연관됐다. 예수의 놀라운 행위들은 그의 명성을 알리는 데 기여했을 것은 분명하지만, 보다 중요한 관점에서 볼 때, 동시대인들에게 그를 하나님의 참된 대변자로 인식시키고, 그의 예언적 사명을 입증하는 역할을 했을 것이다(다음 장에서 우리는 이 주제를 다시 다룰 것이다).

3. 귀신 축출

1세기에 귀신의 존재에 대한 믿음은 실제적이었고 널리 퍼져 있었으며, 이방인들만큼 유대인들에게도 동일하게 받아들여졌다. 고대인들에게 문제는 **무엇**(what)이 아니라 **누가**(who) 질병을 일으켰는가와 그 적대적 악령을 어떻게 달랠 것인가에 대한 것이었다.

예수 시대의 사람들은 악령에 대해 자신을 보호할 수 있는 여러 방법들을 지니고 있었다. 예를 들면, 악령을 피하는 특별한 부적, 주문이 적힌 마법의 파피루스, 그리고 그것들이 효과가 없을 경우 귀신을 쫓아내는 퇴마사(exorcists)가 있었다. 구약성경에는 다윗이 사울 왕의 악령을 음악으로 쫓아낸 이야기가 나오는데, 그 이야기는 1세기 저자들에 의해 더 발전되고 확장됐다.[3]

또 하나의 유명한 유대적 귀신 축출 이야기는 결혼식 밤마다 나타나서 한 여인의 남편 여섯 명을 살해했던 악령 아스모데오(Asmodeus)에 관

---

[3] 삼상 16:14–23; *Psuedo-Philo* 60.1; Josephus, *Ant.* 3.166.

한 것이다. 토비트서(the book Tobit)에는 그녀의 일곱 번째 남편이 어떻게 자신의 신방(新房)에서 생선의 염통과 간을 향불에 올려놓고 연기를 피어 그 악령을 두렵게 해서 쫓아버렸는지 서술하고 있다(Tob 3.7-16; 6).

요세푸스 역시 엘르아살(Eleazar)이라는 동료 유대인이 베스파시안 황제가 보는 앞에서 악령에 사로잡힌 사람들을 해방시킨 이야기를 전해 준다. 엘르아살은 특별한 식물의 뿌리가 담긴 봉지를 매단 고리를 악령 들린 사람의 코에 갖다 대고, 악령이 나올 때 주문을 암송하면서 악령에게 물이 담겨 있는 통으로 뛰어들라고 명령했다(Ant. 8.46-48).

귀신의 존재에 대한 믿음은 쿰란공동체에서도 입증된다. 하나의 본문은 아브라함이 바로(Pharaoh)에게 들린 악령을 내쫓았다고 여기고, 또 다른 본문은 악령에 들리지 않게 하는 주문들을 모아 놓고 있다.[4] 때로는 징벌을 위해 하나님이 악령을 보내신 것으로 여길 때도 있었고, 때로는 악령이 들린 것이 단순히 운이 나빴기 때문이라고 여길 때도 있었다.

공관복음에는 여러 요약문들과 함께 예수가 행한 여섯 개의 귀신축출 이야기가 나온다. 즉 가버나움 회당에서 만난 사람, 거라사인 지방의 귀신 들린 사람, 한 이방 여인의 딸, 귀신 들린 한 소년, 말 못하는 사람, 막달라 마리아의 일곱 귀신 등이다.[5] 그 문제의 원인은 귀신, 악령 또는 더러운 영 등 다양한 용어들로 표현된다. 어떤 이야기들은 다른 이야기들보다 다소 복잡하지만, 대체적으로 다른 유대의 퇴마사들의 이야기들과 유사한 형태를 따른다.

---

4 *Genesis Apocryphon* 20.16-17, 29; 11Q11.

5 본문들은 다음과 같다. 막 1:32-33과 병행 구절; 눅 13:31-32(두 요약). 막 1:21-27과 병행 구절; 막 5:1-13과 병행 구절; 막 7:25-30과 병행 구절; 막 9:14-27과 병행 구절; 마 9:32-34//눅 11:14-15; 눅 8:2.

예수는 악령을 불러내어 떠나라고 명령한다. 그러면 악령은 매우 난폭한 행동을 취하지만, 귀신 축출의 효력이 입증되며 이야기는 끝이 난다. 그러나 예수가 다른 퇴마사들과 다른 점은 주문이나 다른 상징적 물건들을 사용하지 않는다는 점이다. 치유의 경우처럼, 그의 명령(말씀)의 권위는 가장 강력한 귀신조차도 순종시키기에 충분할 정도이다.

4. 기적을 어떻게 이해할까?

예수의 치유는 종종 심리적으로 해석되곤 했다. 즉 예수의 치유 행위가 효과가 있었던 이유는 예수 안에 내재된 어떤 위대한 능력 때문이 아니라, 그가 치유할 수 있다고 하는 병자의 믿음 때문이었다는 것이다. 어떤 이들은 이것보다 더 과학적으로, 치유 기적을 **병**(illness)과 **질병**(disease) 간의 사회학적 구별에 호소하여 설명하려고 했다. 전자가 사회로부터의 소외라는 관점에서 그 상황이 병자에게 미치는 영향을 기술하는 반면, 후자는 의료상의 질병 자체를 기술한다.

예를 들면, 크로산은 예수가 사람들의 질병(disease)은 치료할 수 없었을지라도(나병이나 혈우병은 여전히 남아있다), 상징적으로 그들을 사회의 본래 자리로 회복시킬 수 있었다는 점에서 그들의 병(illness)을 치유할 수 있었다고 주장한다. 능력 있는 민간 치유자로서 예수는 사람들의 염려, 관심사, 소외감, 그리고 참된 실존을 방해한 모든 것들을 이해했다는 것이다.[6]

---

[6] J. D. Crossan, *Historical Jesus*, 336-337; 또한 E. Eve, *Healer from Nazareth*, 51-69도 보라.

이러한 견해는 일면 매력적으로 보이기도 한다. 다수의 사회학적 연구에 따르면, "귀신 들림"은 특히 가정적, 사회적, 정치적 스트레스에 대한 반응이며, 특히 점령당한 영토에서는 제국주의(imperialism)와 식민주의(colonialism)에 대한 반응으로 널리 퍼져 있었다.[7] "귀신"은 사람들로 하여금 사회적으로 용납될 수 없고 정치적으로 위험한 사상이나 진술들을 터뜨릴 수 있는 기회를 허용한다. 로마 권력이 동방에 확대됨에 따라, 귀신 들림에 의해 표출되는 박탈감과 절망감이 널리 퍼졌을 가능성이 있다. 이러한 상황에서 예수와의 만남, 하나님이 곧 역사 속에서 결정적으로 행동하실 것이라는 예수의 음성과 확신은 그러한 사람들을 충분히 "치유"할 수 있었을 것이라는 주장이다.

이 견해의 설득력은 1세기 갈릴리의 상황을 어떻게 보느냐에 따라 크게 좌우된다. 소작농들이 억압을 더 많이 받을수록, 그들의 박탈감이 더 심했다. 하지만 앞에서 살펴보았듯이 안티파스의 통치하에 갈릴리의 삶이 상당히 안정적이었다면, 이 견해의 설득력은 떨어진다.

이와 유사하게 많은 전승들이 치유와 사회적 관계의 회복을 결부시킨다는 사실로부터 기적에 대한 사회학적 설명이 일견 어느 정도 지지를 끌어낼 수 있는 것처럼 보이기도 한다. 나병환자의 치유는 이전에는 격리됐던 사람이 다시 사회로 받아들여질 수 있는 가장 확실한 길이었다. 간질병 앓는 아이, 나인성 과부의 아들, 수로보니게 여인의 딸, 야이로의 딸 등도 마찬가지이다. 그들 모두는 자신들의 부모에게로 되돌아갈 수 있었다. 귀신 들린 거라사인 역시 경계적 실존(liminal existence)으로부터 구조되어 동향 사람들에게 되돌아갔고, 베드로의 장

---

[7] 이에 대해서는 P. W. Hollenbach, "Jesus, Demoniacs, and Public Authorities: A Socio-Historical Study," *JAAR* 49 (1982), 567-588을 보라.

모는 병상에서 풀려나 일상적 집안일을 수행할 수 있었다.

그러나 이 이야기들 자체는 예수가 치유한 사람들을 이미 알고 있었다거나 그들의 정서적, 심리적 또는 사회적 문제들을 이해하려 했다는 어떤 암시도 제공하지 않는다. 우리가 이미 살펴보았듯이 오히려 그는 한마디 말로써 즉각적으로 치유했으며, 그의 행동을 목격한 사람들은 그것을 기적으로 해석했다(나병환자의 질병이 실제로 치유되지 않았다면 그가 어떻게 사회로 복귀할 수 있었는지 알기 어렵다). 그렇다면 사회 과학은 예수의 치유 행위를 이해하는 데 어느 정도의 도움을 줄 수는 있지만, 전반적으로 초기 그리스도인들이 자신들이 증언하고 있는 바가 기적 행위를 통해 자신들의 삶 속으로 들어 온 하나님의 능력에 대한 것이라고 확신했다는 사실을 이해하는 데는 별 도움을 주지 못한다.

결국 우리가 기적 전승의 얼마만큼을 역사적인 것으로 받아들일 수 있느냐의 여부는 우리 자신의 세계관에 의해서 결정되며, 개연성의 범위를 어느 정도까지 인정할 것인가에 따라 결정된다. 하지만 복음서 기사의 배후에 개연성이 어느 정도 있다고 본다면, 이제 예수의 기적과 그의 선포 간의 연관성을 살펴볼 필요가 있다.

5. 기적의 의미

일반적으로 예수의 치유와 귀신 축출은 그의 비범한 능력을 입증했다. 그러한 기적 행위는 그의 예언적 권위를 높여 주었고, 그를 통하여 하나님이 활동하신다는 확신을 심어주었다. 하지만, 그것보다 더 특별한 것은 히브리어 성경이 자주 기적 행위를 다가올 시대와 결부시켰다는 점이다. 예언자 이사야는 귀 먹은 사람이 들을 것이요, 눈먼 사람이 볼 것이며, 못 걷는 사람이 걸을 것이고, 말 못하는 사람이 말할 것이라고 예고했다.[8] 예수는 감옥에 갇혀 있던 세례 요한의 질문에 바로 이 구절을 인용하여 답변했다(눅 7:18-23//마 11:2-6).

예수가 하나님의 임박한 통치와 이스라엘의 회복에 관해 언급했으므로, 그의 기적들을 증언하는 사람들은 그의 위대한 행위를 통해 하나님의 나라가 이미 실현되고 있다고 이해했을 것이다. 기적들은 하나님 나라가 사람들의 삶 속으로 침투하는 가시적인 징표요, 하나님의 통치 하에 산다는 것이 어떤 것인지를 보여 주는 구체적인 표현이었다. 이것은 특히 Q에서 유래한 다음과 같은 구절이 명확하게 보여 준다.

> … 내가 만일 하나님의 손을 힘입어 귀신을 쫓아낸다면 하나님의 나라가 이미 너희에게 임하였느니라(눅 11:20//마 12:28).

하나님 나라의 완전한 현현은 미래에 있지만 기적들은 하나님 나라가 어떤 모습인지를 극적으로 미리 맛볼 수 있게 했고, 청중들에게 예수의 말씀이 진리임을 보증해 주었다.

또한 기적들은 회개를 불러일으킬 목적도 있었던 것으로 보인다. 이것 역시 Q에서 유래한 한 구절이 밝혀준다.

> 화 있을진저 고라신아, 화 있을진저 벳새다야. 너희에게 행한 모든 권능을 두로와 시돈에서 행하였더라면 그들이 벌써 베옷을 입고 재에 앉아 회개하였으리라(눅 10:13//마 11:21).

---

[8] 사 29:18-19; 35:5-6.

여기서 요점은 치유를 받았거나 귀신으로부터 해방된 사람들이 회개했다는 데 있는 것이 아니라(이런 점을 지적하는 경우는 매우 드물다), 다른 사람들이 증언한 것처럼 기적들은 예수를 통해 역사하는 하나님의 능력의 징표들이라는 데 있다. 기적들은 예수의 메시지가 진리임을 확인해 주기도 하고, 그 메시지에 구체적 실제성을 부여하기도 한다. 이런 점에서 예수의 말씀과 행위는 불가분의 관계에 놓여 있다. 그의 말씀이 하나님 나라의 임박성을 선포했다면, 그의 행위는 하나님 나라가 어떤 것인지에 대한 맛보기였다. 이 둘은 함께 즉각적인 회개를 요구했다.

예수가 자신의 메시지를 주로 시골의 가난한 소작농들과, 이사야가 좋은 소식을 약속했던 사람들에게 선포했을지라도 기적들은 상징적으로 하나님 나라의 보편성(inclusivity)을 표현한다. 예수는 자신이 치유한 사람들의 나이, 성, 사회적 지위를 전혀 구별하지 않는다(경우에 따라서는 이방인도 치유한다. 막 5:1-20과 7:24-30을 보라). 모든 사람이 하나님 나라로 들어갈 수 있으며 모든 사람에게 자격 요건은 동일하다. 그들에게 필요한 것은 회개하고, 하나님의 구원 행위를 믿으며, 그를 따르는 일이다.

예수의 요청은 매우 긴급한 문제이기에 언젠가 그는 제자가 되려는 사람에게 "죽은 자들이 그들의 죽은 자들을 장사하게 하라"(마 8:18-22//눅 9:57-62)라고 명령하기도 했다. 기본적인 종교 의무를 노골적으로 무시하는 이러한 공격적인 명령에 대한 유일한 설명은 하나님 나라가 동터오기 시작했다는 예수의 확신과 그에 대한 즉각적인 반응 요구이다.

6. 예수는 자신을 누구라고 생각했는가?

이 모든 것들을 고려할 때 다음과 같은 중요한 질문이 제기된다.
예수는 하나님 나라에서 자기 자신의 역할을 어떻게 보았는가?
그러나 이 질문은 사실상 역사적 예수 연구에서 가장 까다로운 질문 중 하나이다. 자료의 빈곤 때문에 우리는 예수의 의도에 직접 다가갈 수 없다. 다만 예수가 자신의 폭넓은 사역과 연관해서 자신의 역할을 어떻게 보았는지 추정만 할 수 있을 뿐이다.
더욱이 복음서에 예수에 대한 칭호들, 즉 메시아, 하나님의 아들, 다윗의 자손(요한복음에 나오는 하나님의 말씀과 세상의 구원자라는 칭호도!)이 많이 나오긴 하지만, 이러한 칭호들은 초기 기독교의 예수에 관한 수십 년에 걸친 숙고의 산물이다. 즉 유대인 적대자들과의 격렬한 논쟁들을 통해 다듬어지고, 이방 세계로부터 유입된 새로운 개념들이 반영된 결과물이다.
다음 장에서 살펴보겠지만, 예수를 따르는 자들 중에는 그의 지상 생애 동안 그를 메시아로 보기 시작한 사람들이 있었을 가능성이 매우 높다.
그러나 예수 자신은 과연 메시아로서의 역할을 환영하거나 수용했을까?
기본적으로 예수에게 강한 소명감이 있었던 것은 분명하다. 세례 요한에게 세례를 받은 이래로 그는 자신이 특별한 목적을 위해 선택됐다고 느꼈을 것이다. 그의 사역의 면면을 살펴볼 때 그는 구약성경의 인물들과 광범위하게 연관된다. 우리가 이미 살펴보았듯이, 그는 하나님의 임박한 도래에 대한 선포와 회개에 대한 요청을 통해 예언적 전통에 확고하게 서 있다. 예를 들면, 그는 기적을 통해 모세, 여호수아, 엘리야, 엘리사와 연관되며, 그의 사회적 비판은 아모스 및 호세아와 연관된다. 또한 그의 미래에 대한 비전은 이사야와 연관되며, 성전 멸망에 대한 예언(이 주제는 본서의 제11장에서 살펴볼 것이다)은 예레미야와 연관된다.

이러한 연관성들 중에서 초기 기독교의 숙고에서 유래한 것들과 예수 자신으로부터 나온 것들을 구분해내기란 불가능하다. 그러나 예수가 구약성경의 전통 내에서 자신을 하나님의 대변인으로 보았을 가능성은 높다. 그가 전한 선포의 묵시적 특성을 고려할 때 자신을 하나님의 마지막 대사(God's last envoy), 즉 자기 시대의 종말을 고하고 다음 시대가 시작됐음을 선포하는 존재로 보았을 가능성 또한 크다.

그렇다면, 이것은 예수가 자신을 메시아로 보았다는 의미인가?

메시아라는 칭호는 확실히 예수가 환영했을 법한 칭호는 아니다. 그는 자신을 결코 그렇게 부르지 않으며, 특히 그 칭호의 왕적이고 승리적 의미가 전면에 부각될 때(막 8:27-30과 병행 구절)는 그 용어와 거리를 두는 것처럼 보인다. 예수가 자기 외에도 열두 지파를 대표하기 위해 열두 사람을 선택함으로써 자신도 미래의 하나님 나라에서 어떤 역할을 한다는 점을 암시한 것은 사실이다.

그러나 그는 자기 자신에게든 다른 사람들에게든 새 시대의 역할을 할당하는 데 매우 신중했던 것으로 보인다(막 10:35-44에 나오는 야고보와 요한의 질문을 보라). 예수의 선포는 자기 자신보다는 **하나님과 하나님의 왕적 통치**와 관련됐다. 부활 이후의 교회에 가서야 비로소 예수는 그 자신의 선포의 중심이 됐다. 그는 자신이 기름 부음을 받았으며, 특정한 임무를 위해 선택되고 임명됐다는 일반적 의식을 가졌을 수도 있다.

그러나 그는 자신의 역할에 대해 말할 때마다 인자(Son of man)의 관점에서 언급하기를 더 선호했다. 예수가 이 용어를 통해 자신의 행위와 다니엘서에 나오는 인자 간의 연관성을 드러낼 수도 있지만, 이 용어는 동시에 그의 평범성과 인간성을 강조하는 데 기여했다.

브루스 말리나(Bruce Malina)는 고대 지중해 세계에서 한 사람의 성격은 그 사람 자신의 견해만이 아니라, 보다 큰 공동체의 평가와도 밀접하게 관련됐다는 점을 상기시켜 주었다.[9] 그렇다면, 예수의 역할을 파악하는 데 있어 다른 사람들이 그를 어떻게 생각했는지가 예수 자신의 생각만큼이나 중요하다.

다음 두 장에서 우리는 이 주제를 다룰 것이다. 먼저 그의 가족과 지지자들을 다룬 다음, 그의 적대자들에게로 눈을 돌릴 것이다.

---

[9] B. J. Malina, *The New Testament World: Insights from Cultural Anthropology* (Louisville: Westminster John Knox, 3rd. edn. Rev. 2001), 58-80.

제9장
가족과 지지자들

예수의 지지자들에 대한 연구는 그의 가족으로부터 시작할 것이다. 특히 그의 공생애 기간 동안 가족 관계가 평탄치 못했다는 증거가 있는지 살펴볼 것이다. 이것이 예수가 활동의 중심지를 가버나움으로 옮기고 자신의 "가족"을 자신의 메시지를 받아들인 사람들, 즉 남자든 여자든 가장 친밀한 제자들과 일반 군중으로 재정의한 것과 연관되어 보이기 때문이다. 이어서 이러한 각각의 집단들을 살펴보고 예수의 추종자들이 그를 누구로 생각했는지 검토하고자 한다.

1. 예수의 가족

공관복음에는 예수의 어머니와 형제자매들이 예수가 "미쳤다"는 소문을 듣고 그를 집으로 데려가기 위해 왔지만, 그에게 퇴짜를 맞았다는 이야기가 기록되어 있다(막 3:21, 31-34; 병행 구절). 그 후 나사렛 회당에서 행한 예수의 가르침은 거기에 모인 사람들에게 교만하고 외람된 느낌을 준 것 같다. 예수가 그들에 대해 "선지자가 자기 고향과 자기 친척과 자기 집 외에서는 존경을 받지 못함이 없느니라"라고 반응하고 있기 때문이다(막 6:1-6과 마 13:53-58; 심지어 눅 4:16-30에서는 고향 사람들이 그를 죽이려고까지 한다). 또한 요한은 예수의 형제들이 예수를 믿지 않았기 때문에 예수에게 유대로 가서 사역하기를 촉구했다고 말한다(요 7:1-5). 이 모든 장면들의 배후에 있는 가족 간의 긴장 상태는 거의 틀림없는 사실이다.

이러한 긴장 관계의 이유는 상상하기 어렵지 않다. 당시의 많은 사람들처럼 예수의 가족은 네 명의 형제들과 여러 명의 자매들로 구성된 대가족이었다(막 6:3; 마 13:55). 아마 예수의 가족은 처음에는 예수와 그의 동료들을 환대해야 할 마음이 있었을 것이지만, 곧 그들의 재산이 고갈됐을 것이다.

또 요셉이 이미 죽은 뒤라면(막 6:3에 보면 예수의 어머니만 언급되어 있다), 마리아는 예수(장자로서?)가 가족을 돌보고 자매들의 결혼을 주선하며 재정적 도움을 줄 것으로 기대했을 것이다. 아마도 그의 형제들은 예수의 삶의 방식을 장자로서의 책임 포기요, 자신들과 가족에게 압박을 가중시킨 직무유기로 보았을 것이다.

나중에 이러한 가족 관계가 회복됐다는 증거가 있다. 두 명의 복음서 저자는 마리아가 예수의 사역 말기에 예루살렘에 있었던 것으로 증언했고, 예수의 형제 야고보는 부활한 예수를 만난 후에 예루살렘 교회의 지도자로 등장했다.[1] 그러나 초기에 예수의 가족은 우호적이지 않았던 것으로 보인다. 그래서 예수는 자신의 "참된 가족"을 자신의 메시지를 받아들인 사람들로 재정의하고(막 3:31-4과 병행구절; 눅 11:27-28), 자신의 활동의 중심지를 다른 곳으로 옮긴다.

---

1 요 19:25-27; 행 1:14; 고전 17:7을 보라.

2. 가버나움

가족과의 긴장 관계를 완화시키는 일과는 별개로 가버나움은 여러 면에서 나사렛보다 유리한 점이 많았다. 빌립(Philip)이 다스리는 영토의 국경 부근으로서 갈릴리 호수의 남서쪽 연안에 위치한 가버나움은 그 지역에서 가장 큰 마을 중 하나이며, 약 600-1,500명의 주민이 살고 있었다.[2] 번창하는 어촌 공동체였던 가버나움은 지역 무역의 중심지였고 호수 주변의 다른 주민들과의 왕래가 용이한 마을이었다.

마가는 가버나움을 예수의 가장 저명한 제자들인 베드로, 안드레, 야고보, 요한의 고향으로 지적한다.[3] 그렇다면, 개인적 유대 관계와 환대에 대한 기대가 이 특정한 마을을 선택한 또 하나의 이유였을 것이다. 예수는 가버나움과 매우 밀접하게 연관되어서 마태는 그곳을 간단히 "본 동네"(his own town)로 부를 수 있었다(마 9:1).

전승에 따르면 예수는 가버나움에서 여러 활동을 했다. 예를 들면, 레위 또는 마태로 알려진 세리를 부른 일, 베드로에게 동전 물은 생선을 잡아 성전세를 내라고 지시한 일, 몇 번에 걸친 치유 행위(백부장의 하인, 중풍병자, 베드로의 장모) 등이다.[4] 이러한 개별 이야기들을 어떻게 이해하든지 간에 예수가 이 마을에서 선포자요 치유자로 기억된 것은 분명하다. 또한 큰 무리들이 모였다고 언급되는데(막 1:32-33; 2:2과 병행 구절), 어떤 이들은 치유되기를 염원했고, 또 어떤 이들은 새롭게

---

2 J. L. Reed, *Archaeology and the Galilean Jesus*, 149-152.
3 막 1:29. 요한이 베드로와 안드레가 벳새다 출신임을 암시할지라도(요 1:44).
4 본문들은 다음과 같다. 막 2:13-17//눅 5:27-32; 마 9:9-13. 막 1:21-18//눅 4:33-37. 마 17:24-27. 마 8:5-13//눅 7:1-10. 막 2:1-12과 병행 구절. 막 1:32-34와 병행 구절.

등장한 거룩한 사람의 진기한 행위와 재치(wit)에 매료됐을 것이다.

하지만 예수가 가버나움 생활에서 마냥 행복했던 것만은 아니었다는 증거도 있다. Q에서 유래한 한 구절에 의하면, 이 마을은 벳새다 및 고라신과 함께 예수의 권능을 체험했음에도 불구하고 회개하지 않아 저주를 받는다(마 11:23//눅 10:15). 아마 이 마을 주민들은 성공적인 치유자가 그들과 함께 있다는 사실에는 기뻐했지만, 회개하고 하나님의 나라를 준비하는 일은 거부했던 것 같다.

추측컨대, 예수가 순회 선교를 시작하게 된 이유 역시 가버나움에서 경험한 좌절감 때문이었을 것이다. 한 곳에 머물며 믿기를 거부하는 사람들과의 논쟁으로 시간을 낭비하기보다는 그는 주변 어촌 마을과 시골 주민들에게 메시지를 전했을 것이다. 또한 그는 사람들이 자기에게 오기를 기다리는 것보다는 자신이 새로운 사람들을 찾아가 그들에게 하나님의 나라가 가까이 왔다는 긴급한 메시지를 전했을 것이다.

예수가 하부 갈릴리(lower Galilee) 주변을 순회했을 때, 남녀가 포함된 다양한 제자 집단들과 큰 군중이 함께 했다.

이제 이러한 집단들을 각각 살펴볼 것이다.

3. 제자들: 열두 제자

우리는 예수가 열두 명의 제자들과 동행했음을 이미 살펴보았다. 열두 제자 집단의 중요성이 우선적으로 하나님의 나라에서 곧 회복될 이스라엘 열두 지파의 대표라는 상징적 가치에 있다는 점도 살펴보았다. 또한 이 사람들의 이름이 전승에 확정되지 않은 것은 열둘의 구성이 때때로 달랐음을 가리키는 것으로 추정됐다.

중요한 것은 베드로, 야고보, 요한으로 구성된 제자들의 내부 집단 (inner group)이었다. 이 세 사람은 예수의 가장 중요한 사역 현장에 함께 있었고(야이로의 딸을 소생시킨 사건과 겟세마네 동산), 그가 죽은 이후 예수 운동을 계승하는 일에 주된 책임을 가졌다.

우리는 제자들에 대해서 아는 바가 거의 없다. 야고보와 요한의 아버지 세베대(Zebedee)가 배를 소유했고 품꾼을 고용할 수 있었다는 사실로 미루어 제자들 중 일부는 부름 받기 전에 어느 정도의 경제적 안정을 누렸다는 것을 알 수 있다. 또한 그들이 새로운 사상에 열려 있었고 삶 속에서 하나님의 구원 행위를 찾고 있었다고 추론할 수도 있다. 우리는 세례 요한이 이러한 제자들 중 일부를 예수에게 소개했다는 요한복음의 보도를 신학적 언급으로 간주했지만, 열둘 중 일부가 부름 받기 전에 세례 요한의 운동에 매료됐을 가능성을 배제할 수 없다. 예수의 메시지가 세례 요한의 메시지와 강조점은 다를지라도, 그 광범위한 매개 변수(parameter)는 세례 요한과 많은 공통점을 갖고 있었다.

공관복음에는 제자들이 부름 받은 이후에는 가족들과 완전히 결별했다고 보고한다(막 1:16-20과 병행 구절). 하지만 또 다른 증거에 따르면, 예수가 갈릴리에서 활동하는 동안에 제자들은 어느 정도 가족들과의 접촉을 유지했다. 예를 들어 마가복음 1:29-31에서는 열두 제자 모두 베드로의 집에서 환대를 받은 반면, 마가복음 2:15-17에서는 레위의 집에서 환대를 받았다. 예수가 가버나움에 머물 동안에는 음식 대접의 부담을 덜기 위해 자기 집으로 간 제자들도 있었을 것이다. 또한 제자들 중에는 가까운 벳새다, 고라신, 게네사렛에 가족들과 친구들을 둔 사람도 있었을 것이다.

하지만 예루살렘 여행을 시작한 이후로 제자들은 가족들과 거의 단절된 상태로 지냈음에 틀림없다. 그를 위하여 집이나 형제나 자매나 어머니나 아버지나 자식이나 전토를 버린 자에게 영생이 주어질 것이라는 예수의 약속은 예수 운동이 기대하는 전적인 헌신을 반영한다(막 10:28-30; 눅 18:28-30). 심지어 누가복음에서 예수는 자신을 따르는 사람은 가족을 **미워해야** 한다고 말하고(눅 14:26), 자신을 따르고자 하는 사람이 가족들과 작별 인사를 하는 것과 죽은 아버지를 장사하는 것도 허락하지 않는다(눅 9:59-62).

물론 복음서는 흔히 고난과 박해의 때에 제자들을 격려하기 위해 기록됐다. 즉 첫 제자들이 보이는 불굴의 신앙에 대한 묘사는 후대의 제자들을 자극하고 격려하려는 의도를 가진 것이 분명하다.

그러나 예수가 제자들에게 전적인 헌신을 요구하지 않았다고 생각할 근거는 전혀 없다. 특히 그가 예루살렘을 향해 올라가기로 작정하고 그의 메시지가 지닌 종말론적 특성이 점점 더 긴급해진 이후에는 더욱 그러하다.

예수와 그의 제자들이 남쪽 유대 지방을 여행했을 때는 종종 여행 도중에 만난 사람들의 관대함과 환대에 의존해야 했을 것이다. 때로는 그들은 바깥에서 자야 할 때도 있었을 것이다(마 8:20). 이 여행 내내 제자 집단은 한 떼의 여인들과 동행했는데, 다음 항목에서는 이러한 여인들에 대해 살펴보기로 하자.

4. 제자들: 여인들

1980년대 이후로 예수 운동에 여인들의 참여를 강조하는 것은 흔한 일이 됐다. 예수가 특히 여인들에게 개방적이어서 그들을 내부 집단으로 받아들이고 평등주의의 나라를 선포했다는 주장이 종종 제시된다. 또한 여인을 대하는 예수의 태도가 당대 유대 사회의 여인에 대한 제한적이고 억압적인 태도와 대조된다고 빈번하게 주장되기도 한다. 이런 점에서 여성 해방자 예수는 철저한 가부장적 유대교와 비교된다.

유대인 페미니스트들(Jewish feminists)이 지적했듯이, 이러한 주장의 반유대적 정서는 너무나 분명하다. 역사적으로도 그러한 견해는 거의 추천할 만한 일이 못된다. 팔레스타인의 유대 여인들이 특별히 제한된 삶을 살았다는 증거는 없다(실제로 로마 제국 내의 여인들은 이전 시대보다 훨씬 더 많은 자유를 누리고 있었다).

여인들이 예수의 말씀을 듣기 위해 모인 것은 분명하며 그의 비유와 말씀들은 여인들의 삶과 경험을 반영한다. 그러나 이러한 이미지들 안에 전통적 여인의 역할에 도전하는 것은 아무 것도 없다. 또한 예수가 (그 이전의 예언자들처럼) 가난, 부, 그리고 이른바 다가올 나라의 경제적 평등에 대해서는 많이 언급했지만, 성 평등(gender equality)에 관해서는 아무런 언급도 하지 않는다.

이는 별로 놀라운 일이 아니다. 고대의 모든 사회는 가부장적이었고, 따라서 유대 사회든 그레코-로만 사회든 당시의 상황에서 평등주의의 사례를 찾아볼 수 없기 때문이다. 예수를 "페미니스트"(feminist)로 간주하고자 하는 유혹이 있을지라도, 그러한 주장을 지지할 수 있는 증거가 없다. 여인들이 예수 운동에서 중요한 역할을 한 것은 주로 예수의 급진적 사회사상 때문이 아니라 오히려 당시의 유대인 사회가 그들에게 그렇게 할 수 있도록 허용했기 때문이다.[5]

---

[5] 이 주제에 대한 유용한 연구에는 다음과 같은 책들이 포함된다. E. S. Fiorenza, *In*

마가는 말하기를, 예수의 십자가 근처에는 막달라 마리아, 작은 야고보와 요세(Joses)의 어머니 마리아, 살로메를 포함한 여러 명의 여인들이 있었다고 한다(막 15:40-41). 마가에 따르면, 이 여인들은 예수가 갈릴리에 있을 때부터 따르며 "섬겼던"(ministered) 여인들이었다. 여기서 "섬겼다"는 말의 가장 타당한 해석은 예수 일행이 갈릴리 부근을 여행할 때 그 여인들이 집안일과 요리 및 식사 시중 등의 책임을 맡았다는 것이다. 누가는 그 이전부터 예수와 동행했던 막달라 마리아, 헤롯 안티파스의 청지기 구사의 아내 요안나, 수산나 등의 여인들을 언급한다(눅 8:1-3).

이러한 여인들은 모두 예수의 은혜를 입어 여러 질병으로부터 치유를 받은 사람들이므로 그들은 함께 여행하는 제자들에게 재정적인 도움을 줌으로써 보다 고상한 여성 후견인(patronesses)의 역할을 한다. 요안나와 같은 부유한 여인들이 예수의 일행 중에 있었을지라도, 보통의 여인들(그들 중 일부는 제자들의 아내나 친구들이었을까?)이 주로 가사를 담당했다는 마가의 진술이 역사적으로 더 정확해 보인다. 특히 여인들이 가사 일을 담당한 것으로 보였다면, 남녀의 한 무리가 함께 여행할 때 생길 수 있는 이상한 오해나 추문을 막을 수 있었을 것이다. 왜냐하면 유월절 같은 절기 때는 보통 남녀가 예루살렘으로 함께 여행했기 때문이다.

Memory of Her: A Feminist Theological Reconstruction of Christian Origins (London: SCM, 1983); R. Kraemer and M. R. D'Angelo (eds), *Women and Christian Origins* (New York/Oxford: OUP, 1999); T. Ilan, *Jewish Women in Greco-Roman Palestine* (Peabody, MA: Hendrickson, 1996); *Integrating Women into Second Temple History* (Tuebingen: Mohr Siebeck, 1999); K. Corley, *Women and the Historical Jesus: Feminist Myths of Christian Origins* (Santa Rosa, CA: Polebridge Press, 2002).

최근에는 막달라 마리아가 집중적인 조명을 받아 왔다. 그녀가 사복음서에 모두 등장하지만, 그녀에 대해 별로 아는 것이 없다는 점은 일면 놀라운 일이다. 앞에서 인용한 구절들 외에도 막달라 마리아는 요한복음 20:11-18에서 부활한 예수를 처음으로 증언한 여인으로 서술된다. 교회 전승은 누가복음 7:36-50의 예수에게 향유를 부은 한 죄 많은 여인의 이야기를 요한복음 12:1-8의 예수에게 향유를 부은 (베다니의) 마리아와 연결시키는 복잡한 과정과 그 이름의 유사성을 통해 막달라 마리아를 회개한 창기로 보았다. 그러나 성경 본문 자체로는 그러한 재구성을 지지하는 증거가 전혀 없다.

후대의 영지주의 본문들 또한 그녀에게 중요한 위치를 부여했다(교회 교부들이 그녀를 폄하하려는 이유도 이 때문인 듯하다). 그녀는 예수를 따르는 저명한 여인이 분명했지만, 그녀가 예수와 특별한 관계를 가졌다고 생각할 이유는 어디에도 없다(사실상, 예수의 아내로서 그녀의 역할을 "격상"시키려는 현대의 연구들은 그녀의 품위를 떨어뜨리고자 하는 교회 교부들의 시도를 계속할 뿐이다).⁶

그렇다면, 분명한 것은 예수가 여인들에게 다가 올 하나님의 나라를 선포했을 뿐만 아니라, 자신의 운동을 통해 이 땅에 상징적으로 구현되고 있는 그 나라로 여인들을 맞아들이기도 했다는 것이다. 바로 앞 장에서 살펴보았듯이 여인들은 남자들과 마찬가지로 예수의 기적적인 치유나 귀신 축출의 수혜자였으며, 예수는 때때로 자신의 선포에 여인들의 경험에서 나온 실례들을 사용했다(눅 15:8-10; 18:1-8과 같은).

---

6 막달라 마리아에 대한 논의는 다음의 책을 참고하라. S. Haskins, *Mary Magdalene: Myth and Metaphor* (London: Harper Collins, 1993); J. Schaberg, *The Resurrection of Mary Magdalene: Legends, Apocrypha, and the Christian Testament* (New York: Continuum, 2002).

그러나 여인들은 왜 예수와 그의 운동에 매료됐을까?

자주 주장되는 견해는, 다른 천년왕국의 집단들의 경우처럼 예수 집단의 종말론적 성향이 특별히 여인들을 사로잡았던 평등주의(egalitarianism)에 이르게 되었기 때문이라는 것이다. 여인들이 이 운동의 덜 엄격한 성 차별 때문에 매료됐으며, 예수가 제시한 비전에 모험적으로 동참하는 일이 평범한 가정일보다 더 중요했다는 사실에 매료됐을 가능성은 충분하다. 또한 어떤 여인들은 치유자로서의 예수의 명성에 흥미를 갖고 그 기술을 배우기 원했을 수도 있다. 고대 세계에서는 여인들이 종종 허브, 연고, 치료 기술과 매우 밀접한 연관을 맺고 있었다.

그러나 (필자가 주장했듯이) 여인들의 역할이 주로 가사와 연관됐고 예수가 이 일을 문제 삼지 않았을지라도, 이 여인들이 동시대의 남자들만큼 예수의 메시지에 매료되어 참여하지 못할 이유는 전혀 없다. 그들은 남자들이 한 것처럼 복음을 위해 자신들의 집과 가족을 뒤로 하고 떠났다. 남자들과 꼭 마찬가지로, 그들은 예수의 임박한 하나님 나라 선포에 매료되어 회개하고 하나님의 구원 행위를 믿음으로 받아들였다.

5. 군중

예수는 자신의 지상 사역 내내 계속해서 많은 군중을 끌어모았다. 때때로 모인 군중이 너무 많아 예수는 한적한 곳으로 피하거나 그들을 가르치기 위해 호수에 배를 띄어야 할 정도였다. 매우 다양한 부류의 사람들이 예수를 찾아 온 것으로 보인다. 예컨대, 고위직 사람들(부자 관원과 같은), 회당 관리인들, 세리들, 그리고 예수가 특별히 관심을 두었던 가난하고 소외된 자들이 여기에 속한다. 하지만 거의 모든 사람들이 유대인이었던 것으로 보이며, 예수는 자신의 선교를 대부분 (배타적까지는 아닐지라도) 유대인에게 집중한 듯하다.

그러나 예수 사역의 이러한 측면은 복음서들이 이방인들이 교회의 중심을 이루었던 시기에 기록됐고, 복음서 저자들이 이방인 선교의 기원을 예수의 생애와 사역 내에 두고자 하는 자연스런 욕구를 보이고 있다는 사실 때문에 복잡해진다. 그래서 마가는 "이방인 순회"(Gentile cycle), 즉 예수가 이방인들을 치유하고 먹이는 일련의 이야기를 포함시킨다.

하지만 누가에 따르면, 예수는 오직 유대인에게만 선포했고, 이방인과의 모든 접촉은 사도행전에서 일어난다. 이는 메시지가 유대인에게 먼저 전해지고 복음이 거부됐을 때 비로소 이방인에게 전해진다는 누가의 신학적 도식을 반영하지만, 어느 정도 역사적 근거를 가지고 있다. 요한 또한 간헐적으로 미래의 이방인 선교에 대해 암시하기는 하지만(요 10:16; 11:55; 12:20-21), 예수의 사역이 배타적으로 유대인과 사마리아인에게 국한된 것으로 본다.

복음서들은 때때로 예수가 갈릴리와 유대의 국경을 넘어 두로, 시돈, 데가볼리, 가이사랴-빌립보로 여행했음을 보여 주지만, 이러한 지역들은 모두 다윗과 솔로몬이 통치하던 때에는 이스라엘 땅이었다. 또 예수가 이방인들과 접촉하거나 그들을 치유한 경우도 있었지만, 그의 메시지는 무엇보다도 이스라엘을 지향한 것으로 보인다.

짐작컨대, 구약의 예언자들처럼 예수는 이방인들도 하나님의 거룩한 산으로 모이게 되는 때를 상상했을 것이다(사 2:1-4; 미 4:1-4). 실제로 예수의 메시지 안에 이방인이 포함될 여지가 없었다면, 초기 교회가 왜 그렇게 이른 시기에 이방인들에게 복음의 메시지를 전하기 시작했는지 이해하기 어렵다(행 11:20-21). 그러나 예수의 지상 생애 동안 그의 메시지는 "이스라엘의 집"(마 10:6; 15:24)에만 전해졌다.

6. 사람들이 나를 누구라고 하느냐?

예수 주위에 몰려든 많은 군중은 요단강에서 사역한 세례 요한에게 몰려들었던 무리들을 상기시키는 한편, 2-30년 후에 나타날 표적 예언자들(sign prophets)의 주위로 몰려들 사람들을 예상케 한다.
그러나 사람들은 예수를 누구라고 생각했을까?
그들은 예수를 자신들의 세계관 속에서 어떻게 이해했는가?
예수 자신이 바로 이러한 질문을 제자들에게 던진 것으로 언급된다.
이에 대한 제자들의 대답은 다음과 같다.

> 세례 요한이라 하고 더러는 엘리야 더러는 선지자 중 하나라 하나이다(막 8:27-30과 병행 구절; 또한 막 6:15과 병행 구절).

이어지는 베드로와 예수 사이의 대화는 거의 틀림없이 부활 이후의 교회의 믿음을 반영하고 있지만, 이 제자들의 대답은 예수의 활동을 확고하게 예언자적 전승 안에서 이해한 대중들의 예수 인식을 분명하게 보여 준다. 우리가 앞 장에서 살펴보았듯이 기적들은 유대 전승 내에서 이스라엘의 예언자 및 출애굽-정복 이야기와 연관되는 경향이 있었다. 그렇다면, 기적적인 치유 행위를 통해 예수는 이스라엘의 신화적 과거(mythic past)의 맥락에 견고하게 서 있었으며, 하나님을 위한 예언적 대변인으로서 뿐만 아니라 미래의 민족 구원을 선언하는 인물로도 설정됐다.

특히 예수의 청중들은 그를 구약성경에서 놀라운 기적들을 베풀었던 모세와 연관시켰을 것이다(출 13-17장). 실제로 "모세 같은 예언자"는 대중들에 의해 종말과 연관됐다(신 18:15-22). 또 그들은 예수를 이스라엘 백성을 약속의 땅으로 이끌었던 동명의 인물 여호수아와 연관시켰을 수도 있다(수 1-4장).

아마 갈릴리 주민들로서 그들은 일련의 기적 행위를 베푼 북쪽의 유명한 예언자 엘리야와 엘리사를 연상했을 수도 있다(왕상 17-왕하 13장). 세례 요한이 엘리야의 임박한 도래를 예고했다면, 어떤 이들은 예수를 엘리야와 연관시키고 그를 종말의 임박한 도래에 대한 신호로 보았을 수도 있다. 몇십 년 후에 나타날 표적 예언자들이 이러한 과거의 위대한 인물들을 상기시킬 수 있었다는 사실은 그러한 인물들이 이 당시에도 영향력을 지니고 있었으며, 당시 사람들이 그들 자신의 시대에도 과거의 놀라운 사건들이 재현되기를 너무나 갈망했음을 암시해 준다.

예수를 따르는 사람들 중에는 아마도 그의 메시지를 다른 사람들의 것보다 더 나은 것으로 이해한 이들도 있었을 것이다. 요한복음 6:15에는 그를 억지로 붙들어 임금 삼으려는 사람들이 있었다고 기록한다. 이 구절을 어떻게 이해하든지 간에, 예수를 오해한 나머지 그의 하나님의 나라 선포를 정치적 주장으로 받아들인 사람들도 있었을 것이다. 만일 그렇다면, 그들은 곧 실망했음에 틀림없다. 사람들은 예수가 선포한 하나님의 나라가 인간의 무력을 통해서가 아니라 하나님에 의해 설립될 것이라는 것을 오래지 않아 깨달았을 것이기 때문이다.

그러나 『솔로몬의 시편』 17장에 묘사된 다윗적 메시아(Davidic messiah)의 노선을 따라 예수를 비폭력적인 종말론적 왕(non-violent eschatological king)으로 본 사람들도 있었을까?

즉 다가 올 시대에 하나님의 궁극적인 권위하에서 통치할 이상적인 심판자요 왕이요 목자로 본 사람들도 있었을까?

다시 말해서 그들은 예수를 장차 그가 선포한 나라에서 왕이 될, 일종의 메시아로 보았을까?

공관복음에 따르면, 예수의 제자들이 그를 메시아의 관점에서 보기 시작한 것은 분명하다(막 8:29과 병행 구절). 베드로의 확신에 찬 신앙고백은 상당 부분 예수가 "그 메시아"(the Messiah)이며, 히브리 성경(적절히 읽게 되면)을 통해 그의 역할을 이해할 수 있다는 부활 이후 교회의 확신에 영향을 받은 것으로 보인다.

그러나 좀 더 넓은 의미에서 볼 때, 예수의 기적 행위 및 분명한 예언 활동과 연관된 그의 하나님의 나라 선포는 당연히 사람들에게 예수가 기름 부음 받은 종말론적 예언자가 아닐지 궁금케 했을 것이다.

제자들이 예수를 이렇게 볼 수 있었다면, 그의 메시지를 듣기 위해 모여 들었던 다른 사람들 또한 동일한 희망을 품었다고 예상할 수 있다. 실제로 예수를 "유대인의 왕"으로 처형하려는 빌라도의 결정은 예수가 적어도 왕적 메시아로 간주되지 않았다면 이해하기가 어렵다(이 주제는 본서의 제12장에서 살펴볼 것이다).

그렇다면, 군중은 예수를 카리스마를 지닌 지도자, 즉 자기의 권위를 당시의 전통적 권력 구조(성전, 제사장직, 토라)가 아니라 권위 있는 자신의 인격과 하나님을 대변하는 예언적 능력으로부터 끌어낸 인물로 보았던 것이 거의 분명하다. 그의 말씀과 행위는 이스라엘의 과거는 물론이고, 그 민족의 미래에 대한 희망 및 열망과 밀접하게 연결되어 있었다.

예수가 기존의 어떤 인물과도 딱 맞아 떨어지는 스타일은 아니었지만, 그의 활동은 청중들에게 인식됐으며 그들의 마음 깊숙한 곳에 있었던 구원에 대한 갈망을 두드렸다. 그의 역할을 어떻게 이해했든지 간에 아마도 어떤 이들은 예수의 지상 생애 동안에 이미 그를 오래전에 예언된 하나님의 기름 부음 받은 인물로 보기 시작했을 것이다.

7. 예수에 관한 이야기들

복음서는 예수의 명성이 널리 빠르게 퍼져나갔다는 점을 분명하게 밝힌다. 그에 관한 믿기 어려운 이야기들과 부풀려진 주장들은 1세기 후반에 비로소 나타난 것이 아니다. 갈릴리의 마을들은 예수가 처음으로 모습을 드러낸 직후부터 믿기 어려운 그에 관한 이야기들로 아마 떠들썩했을 것이다.

바로 이러한 맥락에서 이른바 "자연 이적"(nature miracles)의 기원을 이해할 필요가 있을 것이다. 이러한 자연 이적에는 두 번의 급식 기적(5,000명과 4,000명), 물 위를 걸은 기적, 폭풍을 잔잔케 한 기적, 무화과나무 저주 기적, 변화산 사건 등이 포함된다. 예수의 치유와 귀신 축출 행위가 그의 **권위**를 드러내주는 반면, 자연 이적은 모두 그의 **정체성**과 연관된다는 견해가 종종 언급되곤 한다. 복음서에 들어있는 자연 이적 이야기들은 플롯(plot)를 진전시키지도 않고, 제자들에 의해서만 증언되며, 구약의 암시로 가득 차 있다.[7]

실제로 구약 인용이 추가된 후대의 전승층을 식별하는 것이 가능한 경우도 있다. 예를 들면, 5,000명을 먹인 급식 기적은 성만찬적 함축

---

[7] 유용한 논의를 위해서는 E. Eve, *Healer from Nazareth*, 113-116을 보라. 또 G. Theissen and A. Merz, *The Historical Jesus*, 285-313도 보라.

및 만나 이야기(출 16장)와의 연관성에도 불구하고 열왕기하 4:42-44에 언급된 100명을 먹인 엘리사의 급식 기적을 그 중심에 두고 있는 것으로 보인다. 또한 현 형태로 홍해가 갈라지는 이야기(출 14장)를 연상시키는 폭풍을 잔잔케 한 기적 이야기는 갈릴리의 예언자 요나 이야기와 많은 공통점을 지니고 있다(욘 1:1-16).

대중의 생각 속에서 예수가 엘리사나 요나와 같은 예언자들과 연관됐다면, 과거의 위대한 인물들의 이야기가 어떻게 예수와 연관해서 다시 이야기됐는지 알기는 어렵지 않다. Q에서 유래한 "요나보다 더 큰 이가 여기 있으며"(마 12:41//눅 11:32)라는 말씀이 기적 이야기들을 이처럼 창의적으로 재적용하도록 자극했을 수도 있다. 이러한 이야기들은 부활 이후의 교회로 넘어가자마자 새로운 함의와 암시를 얻게 됐다.

물 위를 걷는 이야기와 폭풍을 잔잔케 한 이야기에서 언급된 예수의 말씀은 이사야 43:1-2에 나오는 하나님의 음성을 상기시키며, 전체로서 두 이야기는 점차적으로 혼돈의 바다에 대한 하나님의 승리와 그의 백성에 대한 구조의 예로 여겨졌다.[8] 이 단계에서 그 이야기들은 예수의 행위에 대한 이야기가 아니라 부활 이후의 그의 신성에 대한 실례가 됐다. 변화산 이야기 역시 예수가 하나님의 아들이라는 점과 율법과 예언자들을 모두 성취했다는 기독교 신앙을 조명해 준다(막 9:2-8과 병행 구절).

물론 이러한 기적 이야기들의 배후에 역사적 사건이 놓여있을 가능성이 있다. 그러나 마찬가지로 그 이야기들의 기원과 발전이 단지 추종자들에 의한 연관성, 즉 처음에는 예언자들과의 연관성, 그 다음에는 점차적으로 초기 교회의 고기독론(high Christology)과의 연관성에서

---

[8] 시 107:23-32; 욥 9:8; 38:8-16; 합 3:15.

비롯됐을 가능성도 있다.

비범한 능력들과 연결된 위대한 인물들의 이야기가 당시 일반 세계에 알려지지 않는 것은 아니었다. 예를 들어 필로(Philo)는 아우구스투스(Augustus)를 지상의 폭풍을 잔잔케 하고 역병을 치유한 "악의 방지자"(averter of evil)로 표현하고 있고(*Legatio* 144-145), 네로(Nero)도 폭풍을 잔잔케 한 일을 자신의 공적으로 삼았다(Calpurnius Siculus, *Eclogue* iv. 97-100).⁹ 시간이 지남에 따라 예수는 아우구스투스나 네로처럼 그가 이 땅에서 할 수 있었던 모든 것을 능가한 비범한 능력과 연관됐을 것이다. 하지만 이러한 발전 과정의 대부분은 예수 시대를 훨씬 넘어선 후대에 나온 것들이다.

이제 우리는 예수의 사역으로 돌아와서 그를 따르지 않기로 선택한 사람들을 살펴볼 필요가 있다. 갈릴리의 예언자 예수는 양극단적인 반응을 초래한 논쟁적 인물이었음에 틀림없다. 큰 무리들이 그의 기적을 보고 그의 하나님 나라 선포를 들으려고 그에게 몰려 든 반면, 다른 사람들은 그의 능력의 근원을 의심했고, 그의 의도를 불신했다. 예수에 대한 가장 심각한 반대는 예루살렘에 있는 제사장 지도자들로부터 왔다(본서의 제12장에서 살펴볼 것이다).

하지만 다음 장에서 우리는 먼저 초기의 적대자들, 즉 갈릴리에서 예수의 메시지를 거부한 사람들과 예수의 활동에 적지 않은 관심을 보였던 한 통치자를 다룰 것이다.

---

9 다음 책에 모아진 본문들을 보라. W. Cotter, "Miracle Stories, the God Asclepius, the Pythagorean Philosophers, and the Roman Rulers" in A. J. Levine, D. C. Allison and J. D. Crossan (eds), *The Historical Jesus in Context*, 166-178, 여기서는 175-177.

제10장
갈릴리에서의 반대?

예수가 갈릴리 지역에서 많은 군중의 지지를 받았지만, 모든 사람이 그의 사역에 매료된 것이 아니었다. 인기 있는 인물들이 다 그러하듯이 그에게도 다양한 반대자들과 적대자들이 있었다. 어떤 이들은 신학에 대해 그와 논쟁하기 원했고, 또 어떤 이들은 그가 가져올 정치적 파급 효과를 좀 더 두려워했을 수도 있다. 하지만 어떤 이들은 깊은 불신감으로 그를 바라봤을 것이다. 본 장에서 우리는 바리새인들과 헤롯 안티파스(Herod Antipas)라는 두 제목 아래서 예수의 반대 세력을 살펴볼 것이다.

1. 예수와 바리새인들

본서의 제1장에서 역사적 예수의 옛 연구들이 바리새인들과의 논쟁에 중점을 두는 경향이 있었음을 살펴보았다. 바로 이 논쟁 안에서 하나님의 사랑, 자비, 용서라는 예수의 완전히 새로운 개념이 무엇보다 바리새인에 의해 제시된 무익하고 율법주의적인 "유대적" 하나님 사상과 대조될 수 있었다.

현대의 바리새인에 대한 연구는 최근 몇 년 사이 많은 진전을 보였고, 바리새인과 당대 유대교에 대한 그러한 평가는 더 이상 지탱될 수 없다. 더욱이 복음서에 언급된 바리새인들이 종종 1세기 후반에 일어났던 신생 기독교 운동과 그 모체인 유대교 간의 "격렬한 갈등 관계"(partings of the ways)를 반영하고 있음도 이제는 분명하다. 안식일 준수, 음식 규례, 정결 문제를 다룬 갈등 이야기들은 초기 기독교 회중들이 회당 공동체에 맞서 자신의 정체성을 규정할 때 유용했기 때문에 전승 안에 보존되고 강화됐다.

바리새인들을 향한 예수의 적대감들 중 일부(마 23장에 열거된 저주와 같은)는 역사적 핵심(kernel)이 있을지라도, 틀림없이 복음서 저자들의 공동체가 당시 바리새파적 회당 지도자들에 의해 경험했던 상처와 분노를 반영한다. 또한 마가복음 2:7과 병행 구절에서 바리새인들이 예수를 신성 모독자로 간주했다는 진술도 아마 부활 이후의 논쟁에 대한 투영일 것이다. 역사적 예수와 바리새인들과의 관계를 규명하기 위해서는 당시 그들이 실제 어떤 모습이었는지를 보다 더 분명하게 살펴볼 필요가 있다.

바리새파는 평신도 운동이었으며, B.C. 2세기 마카비 혁명 시대에 생겨난 것으로 보인다. 요세푸스(자신의 책 *Life* 12장에서 자신이 바리새인이었다고 주장)는 1세기 초에 약 6,000명의 바리새인들이 있었다고 주장한다.[1] 그들 중에는 갈릴리에 기반을 둔 사람들도 있었지만(막 2:18-19, 24), 대다수는 남쪽 예루살렘 주변에 거주했다. 바리새파의 핵심적인 특징은 성문법이든 구전 전승이든 율법에 대한 꼼꼼한 해석에 있

---

[1] *Ant.* 13.298; 18.20; 17.42.

었다.[2] 이 시기에 나온 바리새인의 논의들(가장 초기의 랍비 본문들에 보존된)은 식탁 교제, 제의적 정결, 음식 생산과 준비, 십일조 같은 사안들에 대한 생생하고도 단호한 논쟁들을 보여 준다.

이 모든 것들은 정결과 구별에 대한 특별한 관심을 보여 준다. 그들은 제사장이 성전에서 했던 것처럼 레위기에 나오는 정결 규정을 자신의 집에서 지키려고 노력했던 것으로 보인다. 다시 말해서 그들은 일상적 삶의 영역에서 영구적인 "성전 정결"(Temple holiness)의 상태를 유지하려는 데 목적이 있었다. 이 때문에 그들은 상당 부분 자신들을 보통 사람들과 구별할 필요가 있었을 것이며, 바리새인이라는 명칭 또한 그러한 태도에서 유래했을 것이다(바리새인은 "분리된 사람들"을 의미한다).

바리새인들이 1세기에 얼마나 큰 영향력을 지니고 있었는지에 대해서는 약간의 논란이 있다. 리브킨(E. Rivkin)은 바리새인 집단이 하스모니아 왕조 시대 때부터 적극적으로 정치에 개입했으며, 헤롯의 통치 기간에는 약간 어려움이 있었지만, 로마의 직접 통치하에서는 계속해서 정치에 개입했다고 주장했다. 요세푸스의 글에 인용된 몇몇 구절들을 근거로,[3] 그는 그들이 사법적이고 교육적인 문제들에 대해 특별한 영향력을 가진 강력하고도 권위 있는 학문적 집단이었다고 주장했다.

하지만 노이스너(J. Neusner)는 예수 시대에 바리새인들은 자신들의 정치적 영향력을 이미 상실했고, 가정을 중심으로 하는 내향적 운동으로 물러났다고 결론 내렸다.

아마도 답은 이 양극단적인 견해 사이의 어딘가에 있을 것이다. 로마 통치하에 있는 바리새인들은 유대 사회 안에서 어떤 공식적인 종

---

2 *Life* 191; *War* 1.110; 행 26:6; 빌 3:5.
3 *Ant.* 13.298; 18.15, 17.

교적, 정치적 입장도 가지고 있지 않았다. 유대 민족의 일상적 삶은 예루살렘에 있는 귀족적 제사장 계층에게 맡겨졌다(이에 대해서는 다음 장에서 살펴볼 것이다). 즉 법을 만들고 법적 문제를 판결한 사람들은 대제사장과 그의 조언자들이었다. 또한 메이슨(S. Mason)이 고찰했듯이, 바리새인들이 회당 생활에 적극적이었을지라도, 그들이 로마 전쟁 이전에 회당을 통제했다는 어떤 증거도 없다(회당 역시 제사장들이 책임지고 있었던 것으로 보인다).

그러나 그들은 이전에 지녔던 정치력과 평민들이 부여한 높은 명망 때문에 그들이 가진 실제 권위를 뛰어넘는 사회적 영향력을 보유하고 있었다.[4] 바리새인들이 품고 있는 생각은 분명 많은 평민들에게는 중요했으며, 그들의 광범위한 종교 사상 중 일부는 대중들에게도 수용됐는데, 특히 천사, 부활, 운명에 대한 믿음이 그러했다.

예수는 일부 부유한 바리새인들을 지적하면서 그들의 돈 사랑을 비판했다(마 6:24//눅 16:13-15). 왜냐하면 예수는 세속적인 부에 대해 훨씬 더 부정적인 태도를 취했기 때문이었다(막 10:21과 병행 구절). 하지만 예수가 다른 사람들에게 과시하기 위해 의를 행하는 바리새인들의 위선적 태도를 비판했을지라도, 일반적으로 그들의 의 추구를 인정한 것은 분명하다.[5] 그는 자신을 따르는 사람들에게 그들의 의가 바리새

---

4 E. Rivikin, *A Hidden Revolution* (Nashville: Abingdon, 1978); M. Hengel and R. Deines, "E. P. Sanders' 'Common Judaism,' Jesus and the Pharisees. A Review Article," *JTS* 46 (1995), 1-70; S. N. Mason, "Priesthood in Josephus and the 'Pharisaic Revolution,'" *JBL* 107 (1988), 657-661을 보라. 좀 더 일반적인 연구에 대해서는 A. Saldarini, *Pharisees, Scribes and Sadducees in Palestinian Society: A Sociological Approach* (Wilmington: Glazier, 1988); E. P. Sanders, *Judaism: Practice and Belief, 63 BCE-66 CE* (London: SCM, 1992); J. Neusner and B. Chilton (eds), *In Quest of the Historical Pharisees* (Waco: Baylor, 2007)를 보라.

5 눅 16:15; 또한 그들은 잃어버린 아들의 비유에서 "맏아들"로 묘사된다(눅 15:11-32).

인과 서기관의 의보다 더 나아야 하며(마 5:20) 온전함을 목표로 해야 한다고 말했다(마 5:45//눅 6:36). 바리새인들도 틀림없이 인정했을 사상으로 예수는 참된 의가 올바른 마음의 태도, 참된 회개, 하나님 앞에서의 겸손으로부터 흘러나오는 것임을 분명하게 밝혔다.

바리새인들 편에서도 분명 예수에게 관심이 있었을 것이다. 거룩한 사람과 설교자로서 그들은 예수의 견해와 어떻게 예수가 자신의 견해를 성경으로부터 해명하는지 알고 싶었을 것이다. 마가복음에 따르면, 그들의 논쟁 사안은 안식일 준수(막 2:24; 3:2), 성결(막 7:1-8), 이혼(막 10:2-9)과 같은 문제들이다.

이혼의 문제는 당시 논쟁이 진행되던 사안이었으며, 남편이 "아내가 범한 수치스러운 일"을 발견했을 경우 아내와의 이혼을 허용한 신명기 24:1의 결정에 대해서는 바리새인들 중에서도 해석이 분분했다. 보다 엄격한 샴마이(Shammai) 학파는 오직 음행의 경우에만 이혼을 허용한 반면, 보다 관대한 힐렐(Hillel) 학파는 다양한 과실의 경우에도 아내와의 이혼을 허용했다.

마가복음에 나타난 예수의 반응(마 19:9에서는 어느 정도 경감됐지만)은 가장 엄격한 바리새파의 견해를 넘어서 어떤 경우에도 이혼에 동의하지 않았던 에세네파의 단호한 견해와 유사했다. 마태복음이 그 특성상 바리새인의 적대감(pharisaic hostility)을 강화하거나 마가복음이 더 일반적인 "서기관"(지방 관리와 율법 전문가)만 언급하는 경우에도 바리새인을 첨가시킨다. 이는 아마 역사적 예수보다는 마태의 상황에서 일어난 회당과 교회 간의 갈등 관계를 반영하는 특성일 것이다.[6]

---

6 첫 번째 경향의 예를 위해서는 마 8:24; 9:11, 14을 보고, 두 번째 경향의 예를 위해서는 마 12:24를 보라.

예수가 율법을 어겼다는 논쟁에 있어서 의문점이 전혀 없다는 사실을 인정하는 것이 중요하다. 그럴 가능성이 제기될 수 있는 경우는 단 두 군데뿐이다.

첫째, 마가복음 2:23-28에서 예수의 제자들은 밀 이삭을 자른 행위에 대해 안식일을 어겼다는 비난을 받는다. 그가 그들의 행동을 옹호하긴 하지만, 그 자신이 이 일에 참여한 것으로 보이지는 않는다(또한 우리는 그 당시 갈릴리에서 정확히 무엇이 허용됐는지 확실히 알지도 못한다).

둘째, 마가복음 7:19은 예수가 마치 음식 규례를 폐기한 것으로 해석한다("이러므로 모든 음식물을 깨끗하다 하시니라"). 하지만 거의 대부분의 학자들은 이는 예수의 의도가 아니었으며, 마가가 주로 자신의 이방인 (율법을 지키지 않는) 청중을 위해 첨가한 것으로 설명한다.[7] 만일 예수가 음식 규례에 대해 이처럼 분명하게 지적했다면, 초기 교회가 그 주제에 대해 그렇게 오랫동안 논쟁을 벌이지는 않았을 것이다(행 10:11-17을 보라).

마태복음에 따르면, 예수는 율법을 폐하러 온 것이 아니라 완성하기 위해 왔으며(마 5:17-19), 이어 나오는 일련의 반명제들(antitheses)은 그가 자신을 따르는 사람들에게 보다 높은 의를 요구함으로써 율법의 요구를 넘어선다는 것을 암시한다. 그렇다면, 문제가 된 것은 예수가 율법을 지켰는지의 여부가 아니라, 율법의 여러 조항들에 대한 그의 해석이었다.

보다 더 논쟁이 되는 사안은 정결 규례에 관한 문제이다(특히, 레 11-15장에 언급된).[8] 예수 시대의 유대인 신앙은 특히 제의적 정결을

---

[7] M. Hooker, *Mark*, 172-181에 있는 논의를 보라.

[8] 정결 문제에 대해서는 J. Klawans, "Moral and Ritual Purity" in A. J. Levine, D. C. Allison, and J. D. Crossan (eds), *The Historical Jesus in Context*, 266-284에 있는 논의와 본문들을 보라.

중요시했는데, 사람을 제의적으로 (일시적으로든 장기적으로든) 부정하게 만드는 요인들은 다양했다. 많은 경우에 일반적인 신체적 기능들, 즉 월경, 사정, 해산, 시신 및 부정한 동물이나 사람과의 접촉 등과 연관됐기에 대부분의 사람들은 자주 부정함에 노출됐을 것이다.

이러한 부정함을 제거하는 일반적인 방법은 규정된 기간 동안 기다리며 제의적 목욕(이른바 미크베[*miqveh*]; 갈릴리 여러 곳에 이러한 목욕터가 있었다는 점에 대해서는 본서의 제5장을 보라)을 거행하는 것이었다. 부정함은 죄와는 달라서 실제로는 예루살렘 성전에 들어가기를 원했던 사람의 경우(즉 높은 수준의 정결이 요구되는 경우)에만 문제가 됐다. 회당들이 제의적으로 부정한 사람들을 거부했거나 부정한 사람들이 외면당했다는 증거는 없다(그러나 나병에 걸리거나 귀신 들린 사람들이 다른 여러 이유로 회피당한 것은 이해하기 쉽다). 높은 수준의 개인적 정결을 유지했던 바리새인들조차도 자신들의 기준을 다른 사람들에게 강요하지는 않았다.

그렇다면 제의적 정결에 대한 예수의 태도는 어떠했을까?

이 문제에 대해서는 예수 연구자들 사이에도 의견이 엇갈리고 있다. 예를 들면, 던(Dunn), 크로산(Crossan) 같은 학자들이 예수가 정결 문제에 거의 관심을 두지 않았다고 주장하는 반면, 샌더스(Sanders), 플루서(Flusser), 버미스(Vermes) 같은 학자들은 예수에게도 정결 문제는 중요했다고 주장한다. 성전과 상당히 멀리 떨어져 살고 있었던 갈릴리 사람들은 정결 문제를 비교적 느슨하게(또는 단순히 다르게) 해석했을 가능성이 있다.[9] 또한 예수는 부정한 사람들을 만져도 자신은 부정해지지 않는다고 생각한 것이 분명하다(예컨대, 막 1:40-45; 5:25-34).

---

9 G. Theissen and A. Merz, *The Historical Jesus*, 178(랍비 본문과 함께).

이러한 특성은 후에 기독교 운동 내에서 정결 문제를 상대화하는 데 일조했을 것이다. 그러나 전승에는 예수가 정결 규례를 완전히 무시하라고 선포했다는 암시는 어디에서도 찾아볼 수 없다. 우리는 앞에서 그가 제의적 정결과 연관해서 세례 요한의 세례를 자발적으로 받았다는 것을 살펴보았다.

또한 예수의 사도들은 예수가 죽은 후에도 계속해서 성전을 방문한 것이 분명한데, 성전 방문을 위해 그들에게도 일정 수준의 정결함을 유지하는 것이 필요했을 것이다. 정결(purity)은 당시 유대인들뿐만 아니라 많은 종교적 집단들에게도 중요했는데, 거룩(holiness)의 필수적인 요소였고 신적 존재와의 접촉을 위한 예비 단계였다.

바리새인에 관한 한, 여기서도 문제가 된 것은 정결 요구에 대한 예수의 해석이었다. 즉 그를 따를 때에 정결이 얼마나 성취되고 유지될 수 있으며, 어느 정도까지 일상생활에서 기대됐는지 말이다.[10] (기독교가 이방 세계로 확장되기 시작한 이후로 정결 요구는 율법의 나머지 부분과 함께 폐지됐다.)

예수의 가르침 중에는 당시의 종교 사상가들도 동의했을 만한 가르침이 많았다. 예를 들어, 사랑에 대한 강조와 이웃에 대한 관심은 다양한 유대 자료에서 찾아볼 수 있다. 또 안식일이 사람을 위하여 있는 것이요, 사람이 안식일을 위하여 있는 것이 아니라는 진술 역시 마카비하 5.19과 "*b. Yoma* 85b"에서 찾아볼 수 있다. 아마도 사람으로부터 나오는 것이 그 사람을 깨끗하게 하거나 더럽게 한다는 말에 이의를 제기하거나(막 7:15), 안식일에 권위 있는 명령으로 병자를 치유하

---

10 예수의 유대교 율법에 대한 태도를 좀 더 충분히 논의한 책으로는 J. G. Crossley, *The New Testament and Jewish Law: A Guide for the Perplexed* (London: Continuum, 2010)가 있다.

는 일에 반대했을 사람은 없었을 것이다. 하지만, 바리새인들이 특별히 예수와 결별하는 지점은 식탁 교제 문제였던 것으로 보인다.

2. 식탁 교제

그를 따르는 자들과의 식탁 교제는 예수의 하나님 나라 선포와 밀접하게 연관되어 있다. 누가는 특히 예수를, 집주인을 방문하여 그들에게 가르침을 전하는 손님으로 묘사하기를 좋아한다.[11] 오늘날도 마찬가지이지만, 고대 세계에서는 어떤 사람이 누구와 식사를 하느냐는 매우 중요한 사회적·문화적 함의를 지녔다. 그러므로 예수가 식탁 교제의 대상을 다양한 배경의 다양한 사람들로 확대시킨 것에는 매우 분명한 메시지가 있다. 공동 식사는 종말에 있을 메시아적 잔치의 상징적 시행이며(사 25:6; 바룩2서 29.5-8; 마 8:11; 눅 14:15), 이러한 희망들이 다가올 나라에서 곧 실현될 것이라는 표시이다.

그러나 모든 사람들이 이러한 공동 식사를 긍정적으로 바라본 것은 아니었다. Q에서 유래한 한 구절에서 예수의 적대자들은 그를 "먹기를 탐하고 포도주를 즐기는 사람이요 세리와 죄인의 친구"로 특징짓는다(마 11:19//눅 7:34). 마가복음 2:15-17과 병행 구절에서 "바리새인의 서기관들"은 예수가 세리 및 죄인들과 함께 식사하는 것을 보고 못마땅하게 여긴다. 또 누가복음 19:7에서 많은 사람들은 예수가 세리장 삭개오의 집에 머물며 먹으려 할 때에 매우 당황스러워한다.

---

11 눅 7:36-50; 11:37-44; 19:1-10.

사회적 관점에서만 판단할 때, 여러 부류의 사람들이 함께 식사하는 일은 흔치 않는 일이요, 의심을 사기에 충분한 행동이었을 것이다. 특히 자신의 사역을 성공적으로 이끌고 있는 종교 교사나 치유자가 달갑지 않는 사람들(undesirables)과 교제할 경우에는 더욱 그러했을 것이다. 이런 점에서 예수의 식사 관례는 어떤 이들에게는 깊은 반감을 샀고, 어떤 이들에게는 매우 의심스러운 행위로 여겨졌음에 틀림없다.

그러나 이러한 식탁 교제의 구성원들은 누구였는가?

또 예수가 비난받는 이유는 정확히 무엇인가?

그레코-로만 문헌과 유대 문헌에 따르면, 세리들은 일반적으로 경멸을 받았다고 지적된다. 그들이 삭개오처럼 감독하는 일을 맡았든지, 아니면 그것보다 사소한 통행세나 어업세를 걷었든지, 상당 수준의 개인적 이득을 챙긴 것으로 보인다. 그들은 또한 직책상 당연히 헤롯 가문이든, 로마 당국이든 통치 세력과 긴밀하게 협력했을 것이므로 협력자 또는 매국노로 간주됐을 것이다.

"죄인"(sinner)이라는 용어는 매우 광범위한 부류의 사람들을 가리키는 데 사용됐다. 그 안에는 율법 밖에서 살았거나 율법의 계명대로 거의 살지 못했던 사람들이 포함됐다. 그러나 또한 그 안에는 "죄인"인지 아닌지 결정하기 힘든 어중간한 사람들도 포함됐을 것이다.

이 경우 여인들은 특히 취약한 계층이었다. 가난한 여인들은 생계를 책임질 능력이 거의 없었기에 창기가 되는 경우가 많았을 것이다. 어떤 여인들은 상대적으로 경건한 사람들에 의해 음란한 여인으로 판단될 상황에 처했어도, 자신의 상황을 변화시킬 어떤 능력도 갖지 못했을 것이다. 따라서 "죄인"이란 꼬리표는 대체로 주관적 가정과 편견에 기초한 외부 사람들의 평가인 경우가 많았다.

예수와 교제한 "죄인들"은 어떤 부류의 사람들이었을까?

샌더스(E. P. Sanders)는 예수가 율법 밖에 있던 사람들과 만찬을 나누었으며, 그들에게 먼저 회개하라는 요구를 하지 않았다는 유명한 견해를 내놓았다. 이 견해가 옳다면, 예수의 동료 선택에 질겁했을 바리새인의 적대감을 설명하는 데 도움이 될 것이다.[12]

그러나 이것은 다른 학자들이 샌더스의 연구 중 가장 많은 비판을 가했던 견해이다. 회개 요구가 기대만큼 전승에 많이 나오지 않는 것은 사실이지만, 마가는 그것을 예수가 전한 복음 선포의 핵심으로 삼고 있으며(막 1:15), 예수가 세례 요한의 회개 요청을 포기했을 만한 이유가 없다. 그렇다면, 예수의 식탁 동료들은 자신들의 과거의 삶을 회개함으로써 그의 메시지에 반응했을 가능성이 매우 높다.

그러나 이 견해가 타당하고, 그들이 예수의 집단에 포함됐다는 사실이 장차 그의 도덕적 비전에 헌신할 것임을 암시한다 할지라도, 외부 사람들은 예수가 그들을 그렇게 쉽게 용납하는 것을 납득하기 어려웠을 것이다.

그들의 회개가 참된 회개인지 어떻게 확신할 수 있는가?

특히 율법이 그들에게 부과한 의무 사항들을 따랐다는 어떤 증거도 없는 상황에서 말이다(우리는 예수가 세례 요한 이상으로 사람들에게 성전 제사를 통해 자신들의 회개를 입증하라고 요구했다는 말을 듣지 못한다).

오히려 예수는 이러한 부류들과 교제함으로써 일종의 정결을 포기했다는 의심을 받았을 것이다. 예수의 식탁 동료들로 인해 다음과 같은 매우 까다로운 신학적 문제를 제기됐다.

---

12 Sanders의 입장에 대한 충분한 논의는 다음과 같은 문헌들을 참조하라. M. A. Powell, "Was Jesus a Friend of Unrepentant Sinners? A Fresh Appraisal of Sanders's Controversial Proposal," *JSHJ* 7 (2009), 286-310; J. D. G. Dunn, "Pharisees, Sinner and Jesus" in J. Neusner et al. (eds), *The Social World of Formative Christianity and Judaism* (Philadelphia: Fortress, 1988), 264-289.

세리와 죄인들이 회개의 의미로 피상적인 긍정(cursory nod) 정도만을 표하면서 먼저 하나님 나라로 들어갈 수 있다면, 의로운 삶을 산다는 것은 도대체 무슨 의미가 있는가?

종교 교사의 관점에서 볼 때, 의심할 여지없이 율법을 지킨 사람조차도 이것은 매우 혼란스러운 문제였다.

이렇게 볼 때, "세리와 죄인들"이란 표현은, 사람이 스스로의 삶을 변화시킬 수 있다는 것을 믿지 않는 바리새인들과 다른 경건한 사람들이 달갑지 않은 사람들(undesirables)에게 붙여준 낙인이다. 그들이 정말 이 "죄인들"이 하나님에게로 돌아섰다고 믿었다면, 그들 역시 무척 기뻐했을 것임에 틀림없다.

따라서 그들이 보인 일종의 냉소(cynicism)는, 그들이 예수의 식탁 교제를 메시아적 잔치의 상징이 아니라 참된 회개와 율법 준수에 대한 노골적인 무시로 간주했음을 의미했다. 따라서 동시대의 바리새인들은 예수의 행동에 대해 매우 불안해했고, 그의 메시지와 하나님을 대변한다는 그의 주장에 대해 심각한 의문을 제기했을 것이다.

이상에서 볼 때, 바리새인들이 예수와의 대화 및 논쟁에 참여했음을 기억할 필요가 있다. 그러한 대화와 논쟁의 열기는 매우 뜨거워 때로는 양측이 논쟁 때문에 좌절하거나 분노를 일으킬 때도 있었을 것이다. 그러나 바리새인들이 예수를 죽이려고 시도한 적은 결코 없었다. 그들이 예수를 죽이려고 모의했다는 언급(막 3:6과 병행 구절)은 예수를 향한 바리새인의 적대감을 증가시키려는 후대의 시도임에 틀림없다.

바리새인들은 누구를 죽일 수 있는 위치에 놓여 있지 않았고, 예수를 없애야 할 어떤 이유도 없었다. 예수가 처형됐을 때 그를 로마 당국에 넘겨준 이들은 바리새인이 아니라, 대제사장을 중심으로 한 예루살렘의 통치자들이었다.

그러나 갈릴리에서도 예수에게 큰 위협이 하나 있었는데, 그것은 바로 유대 분봉왕 헤롯 안티파스(Herod Antipas)로부터 왔다.

3. 헤롯 안티파스

예수 전승의 흥미로운 점 중 하나는 그가 갈릴리에 있는 도시에서 선포했다는 언급이 없다는 것이다. 그가 나사렛, 가버나움, 벳새다 등 작은 마을들과 먼 지역에서 사역했다는 보고는 많지만, 세포리스(Sepphoris)나 디베랴(Tiberias)와 같은 도시에서 활동한 이야기는 나오지 않는다. 이 점은 세포리스가 나사렛으로부터 걸어서 1시간 밖에 걸리지 않는 가까운 거리에 있었고(예수가 그곳 주민들을 알았을 가능성이 크다), 해안가에 위치한 디베랴가 예수의 여행 일정에 자주 등장하는 지역들로부터 접근하기 쉬웠던 점을 고려할 때 더욱 놀랍다.

우리가 본서의 제5장에서 보았듯이 세포리스와 후대의 디베랴는 안티파스가 통치하는 행정부의 중심이요, 관료와 지방 정부의 숭주(hubs), 즉 갈릴리 지역을 다스리는 분봉왕 권력의 중심지였다. 이 도시들은 헤롯당(막 3:6; 12:13-17//마 22:15-22), 안티파스의 관리들, 정치적 지지자들 및 가신들의 자연적 고향이었다. 비록 유대적일지라도 이 도시의 많은 주민들은 주변 지역의 사람들보다 더 부유했고, 더 세계적이었으며, 더 헬라화됐을 것이다.

물론 이러한 도시에서 행한 예수의 활동 이야기들이 단순히 보존되지 않았을 가능성도 있다. 아니면, 예수가 자신의 목자적 이미지와 은유를 더 잘 이해한 시골 사람들에게 선포하기를 더 선호했을 가능성도 있다.

그러나 진지하게 고려할 만한 또 하나의 제안은 예수가 의도적으로 이 도시들을 피했을 가능성이다. 아마도 세례 요한의 운명이 그의 마음속에 생생하게 남아 있었기에 그는 분봉왕 안티파스와의 대면을 예방적 차원에서 피했을 것이다.

누가는 안티파스의 신하 중 적어도 두 명이 새로운 예수 운동에 참여했다는 암시를 준다(눅 8:2-3; 행 13:1). 그렇다면, 안티파스가 예수와 그의 활동을 몰랐을 가능성은 거의 없다. 공관복음에는 안티파스가 예수를 계속 지켜보았으며 그를 되살아난 세례 요한으로 보았다고 설명한다(막 6:14-16과 병행 구절). 물론 이 단락은 문맥상 세례 요한의 참수형 이야기를 도입하는 기능을 하지만, 안티파스가 예수에게 관심을 갖기 시작했거나, 아니면 적어도 그러할까 봐 예수와 그의 제자들이 두려워했다는 것이 실제 역사적 전승임을 말해 준다.

누가복음에는 이 외에도 안티파스와 관련된 다수의 전승들이 나온다. 9:7-8에서 안티파스는 예수를 보려는 열망을 표명하고, 13:31에서는 어떤 바리새인들(여기서는 흔치 않게 바리새인들이 긍정적으로 표현된다)이 예수에게 그 분봉왕이 예수를 죽이려 한다고 경고한다. 예수는 이에 대한 대답으로 안티파스를 "저 여우"로 언급하며(그의 교활한 영리함을 언급하는 것일까? 아니면 통치자로서의 그의 미숙함을 언급하는 것일까?), "선지자가 예루살렘 밖에서는 죽는 법이 없기" 때문에 자신이 갈릴리를 떠나야 할 것임을 인정한다(눅 13:32-33).

이 대화의 역사성이 어떠하든지 간에, 분명한 것은 예수가 자신이 갈릴리에 있는 것이 얼마나 위험한지를 잘 알고 있었다는 점이다. 그가 예루살렘에서 자신의 메시지를 전하기로 결심한 이후로 안티파스와의 불필요한 대면을 피하는 일이 중요했을 것이다. 5,000명을 먹인 급식 기적에 역사적 핵심(core)이 있다면, 누가가 이 많은 군중이 벳새다 부근, 즉 안티파스가 아니라 빌립(Philip)이 통치했던 영토에 모여 있었다고 언급하는 것 또한 의미가 있다.[13]

안티파스 편에서 볼 때, 예수는 분명 전통적인 군사적 위협 요소는 아니었다. 그를 따르는 사람들은 무장도 하지 않았으며, 반란에 대한 어떤 조짐도 보이지 않았던 것으로 보인다. 예수는 불의를 당할 때조차도 비폭력과 보복 금지를 명시적으로 촉구했다(예컨대, 마 5:11-12; 마 5:38-48//눅 6:27-36). 또한 예수가 안티파스나 그의 정부를 공개적으로 공격했다는 어떤 지적도 없다(예수의 엄격한 결혼 옹호가 안티파스의 사생활에 대한 비판을 은연중에 내포하고 있을지라도).

그러나 그의 하나님 나라 선포는 위험할 수 있었다. 하나님 나라를 꿈꾸며 선포하는 일은 적어도 안티파스의 영토와 그의 후원자인 로마 제국에 결함이 있음을 뜻했기 때문이다. 더욱이 세례 요한의 경우처럼, 예수 주변에 많은 군중이 모였다는 사실 자체가 이미 관심의 대상이 됐다는 점이다. 그렇다면, 예수는 안티파스의 영토에서 오랫동안 사역을 계속할 수 없었을 것이다.

결국 예수를 처형한 것은 갈릴리의 안타파스가 아니라 예루살렘의 빌라도였다. 또한 예수가 처형된 이유도 달갑지 않은 사람들과의 식탁 교제나 많은 군중을 이끌었기 때문이 아니라, 유월절 직전 예루살렘에서 그가 일으킨 소동들 때문이었다.

하지만, 연대기 문제를 하나 더 다룰 필요가 있다.

예수의 사역 기간은 정확히 얼마나 되었는가?

---

[13] 장소에 대해서는 눅 9:10; 요 6:1을 보라. 막 6:31은 덜 분명하다.

4. 예수의 사역 기간

 예수 사역의 정확한 기간은 논쟁이 되고 있으며, 예루살렘 방문의 횟수 역시 논란이 되고 있다. 마가복음(마태와 누가도 그것을 따른다)은 예수가 약 1년 동안 공적으로 활동했고 마지막에 예루살렘을 한 번 방문한 것으로 서술한다. 그러나 요한은 그것보다 긴 사역 기간을 제공한다. 그는 유월절을 세 번 언급함으로써(요 2:13; 6:4; 11:55), 2년 이상의 사역 기간을 암시한다(요 5:1에 언급된 절기도 유월절이라면 그 기간은 더 늘어난다). 이러한 사역 기간 동안 예수는 이런 저런 절기를 맞아 적어도 네 번에 걸쳐 예루살렘에 올라간다(요 2:13; 5:1; 7:2; 10:22). 하지만 공관복음과 요한복음의 이 두 전승 모두 문학적이고 신학적인 색채를 띤다.

 요한은 자신의 복음서 전체에서 예수를 유대의 절기와 제도의 성취로 보이게 하는 데 많은 관심이 있다. 예를 들어, 예수는 유대의 정결케 하는 물을 대체하는 새 포도주이고, 광야의 새로운 만나이며, 새로운 유월절 양이다. 요한은 예수가 다양한 "유대의 절기"를 대체하는 자임을 보이기 위해 그를 계속해서 예루살렘으로 데려간다. 이러한 심오한 신학적 해석은 그리스도인들이 자신들을 유대인 이웃들과 구별된 존재(또는 그들보다 우월한 존재)로 보기 시작한 이후에 비로소 전개될 수 있었을 것이다.

 그러나 요한이 자료를 신학적으로 사용했다고 해서 보다 긴 사역 기간이 반드시 비역사적임을 의미하는 것은 아니다. 오히려 신학적 해석이 예수의 사역이 2년 또는 3년 동안 지속됐다는 단순한 회상을 통해 영감을 받았을 수도 있다. 다수의 학자들은 보다 긴 사역 기간이 예수의 관점이 발전됐을 여지를 제공하기 때문에 보다 긴 사역 기간을 지지한다(예컨대, 마이어[Meier], 프레드릭슨[Freriksen], 스미스[D. M. Smith]).

마가는 예수의 이야기를 지리적 도식에 따라 전개한다. 이 도식에 따르면, 모든 갈릴리 자료는 복음서의 첫 부분(막 1:14-9:28)에서, 예수와 그를 따르는 자들이 예루살렘으로 올라가는 여정은 둘째 부분(막 9:29-10장)에서, 그리고 예루살렘 자료는 오로지 마지막 세 번째 부분(막 11-16장)에서만 언급된다. 이 때문에 예수의 사역 기간이 단지 1년이었다는 인상을 받는다.

이것 또한 마가복음 전체의 정점인 수난 이야기의 중요성을 강조하려는 신학적 의도이며, 갈릴리에 비해 무겁고도 음울한 예루살렘의 모습이 부각된다. 이 경우에서도 신학적 해석이 반드시 역사적 묘사를 배제하지는 않는다. 보다 짧은 사역 기간은 예수를 불과 20년 후에 광야에 나타날 표적 예언자들과 연결시키며, 그가 어떻게 안티파스를 피할 수 있었는지를 설명해 준다.

이 밖에도 다양한 대안들이 가능하다. 예수의 사역 기간은 일 년이었지만, 예루살렘을 한 번 이상 방문했을 수도 있다("예루살렘 승리의 입성" 때 유대인들이 잎이 달린 나뭇가지들을 흔든 것은 초막절과 연관이 된다는 주장은 흥미롭다[14]). 또는 예수의 사역은 몇 년간 지속됐지만 예수가 예루살렘을 한 번만 방문했을 수도 있다. 지금으로서는 어느 것이 맞는지 확실하게 알 수 없다.

하지만, 마가복음에 나타난 보다 짧은 사역 기간이 오늘날 학자들의 주도적인 입장이라는 말은 할 수 있을 것이다(특히 샌더스[Sanders], 크로산[Crossan], 던[Dunn]이 이 견해를 지지한다). 이에 대해서는 다음 장에서 좀 더 상세하게 다룰 것이다.

---

14 M. Hooker, *Mark*, 256에 나오는 논의를 보라. 연대기적 난점에 대한 보다 긴 분석은 J. Finegan, *Handbook of Biblical Chronology* (rev. edn, Peabody, MA: Hendrickson, 1998), 349-353과 J. P. Meier, *A Marginal Jew*, 1:372-433에서 찾을 수 있다.

제11장
예루살렘

30년대 초반 예수와 제자들은 절기를 지키려는 인파에 합류하여 예루살렘으로 올라갔다. 갈릴리는 거룩한 도성 예루살렘 북쪽으로 100마일 정도 떨어진 곳에 있어, 걸어서는 약 1주일 정도 걸렸을 것이다. 만일 절기를 지키는 순례자들이 전통적인 경로를 따라 사마리아 땅을 우회하여 요단강 동쪽을 가로질러 갔다면, 약간 더 걸릴 수도 있었을 것이다. 공관복음이 이 긴 여정을 제자도에 대한 예수의 가르침, 하나님 나라에 대한 제자들의 오해, 그리고 일반적 기대감으로 채움으로써 예수에 대한 그들의 기억의 중심으로 삼은 것은 별로 놀라운 일이 아니다.

대부분의 순례자들은 적어도 절기가 시작되기 일주일 전에 예루살렘으로 올라가 자신들을 정결케 하고, 거룩한 도성에서 시간을 보내며, 영적으로 준비했다. 예수와 그의 동료들 역시 약간 이르게 그리스도인들이 "종려주일"이라 부르는 날에 도착한 것으로 보인다. 예루살렘 도시는 곧 바로 전 세계 각지로부터 온 수만 명의 순례자들로 채워졌을 것이다.

많은 순례자들이 팔레스타인과 그 주변 지역으로부터 왔지만, 평생 한 번 절기에 참석하기 위해 온 디아스포라 유대인들도 있었고, 때로는 파르티아(Parthia)로부터 온 대담무쌍한 유대인들도 있었다.[1] 예루살렘 도성은 인파들로 넘쳐 나서 많은 사람들이 주변 도시와 마을, 심지어는 바깥에 있는 텐트(예루살렘의 높은 고도를 고려할 때 매우 추웠을 것이다)에 머물러야 했을 것이다. 예수와 그의 동료들은 거기로부터 2마일 정도 떨어진 베다니의 집, 아마도 그들의 친구인 마리아, 마르다, 나사로의 집에 머물렀던 것으로 보인다(요 12:1; 막 11:11-12//마 21:17).

1. 예루살렘

1세기에 예루살렘은 그 영향력과 명성이 최절정에 달했다. 헤롯 대제는 후원자인 아우구스투스에 의해 고무되고, 혁신적인 로마 건축 발전에 의지하여 예루살렘을 자신의 웅장함과 장엄함이 반영되도록 완전히 탈바꿈시켰다. 이 도시는 상부 도시(Upper City)의 부유한 주민들을 위한 웅장한 로마식 저택들, 호화로운 궁전, 광범위한 오락 시설들(극장을 포함한), 성벽 너머의 정교한 무덤과 기념물을 자랑할 수 있었다.

하지만 무엇보다 인상적인 것은 성전 산(Temple Mount)의 증축 작업이었다. 위대한 공학적 위업으로 헤롯 대제는 거룩한 구역(sacred precinct)을 확장하여 세상에서 가장 큰 성역 중 하나로 만들었고, 그 주위를 로마식 기둥과 주랑 현관(porticoes, 대형 건물 입구에 기둥을 받쳐 만든 현관 지붕-역주)로 둘러쌌으며, 내부 성소를 하얀 석회석과 금으로 완전히 재건했다. 그 결과 이 거대한 복합 건물은 고대 세계의 훌륭한

---

[1] 행 2:7-11에는 약간 과장이 있을 수 있지만, 오순절을 위해 모였던 민족들의 범위는 필로의 *Embassy to Gaius*, 281-282에 나오는 목록들과 대략적으로 유사하다.

관광 명소 중 하나가 됐다.

예루살렘은 이스라엘에서 가장 유대적이고 동시에 가장 헬레니즘적인 도시였다.[2] 이 도시는 하스모니아 왕조 시대 이후로 헬레니즘 문화의 영향을 강하게 받았고, 그 헬레니즘의 영향력은 1세기에도 약화될 기미가 보이지 않았다. 순례자들, 상인들, 여행자들이 로마 제국 전역으로부터 예루살렘으로 몰려들었고, 많은 디아스포라 유대인들이 영구적으로 정착했으며(행 6:9에 언급된 회당 참조), 각 사람들마다 자신들의 세계주의적 사고방식을 함께 가져왔다. 그 도시의 방문객들은 좁은 골목길마다 울려 퍼지는 아람어와 헬라어를 들을 수 있었을 것이다(때로는 라틴어도).

예루살렘 주민들이 일반적으로는 그레코-로만 문화를 환영했지만, 그것은 단순히 새로운 사상을 흡수한다(absorb)는 의미와는 달랐다. 보다 새로운 관점과 사고방식은 변경과 채택이라는 복잡한 과정을 통해 동화됨(assimilated)으로써 헬라 방식과 기본적인 유대 신념이 양립할 수 있었다. 궁극적으로 유대의 고유한 관습들과 양립할 수 없다고 여겨진 것들은 단순히 폐기됐다.

따라서 예루살렘이 로마 제국 내의 다른 도시들과 여러 면에서 닮은 점이 있었지만, 방문자는 그 도시에 형상들과 조각들 또는 어떤 조형 미술품도 없다는 사실에 놀랐을 것이다. 특히 그 도시에 제의적 욕조들이 많고, 도자기 그릇에 비해 돌그릇이 많이 사용된다는 점(정결상의 이유로) 때문에 방문자는 자신이 헬라 도시에 와 있지만, 그 주민들

---

[2] 예루살렘에 대해서는 L. Levine, *Jerusalem: Portrait of the City in the Second Temple Period (538 BCE - 70 CE)* (Philadelphia: Jewish Publication Society, 2002)를 보라. 또 *Judaism and Hellenism in Antiquity: Conflict or Confluence* (Peabody, MA: Hendrickson, 1998), 33-95도 보라.

이 주로 유대인이었음을 알아차렸을 것이다.

예수는 왜 예루살렘에 갔을까?

물론 이전에도 여러 번 그랬던 것처럼 그가 유월절을 지키기 위해 예루살렘으로 갔을 수도 있다(갈릴리인들의 유월절 참여에 대해서는 본서의 제5장을 보라). 거룩한 도성에는 수많은 군중으로 가득 찼을 것이기 때문에 그의 메시지를 들을 대상들은 충분히 보장됐을 것이다.

그러나 이것은 매우 부분적인 대답에 불과하다. 위대한 목자이며 왕이었던 다윗의 도시요, 그의 아들 솔로몬에 의해 지은 성전이 있었던 예루살렘은 상징적이고 종교적인 기억들로 가득 차 있는 장소였다.

이러한 사실을 가장 많이 의식한 사람들은 예언자들이었는데, 그들은 예루살렘을 이 땅에서 가장 거룩한 도시, 하나님이 거주하시는 장소, 모든 민족의 중심으로 보았다. 어느 날 이스라엘의 흩어진 지파들이 이방인들과 함께 예루살렘으로 돌아올 것이며, 모든 사람들이 더없이 행복한 삶을 누리게 될 것이다(특히 사 60-62장; 겔 40-48장을 보라). 예수 시대에도 "예루살렘 신학"(Jerusalem theology)은 많은 당대의 문헌들 속에서 계속해서 중요하게 다루어졌으며, 영광스러운 시대에 대한 많은 종말론적 비전들은 회복된 도시 또는 하늘의 도시에 초점이 맞추어져 있었다.[3]

유대의 선포자(preacher)라면 누구나 예루살렘을 염두에 두어야만 했다. 특히 이스라엘의 회복을 예언하고 이 땅에 하나님 나라의 설립을 기대했던 선포자라면 더욱 그러했을 것이다. 그렇다면 예수의 예

---

3 예컨대, *Letter of Aristeas* 83; *Jubilees* 8:17-19; *War* 3.52; *Leg* 37; *1 Enoch* 85-90. 좀 더 상세한 연구를 위해서는 S. Freyne, "The Geography of Restoration: Galilee-Jerusalem Relations in Early Jewish and Christian Experience," *NTS* 47 (2001), 289-311을 보라.

루살렘 방문은 예루살렘과 연관된 약속들이 곧 성취될 것이라는 예언적 선포요, 동시에 하나님의 도래가 얼마 남지 않았다는 묵시적 선언이기도 했다(눅 19:11을 보라).

예수는 예루살렘에서 하나님 나라의 복음을 선포했을 뿐만 아니라 자신의 메시지를 여러 상징적 행위로 분명히 보여 주었다. 수 세기 전에 유대의 예언자들도 그와 유사하게 자신들이 전한 말씀을 보강하기 위해 상징적 행위를 사용했다. 이를테면, 호세아의 자녀들의 이름이나 예레미야의 깨진 항아리를 들 수 있다.[4] 갈릴리에서 이미 예수의 열두 제자 선택은 이스라엘 열두 지파의 임박한 회복을 생생하고 인상적으로 보여 주었다.

이제 예루살렘에서 그는 상징적 행위를 세 개 더 보여 주는데, 나귀를 타고 예루살렘 입성, 성전 청결 사건, 제자들과의 마지막 만찬이 그것이다. 본 장에서는 먼저 이 세 가지 상징적 행위들을 차례로 살펴본 다음 계속해서 대제사장들의 음모, 예수가 죽은 날짜, 그에 대한 배반을 살펴보기로 한다.

2. 예루살렘 입성

마가와 요한 전승 모두 마지막 때에 예수가 나귀를 타고 예루살렘에 들어갔다고 전한다. 그는 북쪽으로부터 여리고와 베다니를 통과

---

[4] 호세아는 창기와 결혼하고 각각의 세 아들에게 상징적 이름을 붙여주었다(호 1:2-9). 이사야는 3년 동안 벗은 발과 벗은 몸으로 다녔다(사 20:1-6). 예레미야는 허리에 띤 베띠를 유브라데(Euphrates) 강가 바위틈에 숨겨 쓸모없게 만들었고(렘 13:1-11), 흙으로 만든 옹기를 깨버렸으며(렘 19장), 자신의 목에 멍에를 메었다(렘 27장).

해서 동쪽 감람산을 넘어 예루살렘으로 들어가는 경로를 택했다. 그는 나귀를 타고 나무가 울창한 이 언덕으로부터 기드론 계곡을 통과하여 예루살렘으로 들어갔다. 그때 그 모습을 본 사람들이 그를 환영하며 승리감에 들떠 소리쳤다(막 11:7-10과 병행 구절; 요 12:12-15). 복음서에 따르면, 그러한 행위는 이미 계획된 것으로 예수는 제자 둘을 보내어 가까운 마을로 가서 나귀를 가져오도록 명령했다(막 11:1-6과 병행 구절). 그렇다면, 이러한 행위는 히브리 예언자들이 그랬던 것처럼, 하나의 의도적 예언 행위로 간주해야 할 것이다.

그러나 그러한 행위는 과연 무엇을 의미했는가?

복음서 저자들에 따르면, 이 장면은 예수의 왕 되심(kingship)을 강조한다. 예를 들어, 마가는 이 사건 바로 직전에 그를 "다윗의 자손"으로 환호했다(막 10:46-52). 이 예루살렘 입성 이야기의 몇 가지 특성들은 동방의 왕을 나타내고(길 위에 카펫을 까는 것과 같은, 왕하 9:13), 군중의 외침은 다윗과 메시아적 색채로 가득 차 있다. 누가는 예수의 왕 되심을 "찬송하리로다 주의 이름으로 오시는 왕이여"(눅 19:38)로 분명하게 지적하는 반면, 마태와 요한은 둘 다 스가랴 9:9의 예언을 인용한다.

> 시온의 딸아 크게 기뻐할지어다
> 예루살렘의 딸아 즐거이 부를지어다
> 보라 네 왕이 네게 임하시나니
> 그는 공의로우시며 구원을 베푸시며
> 겸손하셔서 나귀를 타시나니
> 나귀의 작은 것 곧 나귀 새끼니라(슥 9:9).

물론 문제는 예수 또한 자신의 상징 행위를 이런 견지에서 보았는지의 여부이다.

그것은 스가랴 9:9의 의도적인 재연이었나?

아니면, 이 성경 구절은 초기 그리스도인들이 메시아적 증거 본문을 찾는 과정에서 나중에 첨가된 것인가?

이러한 두 견해 중 하나를 선택하기란 쉽지 않다. 스가랴 9장의 보다 넓은 문맥은 하나님의 거룩한 전쟁(holy war)과 이스라엘의 적들에 대한 승리와 연관된다. 갈등이 끝나자마자 다윗 같은 왕(Davidic king)은 회복된 땅과 사람들을 평화로 다스리기 위해 말을 타고 예루살렘으로 들어온다. 이 단락이 다윗 가문의 회복을 고대하고 있는 것은 분명하지만, 문제는 1세기의 누군가가 스가랴 9:9을 특히 메시아적 예언으로 간주한 증거가 없다는 점이다.

사해 두루마리도, 이 시기의 어떤 다른 문헌도, 나귀를 타고 예루살렘으로 들어가는 왕적 인물을 기대한 것처럼 보이지는 않는다.[5] 예수의 상징적 행위가 스가랴 9:9에 의해 영감 받았다 하더라도 그의 청중들이 그렇게 연관시킬 수 있었을지는 결코 분명하지 않다. 아마도 보다 더 가능성이 있는 견해는, 초기 예언자 스가랴와의 연관성은 예수의 왕 되심이 초기 그리스도인들의 마음속에 확고하게 자리 잡은 이후 생겨난 것으로 보는 것이다.

그렇다면, 이 상징적 행위는 무엇을 의미했는가?

많은 사람들이 스가랴서의 구절을 보고 힌트를 얻어 이 장면에서 겸손의 요소를 강조하는 경향이 있다. 그들은 나귀를 하찮은 교통수단으로 간주하기 때문이다. 하지만 겸손에 대한 언급은 하나님을 향한 왕의 태도와 연관되지 나귀와는 아무런 상관이 없다. 나귀라는 동

---

5   유용한 논의를 위해서는 J. J. Collins, *Scepter*, 206-207을 보라.

물이 드러내는 중요한 요점은 그 위에 올라탄 사람이 평화로 온다는 점에 있다. 전쟁을 하려는 사람은 종마(stallion)를 타고 전쟁터로 나가기를 원할 것이다.

그러나 나귀는 튼튼한 체질, 신뢰성, 천부적 조심성 등으로 인해 그 밖의 다른 모든 여행에 이상적인 동물로 여겨졌다. 구약에서 우리는 모리아 산에 가기 위해 나귀에 안장을 얹는 아브라함의 이야기를 듣고(창 22:3), 길르앗 사람 야일(Jair)의 30명 아들이 나귀를 타고 다녔다는 이야기를 들으며(삿 10:3-4), 솔로몬이 왕위 계승을 위해 노새를 탔다는 이야기를 듣는다(왕상 1:33, 38).

보통 순례자들이 예루살렘 성으로 들어가는 방법은 걸어서 가는 것이다. 매우 부유한 사람이나 병약자라면 무언가를 타고 들어갔을 것이지만, 이것은 어디까지나 예외의 경우이다. 그렇다면, 나귀를 타고 예루살렘으로 들어가려는 예수의 결정은 자신을 군중과 구별되게 했고, 일종의 권위에 대한 주장으로 보였음이 틀림없다.

아마도 그는 그 행위를 통해 하나님의 기름 부음 받은 특사로서의 자신의 위상을 강조하려는 의도가 있었을 것이다. 아니면 그는 그 행위를 하나님의 거룩한 도성에서 일어날 하나님의 임박한 도래와 하나님 나라 설립의 상징으로 보았을 수도 있다. 여하튼, 예수는 상징적 행위를 통해 사람들로 하여금 예수의 예루살렘 입성과 예언적 권위를 주목하게 하는 데 성공했다.

하지만 중요한 것은 이 사건(특히 마가복음을 보면)의 규모가 그리 크지 않았다는 점을 인식하는 일이다. 아마 유월절 인파에 휩쓸리는 와중에 예수의 직계 제자들 및 함께 여행한 동료들만이 무슨 일이 일어났는지 알았던 것 같다. 그들조차도 예수의 상징적 행위가 무엇을 뜻했는지 다 깨닫지는 못했을 것이다. 예수가 목격자들에게 이 사건의 의미를 설명했다는 언급은 어디에도 나오지 않는다.

따라서 각 사람들은 자신들이 본 것을 다양한 방식으로 이해했을 가능성이 높다. 어떤 이들은 그 사건을 왕권에 대한 무언의 시위, 사실상 예수가 자신의 도시(royal city)를 차지하기 위해 오는 다윗적 메시아(Davidic messiah)라는 선언으로 받아들였을 것이다. 점점 더 늘어난 구경꾼들이 이러한 소망을 품지 않았다면, 예수가 이러한 명목으로 십자가형에 처해진 사실을 설명하기가 어렵다. 따라서 예수 자신은 스가랴 9:9의 예언에 따라 계획적으로 행동한 것이 아니었을지라도, 그를 점점 더 자신들의 메시아 대망의 관점으로 본 사람들이 있었음에 틀림없다.

이 사건의 규모가 크지 않았다는 것은 직접적인 파급 효과가 거의 없었다는 점에서도 확인된다. 나사렛 출신의 이 거룩한 사람이 예루살렘에 입성했다는 소식은 예루살렘 지도자들에게 들려졌을 것이지만, 그 사건은 곧 마무리됐으므로 그들이 어떤 조처를 취할 이유가 없었을 것이다. 아마도 그들은 그를 더 지켜보며 번잡한 도성에서 그의 움직임을 감시하기로 결정했을 것이다. 그랬다면 그들은 그리 오래 기다릴 필요가 없었다. 마가에 따르면, 예수는 바로 다음 날에 그의 두 번째 상징적 행위를 수행했기 때문이다.

3. 성전 청결 사건

성전 청결 사건에 대한 마가의 보고는 다음과 같이 전개된다. 예수가 성전에 들어가서, 거기서 팔고 사는 사람들을 내쫓고 돈 바꾸는 자들의 상과 비둘기를 파는 자들의 의자를 둘러엎으며 성전 뜰을 가로

질러 물건을 나르는 것을 금했다. 그때 그는 다음과 같은 예언자들의 말을 인용했다.

> 내 집은 만민이 기도하는 집이라 칭함을 받으리라고 하지 아니하였느냐 너희는 강도의 소굴을 만들었도다(막 11:17).

이 사건이 일어났다는 소식을 들었을 때 대제사장들과 서기관들은 예수를 죽이려고 했다(막 11:15-18과 병행 구절; 요 2:13-17).

예루살렘 입성의 경우처럼 이 사건의 규모를 인식하는 것이 중요하다. 다음 두 가지 점이 예수가 대규모 소동을 일으킨 것이 아니라는 것을 암시해 준다.

첫째, 이 사건은 성전의 가장 바깥뜰, 즉 약 열두 개의 축구장을 합쳐놓은 크기의 넓게 트인 광장인 이방인의 뜰에서 일어났다. 그렇게 넓은 지역에서 일어난 한 사람의 시위는 그 주변에 있던 사람들만 알아차릴 수 있었을 것이다.

둘째, 예수는 성전 전체를 책임지는 경비대(레위인들로 구성)나 주랑 현관에 배치된 로마 군병들에게 체포되지 않았다. 따라서 이 사건 역시 비교적 작은 규모의 사건, 즉 시작되자마자 거의 끝났던 사건임을 암시한다. 그렇다면 예수의 행위는 제의 활동을 방해하려는 시도가 아니었으며 정치적 쿠데타는 더더욱 아니었다(그의 제자들은 바라보는 것 외에 다른 어떤 일을 했다는 언급이 없다). 오히려 그 사건은 그 앞에 일어났던 예루살렘 입성과 마찬가지로 하나의 상징적 행위였다.

그렇다면, 그 행위는 무엇을 상징했는가?

수 세기에 걸쳐 이 단락을 연구했던 기독교 학자들의 견해를 고려하기 위해, 먼저 현대 학자들이 예수가 반대한 것이 아니라고 생각하는 것들을 개괄함으로써 사전 정지 작업을 하는 것이 유익하리라 생각한다.

- 예수가 희생제사에 반대했다는 지적은 어디에도 없다.

    제의 활동(고도의 숙련된 도살 제사장들에 의해 셀 수 없이 많은 동물들이 제의적으로 도살된)은 많은 서양인들에게는 참되고 진실한 헌신과는 상반되는 행위 같은 인상을 줄 수도 있다.

    하지만 피의 제사는 모든 고대 문화에서는 종교적 경건을 보여주는 일반적 표현이었다. 희생제사는 하나님에게 드리는 선물(일반적으로 제물이 불로 완전히 태워졌을 때)이나, 공동체 내에 신의 현존을 보장하는 식사(일반적으로 제물의 일부가 제물을 바친 자에게 돌려졌을 때)로 여겨졌다. 히브리 성경은 매일 드려지는 속죄 제물로부터 절기 때 드리는 좀 더 복잡한 제물에 이르기까지 해마다 반복되는 희생 제물에 대한 엄격한 지침을 정해 놓았다.

    희생제사는 대홍수 후에 노아가 드린 희생제사와 직접적으로 연관됐으며, 하나님이 이스라엘과 맺은 언약을 상징화했다. 희생제사는 자비와 용서를 베풀어주고, 계절을 안정시키며, 토지를 비옥하게 하여 많은 수확을 맺게 해 준 하나님에게 바치는 감사의 표현이었다. 많은 사람들이 예루살렘 성전에서 계속해서 거행된 희생제사를 천상에서 천사들이 하나님에게 드리는 예배의 모형으로 믿었다.

    1세기의 유대인이 "희생제사에 반대했다"는 것은 거의 상상할 수 없는 일이다. 따라서 만일 예수가 정말로 희생제사를 반대하는 견해를 가졌다면, 그러한 태도가 그의 가르침 어디에도 언급되

지 않은 것은 이해하기 어렵다.[6]
- 예수는 **성전 자체**에 반대하지 않았다는 점이다.

그리스도인들과 유대인들도 A.D. 70년에 티투스(Titus)가 예루살렘 성전을 불태운 이후로 성전 없이 살아가는 법을 배웠다. 그러나 예수 시대에 성전은 유대인의 믿음의 핵심이었다. 성전은 거룩의 중심지였고, 하나님의 임재가 가장 강했던 장소였으며, 하늘과 땅을 이어주는 우주적 연결점이었다. 성전에서 계속적으로 행해진 일은 이스라엘뿐만 아니라 전 세계에도 의미를 가지고 있었다. 마가복음 11:17에 나오는 예수의 말씀에는 기도와 제의 활동 간의 어떤 대립도 없다. 성전은 기도의 집이었다(행 3:1을 보라). 유대인들은 각자 희생제사를 드렸을 것이지만, 예루살렘에 거주하는 주민들은 대개 기도하고 하나님의 자비를 성찰하기 위해 성전에 모였을 것이다. 만일 예수가 성전 **자체**에 대해 반대했다면, 사도행전 첫 부분에서 그를 따르는 자들이 계속해서 성전에 모였다는 언급은 매우 이상한 일이 아닐 수 없다. 마태복음의 독자들은 성전이 존속했던 동안에는 성전에서 예배를 드린 것이 분명하며(마 5:23-24), 바울 역시 성전의 이미지를 건설적이고도 긍정적으로 사용한다.[7]

나중에 그리스도인들은 성전과는 별도로 자신의 정체성을 재설정할 필요가 있었는데, 사도행전 7:48-50에 나오는 스데반의 설교나 요한복음 2:19-22과 같은 성전 폐지론적인 단락들은 바로 이 시기에 속한 것으로 보인다.

---

6 희생제사에 대해서는 J. Klawans, *Purity, Sacrifice, and the Temple: Symbolism and Supersessionism in the Study of Ancient Judaism* (Oxford: OUP, 2006)을 보라.
7 고전 10:14-21; 롬 15:25-32; 16:4; 빌 2:17; 4:18.

- 예수는 성전의 **배타성** 또는 더 일반적인 의미로 유대적 배타성에 대해 반대하지 않았다.

    성전이 "만민"(for all the nations)이 기도하는 집이라는 예수의 언급(막 11:17; 사 56:7에서 인용)은 그 배경을 볼 때 거의 이해가 되지 않는다. 왜냐하면 예수는 이방인의 뜰에 서 있었으며, 비유대인들이 이 가장 바깥 구역에 들어가는 것이 금지되지 않았기 때문이다. 아마도 마가의 언급은 자신의 주된 독자인 비유대인 청중을 염두에 둔 것으로 보인다. 우리는 이미 예수의 선교가 이스라엘 지향적이며, 하나님 통치하에서의 민족적인 갱신과 회복의 약속이 그 중심에 있었음을 살펴보았다. 그렇다면 그가 성전의 배타성을 반대했을 가능성은 거의 없다.

- 예수가 성전의 **상업주의**(commercialism)에 반대했다는 견해 역시 의심스럽다(이 견해를 미묘한 형태로 계속 주장하는 사람들이 있다).[8]

    성전의 바깥뜰에서 부적절한 일이 벌어진 것은 아니었다. 돈 바꾸는 사람들은 모든 성인 남성이 지불해야 할 반 세겔의 성전세를 걷고 있었다. 성전세는 은이 많이 함유된, 두로에서 만든 세겔(Tyrian shekels)로 지불해야만 했다. 그래서 많은 사람들은 유월절에 성전에 도착하여 현장에서 지불하기로 선택했다.

    또한 비둘기를 파는 상인들 역시 제의적 정결을 보장할 수 있는 희생제사용 새를 팔고 있었다. 사람들은 성전에서 자신들이 바칠 짐승들을 사도록 강요받지는 않았지만, 편의상 그렇게 하는 사람들이 많았을 것이다. 여기서 누군가 부적절한 행위를 했다는 지

---

8 C. A. Evans, "Jesus' Actions in the Temple: Cleansing or Portent of Destruction?" in B. Chilton and C. A. Evans 9eds), *Jesus in Context* (Leiden: E. J. Brill, 1997), 395–439 참조.

적은 어디에도 없다. 물론 몇몇 돈 바꾸는 사람들이 저울을 속이거나 비둘기를 파는 상인들이 비둘기를 터무니없이 비싸게 팔거나, 대제사장들이 거래에 대한 독점권을 행사했을 수는 있다.

그러나 그러한 부적절한 행위들이 있었다거나 그러한 행위들이 예수가 비판한 핵심 내용이었다는 증거는 없다. 성전을 "강도의 소굴"로 언급한 것(막 11:17)은 부당한 상업 활동을 지적한 말처럼 들릴 수도 있다. 그러나 중요한 것은 이 표현들이 예수의 실제 말일지라도 강도들은 보통 자신의 기술을 자기의 "소굴"에서 사용하지 않는다는 점이다. 부적절한 일이 일어났다면, 그것은 성벽 내부가 아니라, 성전 밖에서 일어난 것으로 보인다.

예수가 근본적으로 희생제사, 성전, 유대적 배타성, 성전 상행위에 반대한 것이 아니라면, 그의 상징적 행위의 의미는 무엇이었나?

샌더스의 연구를 따라 오늘날의 대부분의 학자들은 그의 행위를 성전 파멸의 상징으로 이해한다. 예수의 행위는 광범위한 성전 활동을 포괄했다. 즉 비둘기를 파는 사람들이 없다면 개인의 제물도 없었을 것이고, 성전세가 없다면 상업용 제물도 없었을 것이며, 이 뜰과 저 뜰로 이동하는 제사장들과 레위인들이 없다면, 거대한 성전 지역에서 행해진 제의 활동이 멈추게 될 것이다. 그의 행위는 상징적으로 성전의 기능을 (한순간일지라도) 멈추게 했으며, 그것의 종말을 강력하게 상징적으로 표현했다.

그렇다면, 예수는 자신의 묵시적 메시지와 일치하게 하나님이 이제 성전을 파괴하고 하나님의 나라를 이 땅에 세울 준비한다고 보았다(또한 막 13:2을 보라). 예수가 다른 묵시적 사상가들처럼, 하나님이 천상의 새로운 성전을 설립할 것으로 상상했는지는 불확실하다. 아마도 그는 자신을 하나님 성전의 종말을 고할 뿐만 아니라, 어떤 면에서는 그 일을 일으킬 하나님의 대리인으로 보았을 것이다. 예수가 직접 성전을 허물려 했다는 거짓 증인들의 반복된 고발이 있었을지라도(막 14:58; 요 2:19-20), 이 일 또한 모호하다. 이것은 그의 정확한 역할이 의문의 여지가 있었음을 암시한다.

하지만 예수의 행위가 그의 동시대인들에게 불러 일으켰을 가장 큰 이미지는 아모스, 미가, 이사야, 호세아, 예레미야와 같은 옛 예언자들의 이미지였다. 이들 예언자들은 모두 성전을 반대하는 발언을 했다. 그들이 희생제사나 절기들에 대해 반대한 것은 아니었지만, 이러한 것들이 가장 중요한 일들은 아니라고 본 것은 분명하다. 하나님이 정말 원하시는 것은 순종, 호의, 도덕, 정의였다.[9] 예레미야는 특히 예수와 유사했다. 그는 성전 멸망에 대해 두 번 예언했으며(렘 7장; 26장에서), 곧 닥칠 바벨론 침략을 상징하기 위해 자신의 목에 멍에를 메었다(렘 27:2, 17; 29:10-11).

예수의 상징적 행위에 윤리적 함의가 들어있을 가능성이 높다. 앞에서 이미 그가 갈릴리에서 제시한 하나님 나라의 비전이 부자와 가난한 자의 경제적 차별이 해소된 비전이었음을 살펴보았다. 하나님의 나라는 과부와 고아들이 안정되게 살 수 있고, 더 이상 억압과 착취가 존재하지 않는 곳이었다. 예루살렘에서 예수는 극도의 부유한 자들과 가난한 자들, 화려하게 사는 사람들과 빈궁하고 고통스럽게 살아가는 사람들 간의 커다란 불평등에 강한 충격을 받았음에 틀림없다.

아마도 그 당시의 다른 도시들보다 더 나쁘지는 않았을 것이지만, 사회적 불평등의 양극단이 너무나 분명해서 무시될 수 없었다. 게다

---

9 암 5:21-24; 호 6:6; 미 6:6-8; 사 1:11-17.

가 하나님의 도시로서 예루살렘이 지닌 특별한 위치 때문에 예루살렘 주민들에게는 더 엄격한 윤리가 요청됐다. 과거의 예언자들처럼, 예수는 사람들의 현실 안주에 대항하여 하나님의 임박한 도래와 성전의 멸망을 선포했다.

4. 대제사장들과 예수를 죽이려는 음모

성전에 반대하는 발언을 한 사람은 심각한 곤경에 처해졌을 것이다. 예레미야는 성전 멸망을 예언해서 죽음의 위협을 받았고, 그의 말은 사람들의 큰 분노를 샀다(렘 26:1-15; 38:1-5). 예수 시대와 좀 더 가까운 시기인 A.D. 62년 초막절에 예루살렘에 있었던 예수 벤 아나니아(Jesus ben Ananias)라고 하는 한 유대인 농부가 예레미야의 예언을 상기시키는 다음과 같은 애가를 지었다.

> 동쪽에서 들려오는 목소리,
> 서쪽에서 들려오는 목소리,
> 사방에서 들려오는 목소리,
> 성전에 반대하는 목소리,
> 신랑과 신부를 반대하는 목소리,
> 모든 사람을 반대하는 목소리.

벤 아나니아를 침묵시킬 수 없게 되자 유대인 지도자들은 그를 로마 총독 알비누스(Albinus)에게 넘겼는데, 그 총독은 그를 미친 사람으로 선언하고 채찍으로 때린 후에 풀어주었다. 벤 아나니아는 애가를 계속해서 부르다가 A.D. 70년 로마인에 의해 살해됐다. 그의 예언이 이루어지기 몇 달 전의 일이었다(*War* 6.300-309).[10]

나사렛 예수는 예레미야나 벤 아나니아보다 더 위험한 존재였다.

첫째, 그에게는 갈릴리에서부터 그를 따라 온 한 무리의 추종자들이 있었다. 예수 자신은 위협이 되지 않았을지라도 그의 제자들이 무슨 짓을 할지는 아무도 알 수 없었다.

둘째, 예수는 성전에 반대하는 말을 했을 뿐만 아니라, 거룩한 도시 한 복판에서 상징적 행위를 수행했다. 말이 행동으로 옮겨지자 제사장 지도자들은 주목하지 않을 수 없었다.

마가는 예수를 죽이려고 음모했던 사람들이 대제사장들(chief priests)과 서기관들이었다고 매우 분명하게 밝힌다(막 11:18; 14:1-2). 대제사장들은 귀족적 제사장 집단으로서 대제사장(the High priest)으로 선출될 수 있는 고위층 계층이었다. 본래 대제사장직은 세습직이었고 평생 동안 맡을 수 있었다.

그러나 헤롯 대제가 대제사장을 마음대로 임명하고 마음대로 면직시키기로 결정했는데, 이것은 로마의 관습이었다. 이 때문에 예루살렘에는 다수의 경쟁하는 대제사장 가문들이 생겼으며, 이전 대제사장들(ex-High priests)이 공존하는 전대미문의 일이 벌어졌다(요 18:19, 22; 행 4:6의 안나스[Annas]와 같은).

A.D. 41년 아그립바 1세(Agrippa I)가 통치할 때까지 대제사장직은 안나스(요세푸스의 표현으로는 아나누스[Ananus]) 가문이 차지했다. 안나스 자신은 A.D. 6-15년까지 로마에 의해 첫 번째로 임명된 대제사장으

---

10 아나니아의 활동에 대한 충분한 기사를 위해서는 R. Gray, *Prophetic Figures*, 158-163을 보라.

로 섬겼고, 이어 사위 가야바(Caiaphas)와 함께 그의 세 아들이 대제사장직을 맡았다. 종교적으로 대제사장은 어느 곳에서든 최고 수장의 역할을 담당했다.

그는 성전을 순조롭게 운영할 전반적인 책임을 지고 있었으며, 대속죄일에 민족의 죄를 속죄하기 위해 하나님 앞에 섰다. 정치적으로 대제사장은 예루살렘의 일상적인 삶을 감독하고, 로마 총독과 백성들 사이를 조정하며, 법과 질서를 지키는 역할을 했다.

예수 시대에는 대제사장 가야바가 A.D. 18-37년까지 대제사장직을 담당했다(빌라도가 면직된 지 몇 달이 못 되어 그는 자신의 직을 잃었다). 비교적 긴 그의 재임 기간 동안 대제사장의 역할은 어느 정도 안정을 찾을 수 있었다. 다른 말로 하면, 그는 빌라도와 좋은 협력 관계를 유지했으며, 로마가 정치적 소란을 다루는 데 있어 그를 신뢰할 수 있었다는 사실을 의미한다.[11]

가야바와 제사장들에게 특별히 냉소적(cynical) 동기를 부여할 이유는 없다. 율법과 질서의 유지는 로마인들도 바라는 것이지만, 유대 백성들을 위해서도 유익한 것이었다. 현실적으로 볼 때, 친로마 정책의 추구는 제사장들에게도 백성들에게도 생존하기 위한 유일한 길이었다.

귀족 계층의 제사장들에게 가장 중요한 것은 성전의 보전이었다. 헤롯 대제의 죽음 이후에 일어난 반란군들이 성전의 바깥뜰까지 진입하여 싸우는 바람에 주랑 현관의 일부가 불타 버렸다. 그때 성전은 더럽힘을 모면하긴 했지만, 하나의 폭동이 악화되어 로마의 진노를 일으

---

11 대제사장들, 특히 가야바에 대한 좀 더 충분한 논의를 위해서는 H. K. Bond *Caiaphas: Friend of Rome and Judge of Jesus?* (Louisville: Westminster John Knox, 2004)를 보라. 또 J. VanderKam, *From Joshua to Caiaphas: High Priests after the Exile* (Minneapolis: Fortress, 2004).

킬 수 있다는 위협은 언제나 실제적인 위협이었다.

요한복음에서 대제사장들이 예수를 그대로 내버려 둔다면 로마인들이 와서 성전과 유대 민족을 파멸시킬 것이라고 염려한 것은 충분한 개연성이 있다(요 11:48). 절기 자체가 정치적 함의를 띠고 있고, 많은 군중이 몰리는 유월절에 폭동의 위협은 훨씬 더 컸다. 가장 중요한 것은 성전이 보호되고 거룩한 의식이 적절하게 수행되어야 한다는 것이었다. 그렇지 않으면, 제사 의식은 중단될 것이고 하나님의 진노가 제사장들뿐만 아니라, 민족 전체에 임할지도 모르기 때문이다.

그들은 예수가 하나님의 임박한 나라에 대한 메시지와 자신에게 주의를 끄는 습성으로 인해 전혀 예측할 수 없는 인물이었기에, 예수를 그대로 방치해 둘 수 없었다. 아마도 그들은 다음과 같이 판단했을 것이다.

하나님의 집이 위태로운 마당에 백성을 현혹하는 일개 농부의 목숨이 대수란 말인가?

예수는 자신의 임박한 죽음을 예견했을까?

공관복음에는 예수가 자신의 수난과 부활을 점층적으로 예고하는 세 번의 수난 예고가 등장한다(막 8:31; 9:31; 10:33-34과 병행 구절). 이 말씀들의 현재 본문 형태는 예수의 예지력(foreknowledge)과 하나님의 뜻을 따른 그의 죽음 수용을 강조하려 했던 초기 교회에서 비롯됐을 것이다. 하지만, 세부 내용은 후대에 깨달아 첨가됐을 수 있을지라도, 이 자료의 폭넓은 실체는 예수가 자기 죽음을 하나의 가능한 결과로 보았다는 역사적 기억에 근거했을 것이다.

관습상 예언자의 운명은 거부 및 죽음과 연관됐다.[12] 따라서 세례 요

---

12 느 9:26; 렘 2:30; 26:20-23; 희년서 1.12.

한이 처형된 후 예수가 자신의 운명을 예측할 수 없었다면, 그것이 오히려 이상한 일이었을 것이다(예수가 누가복음에서 갈릴리에 있는 동안 예루살렘에서 일어날 자기의 죽음을 이미 예상했음을 앞에서 살펴본 바 있다[눅 13:31-35]).

그의 권위 있는 예루살렘 입성과 성전에서의 시위 이후 예수와 그를 따르는 사람들은 상황이 매우 급박하게 돌아가고 있음을 의식하고 있었을 것이다. 예수가 어느 정도 자신의 죽음을 예감한 이래로 자신의 죽음이 다가올 하나님 나라에 어떤 의미가 있을지 성찰하기 시작했다는 추론은 충분히 개연성이 있다.

한 예언자의 죽음이 반드시 그의 메시지를 무효화시킨 것은 아니다. 예수는 자신의 죽음이 하나님 나라를 시작하거나, 하나님의 도래와 자기 백성의 구원에 기폭제가 될 수 있다고 생각했을 수도 있다. 그의 추종자들이 나중에 예수의 처형을 다양한 성경적 사상(고난 받는 의인의 시편,[13] 사 52-53장의 고난 받은 종, 단 7장의 인자, 창 22장의 이삭 등)에 비추어 해석했을지라도, 이러한 본문들의 일부에 대한 **전반적인 적용은** 자신의 운명을 고려했던 예수 자신에게서 비롯됐을 가능성이 꽤 높다.

하지만 예수는 자신이 죽기 전에 마지막 상징적 행위로서 제자들과 마지막 만찬을 나눌 시간을 가졌다.

5. 마지막 만찬

예수의 마지막 만찬 및 성찬 제정과 연관된 역사적 사건은 특히 이해하기 어려운 부분이다. 지금 우리가 가지고 있는 본문 형태는 예수

---

[13] 특히 시 10편; 22편; 31편; 38편; 41편; 69편; 118편을 보라.

의 죽음의 의미(특히 그 죽음의 희생적이고 언약적인 특성)에 대한 부활 이후 교회의 사상을 반영하고 있는 것이 거의 확실하다.

우리는 이 마지막 만찬에서 언급된 예수의 다섯 가지 형태의 서로 다른 말씀들을 가지고 있다(고전 11:23-26에 나오는 바울의 인용문; 막 14:22-25과 이 본문을 따르는 마 26:26-29; 바울 및 마가와 유사성이 있는 눅 22:15-20; 2세기 기독교의 지침서인 『디다케』[*Didache*] 9-10장). 이들 본문들 간에 유사성이 있을지라도 동일한 본문은 하나도 없으며, 각각의 본문은 저자들 자신이 속한 특정한 공동체에서 통용되던 성찬 언어를 반영하는 것으로 보인다.

이러한 본문들 중 최초의 본문은 고린도전서에 나오는 바울의 본문이다. 고린도전서는 일반적으로 대략 A.D. 53-55년에 기록된 것으로 추정한다. 바울은 이 본문이 전승 자료임을 분명히 밝히고 있기 때문에(고전 11:23), 예수가 죽은 지 10년 이내 또는 그 즈음에 통용되던 형태였을 가능성이 높다. 그는 다음과 같이 기록한다.

> 주 예수께서 잡히시던 밤에 떡을 가지사 축하시고 떼어 이르시되 이것은 너희를 위하는 내 몸이니 이것을 행하여 나를 기념하라 하시고 식후에 또한 그와 같이 잔을 가지시고 이르시되 이 잔은 내 피로 세운 새 언약이니 이것을 행하여 마실 때마다 나를 기념하라 하셨으니 너희가 이 떡을 먹으며 이 잔을 마실 때마다 주의 죽으심을 그가 오실 때까지 전하는 것이니라(고전 11:23-26).

하지만 매우 초기의 자료도 상당한 변화를 겪었을 것이 틀림없다. 기억의 요소(이것을 행하여 나를 기억하라)가 예수의 죽음 **이전**에 과연 타당한 지의 여부가 논쟁이 되고 있다. 또한 예수의 임박한 재림에 대한 분명한 소망도 논쟁이 되고 있다(예수는 자신의 재림이 아니라, 하나님의 도래를 선포했다). 그러나 이 모든 전승들의 기본 골격, 즉 예수가 끝이 가까웠다는 것을 알았다는 점, 이전에 갈릴리에서 여러 번 모였듯이 다시 한 번 제자들과 식사하기 위해 모였다는 점은 매우 개연성이 크다.

앞으로 닥쳐올 일을 두려워하면서도 그들은 "큰 다락방"(upper room)을 빌려 또 한 번의 친교와 우정을 위한 저녁 만찬을 가졌다. 그 방 안에는 불안감, 불길한 예감, 아마 흥분도 있었을 것이지만, 가장 중요한 것은 과거 하나님이 그의 백성을 구원하신 강력한 유월절 이야기였고, 예수가 다시 그렇게 할 것이라는 소망이었다.

전승으로부터 얻을 수 있는 두 가지 정보를 통해 이 마지막 만찬의 의미를 보다 더 잘 이해할 수 있다.

- 마가는 마지막 만찬 이야기를 "내가 포도나무에서 난 것을 하나님 나라에서 새 것으로 마시는 날까지 다시 마시지 아니하리라"라는 예수의 단언으로 끝맺는다(막 14:25과 병행 구절). 마가의 만찬 이야기에 언급된 모든 요소들 중에 이 말씀은 역사적 신빙성을 담고 있다. 예수는 자신의 때가 얼마 남지 않았다는 것을 깨닫고 제자들과 만찬을 나누면서(특히 자신의 죽음이 어떻게 해서든 그 나라를 일으키는 데 일조할 것이라고 생각했다면) 하나님 나라의 임박성에 대해 말했을 것이다.

예루살렘에는 예수의 다른 지지자들도 많이 있었고, 그중에는 갈릴리에서부터 예수를 따라 온 사람들도 있었지만(막 15:41), 마가는 예수가 이 만찬을 "열둘"과만 나누었다고 분명하게 지적한다(막 14:17//마 26:20). 하나님 나라와 열둘에 대한 언급은 이스라엘의 회복과 하나님 나라의 시작에 대한 개념이 모든 사람들의 마음속에 있었음을 암시한다.
- 누가는 그 시점에서 다음과 같은 예수의 말씀을 추가한다.

> 너희는 나의 모든 시험 중에 항상 나와 함께 한 자들인즉 내 아버지께서 나라를 내게 맡기신 것 같이 나도 너희에게 맡겨 너희로 내 나라에 있어 내 상에서 먹고 마시며 또는 보좌에 앉아 이스라엘 열두 지파를 다스리게 하려 하노라(눅 22:28-30; 또한 마 19:28을 보라).

이 말씀이 정확하게 이 문맥에 속하는지의 여부와 상관없이, 그들의 정서는 그 마지막 저녁을 반영하는 것으로 보인다. 엘리야가 엘리사를 후계자로 지명한다는 의미로 그에게 자신의 겉옷을 던져준 것과 같이(왕상 19:19), 그들은 통치권 이양의 인상을 받는다.

다가올 위협을 인식하면서 예수는 제자들과 모여 그들에게 한 번 더 하나님 나라에 대해, 그리고 그들이 자신의 사역을 계속할 필요성에 대해 말했다. 아마 그는 그들이 하나님 나라의 선포 사역에 참여한다는 상징으로 빵과 포도주를 나누어 준 것으로 보인다. 후에 제자들이 이 마지막 저녁을 반추했을 때 바로 그 빵과 포도주는 십자가에서 찢긴 그의 몸과 그가 흘린 새 언약의 피를 상징하는 요소들이 되기 시작했다.

6. 만찬의 시기

이 마지막 만찬은 언제 일어났을까?

이 질문은 만찬의 시기뿐만 아니라, 더 특별하게는 예수의 사망 시기와도 연관이 있다. 오늘날의 달력으로 계산하면 만찬은 목요일 밤에 있었고, 예수는 금요일에 죽었다. 하지만 유대인의 날짜 계산은 해질 무렵 대략 저녁 6시에 시작했다. 그러므로 마지막 만찬과 십자가 처형은 같은 날에 일어났다.

그렇다면 그 날짜는 언제였을까?

이 날짜에 대해 복음서는 차이를 보인다. 마가의 전승(마태와 누가는 마가를 따른다)은 예수의 마지막 만찬이 유월절 잔치, 즉 세데르 만찬(seder meal, 막 14:12-16)이었으며, 예수가 유월절 당일 또는 유대력으로 니산월(Nisan) 15일에 죽었다고 상당히 분명하게 지적한다.

하지만 요한은 예수가 유월절 전날 또는 양들이 성전에서 도살되는 유월절의 준비일, 즉 니산월 14일에 죽었다고 지적한다(요 13:1; 18:28; 19:14). 두 전승 모두 예수가 안식일 전날(금요일)에 죽었다는 데는 일치한다. 문제는 그날이 유월절 당일이었는지 아니면, 유월절 전날 준비일이었는지의 여부이다.

어떤 이들은 당시 예루살렘에서는 하나 이상의 달력을 사용했다고 제안함으로써 이 두 이야기를 조화시키려고 했다. 하지만 이러한 시도들은 광범위한 학자들의 지지를 얻지 못했으며, 대부분의 학자들은 두 날 중에 하나를 선택해야 한다고 주장한다. 더 나아가 문제는 두 전승의 신학적 특성 때문에 복잡해진다.

공관복음에서는 성만찬이 새로운 유월절 만찬이다. 예수의 죽음 이야기를 유월절 이야기의 문맥에서 기억하는 것은 하나님의 새로운 구원 행위와 자기 백성과의 새 언약을 강조한다.

하지만, 요한복음에서 예수는 유월절 양, 세상 죄를 지고 가는 희생 제물로 죽는다. 예수의 죽음은 예수를 성전과 다양한 절기들로부터 광야의 만나와 유대의 정결 의식에 이르기까지 일련의 유대적 상징 및 제도에 대한 성취와 대체(replacement)로 보는 요한의 관심과 일치한다.

마가의 연대기를 지지하는 학자들이 있긴 하지만(특히 예레미야스 [J. Jeremias]), 대다수의 학자들은 마가의 연대보다는 오히려 요한의 연대를 더 선호하는데(브라운[Brown], 크로산[Crossan], 던[Dunn], 마이어[Meier] 등), 거기에는 그럴만한 충분한 이유가 있다. 마가의 이야기에는 다소 모순되어 보이는 측면들이 많다.

- 마가복음 14:2에서 대제사장들은 "민란이 날까"하여, 예수를 명절 전에 죽이기로 결정했다. 그러나 이어지는 이야기 속에서 예수는 유월절 밤에 체포된다. 대제사장과 그의 동료들이 일 년 중 가장 거룩한 밤에 예수를 죽이기 위해 모였다고 생각하기가 어렵다.
- 마지막 만찬 내에 유월절 식사로 생각할 수 있는 일부 요소들(포도주, 기대어 누워있는 제자들, 찬송을 끝남)이 있긴 하지만, 다른 중요한 측면들(유월절 양, 쓴 나물, 출애굽 이야기의 재현 등)이 언급되어 있지 않다.
- 마가복음 15:42-46에는 곧 안식일이 되기 때문에 예수의 시신을 빠르게 장사할 필요가 있다고 언급된다. 하지만 마가는 예수가 죽은 날이, 아리마대 요셉이 세마포를 사기가 어려웠을 날(막 15:46), 즉 안식일보다 훨씬 더 거룩한 유월절이라는 것을 잊어버린 것처럼 보인다.

요한의 보도 역시 전혀 문제가 없는 것은 아니다. 대제사장과 그의 수행원들이 성전에 있어야 할 유월절 준비일 오후에 빌라도와 만난 것은 쉽게 납득하기 어렵다. 그러나 그의 보도는 적어도 본문 내에서는 일관성이 있다. 더욱이 바울은 예수의 마지막 만찬을 유월절 만찬으로 본다고 언급한 적이 없으며, 그가 예수를 유월절 양으로 해석하는 것을 보면(고전 5:7) 요한의 연대를 지지하고 있다고 볼 수도 있다. 마가와 요한의 전승 중 하나를 선택해야 한다면 예수가 유월절 준비일, 즉 니산월 14일에 죽었음을 암시하는 요한의 연대가 더 타당하다고 본다.

세 번째 안은 둘 중의 어느 것도 정확하지 않다는 견해이다. 오늘날과 마찬가지로 고대 세계에서도 특정한 시기에 일어난 죽음(또는 탄생)은 특별한 의미를 띨 수 있었다. 어떤 사람이 12월 25일에 죽은 것이 아닌데도 우리는 종종 "크리스마스에" 죽었다고 말하곤 한다. 그 말의 요점은 단순히 그 사람의 죽음이 전통적으로 가족들이 함께 모여 축하하는 그때쯤 죽었다는 의미이다. 한 사람의 죽음을 축제와 연결하면 상실의 아픔은 훨씬 더 커진다.

고대 세계에서는 시간을 신학적으로 융합시키는 일이 흔했다. 일부 초기 교회 교부들은 성전 파괴를, 예수를 죽인 유대인들에 대한 하나님의 징벌로 간주했다. 두 사건 사이에는 무려 40년의 간격이 있는데도 말이다. 또한 중세의 유대인들은 마지막 왕(아그립바 2세)이 한 세대 후에 죽었을지라도, 유대 왕조의 마지막을 성전 멸망 시기로 잡는 데 별 어려움이 없었다.[14] 종교적 기억은 늘 역사적 사실에 대해 좀 더

---

[14] 전자를 위해서는 Justin Martyr, *Dialogue* 16; Origen, *Against Celsus* 1.47; 4.73; Eusebius, *Church History* 2.23.20를 보라. 후자를 위해서는 D. R. Schwartz, *Studies in the Jewish Background of Christianity* (Tuebingen: Mohr Siebeck, 1992), 245, n.6을 보라.

큰 재량권을 발휘한다. 특히 보다 심오한 신학적 진리를 추구할 경우는 더욱 그러하다.

예수의 죽음이 유월절에 일어났다면(유월절 즈음이라는 의미에서), 시간이 지남에 따라 두 개의 전승이 어떻게 발전했는지 이해하기 어렵지 않다. 하나의 전승은 예수의 죽음을 유월절 준비일에 잡았던 **유월절 양**(paschal lamb)의 죽음과 연관시켰다(그것은 요한의 수난 이야기의 토대를 이룬다). 또 하나의 전승은 유대인들이 유월절을 기념하는 바로 그 시간에 성찬 제정을 고정시킴으로써, 마지막 만찬에 좀 더 초점을 맞추었다(마가복음과 친숙한 날짜).

역사적으로 볼 때, 예수는 유월절 몇 일전에 처형됐을 가능성이 높다. 이는 마가복음 14:2이 설명해 준다. 이 구절은 더 오랜 전승이라는 인상을 주는데, 이 전승에 예수의 죽음을 유월절 축제와 좀 더 밀접하게 연결시키는 요소들이 접목된 것으로 보이기 때문이다. 그날은 금요일, 즉 안식일 전날이었을 것이다(사복음서 모두 일치하는 날짜).

그러나 이 견해의 요점은 유월절 잔치는 그 다음 주였을 것이라는 데 있다. 이 견해가 옳다면, 예수가 죽은 정확한 해는 더 이상 회복할 수 없다. 일반적으로 예수가 30년 4월 아니면 33년 4월에 죽었다는 견해는 니산월 14일이 금요일인 해를 찾는 천문학 계산에 기초한다.[15] 사실상 어떤 전승도 정확하지 않다면 그러한 계산은 더 이상 중요하지 않다. 우리가 어느 정도 확실하게 말할 수 있는 것은 예수가 대략 A.D. 29년과 33년 사이에 죽었다는 것이다(이것보다 더 늦게 잡으면 바울의 연대기가 문제가 된다).

---

15 이것에 대해서는 J. Finegan, *Handbook of Biblical Chronology*, 353-369와 J. P. Meier, *A Marginal Jew*, 1, 386-402를 보라.

7. 배반?

사복음서는 모두 예수가 가장 친밀한 동료 중 하나요, 열둘 중 하나인 가룟 유다(Judas Iscariot)에 의해 배반당했다고 언급한다. 초기 그리스도인들이 이 이야기의 성경적 근거를 친밀한 동료에게 배반당한 다윗(삼하 15:31)으로부터 찾았을지라도, 이 내용은 거의 역사적이다. 예수의 내부 집단 내에 배반자가 있었다는 사실은 너무나 당혹스러운 일이기에 만들어낸 것일 수 없다. 오히려 초기 기독교는 예수가 배반당할 것을 미리 알았다는 것을 보여줌으로써, 이 배반을 하나님의 계획에 통합시키려고 노력했다(막 14:21과 병행 구절).[16]

요한복음에 따르면, 예수는 심지어 유다에게 그가 할 일을 어서 하라고 재촉한다(요 13:27). 유다가 정확히 왜 예수를 배반했는지 결정하기는 어렵다. 마가는 어떤 이유도 제공하지 않고, 마태는 돈 때문에 그 일을 했다고 암시하며(마 26:15), 누가와 요한은 그가 사탄의 유혹에 빠졌다고 추론할 수 있을 뿐이다(눅 22:3; 요 13:2, 27).

현대의 학자들은 다음과 같이 다양한 추론을 제공했다. 즉 아마도 그는 더 이상 예수의 하나님 나라의 선포를 신뢰하지 못하고 환멸을 느낀 민족주의자였을 것이다. 아마도 그는 더 이상 참지 못하고 예수와 유대 당국자 간의 대결을 촉발시킴으로써 상황을 위기 국면으로 몰아가기를 희망했을 것이다. 아마도 그는 의심했을 것이다. 아마도 그는 겁먹었을 것이다. 아마도 성전 관리인들이 어떡해서든 그 또는 그의 가족을 위협했을 것이다.[17] 그러나 이러한 제안들 중 어느 것

---

[16] 막 14:17-20과 병행 구절; 요 13:18-19, 21-27.

[17] 유다(Judas)에 대한 호의적 묘사를 위해서는 W. Klassen, *Judas: Betrayer or Friend of Jesus?* (London: SCM, 1996)를 보라.

도 입증될 수 없기 때문에 우리는 유다의 정확한 동기를 모른다고 인정해야만 한다.

  유다가 당국자들에게 누설한 것은 그날 밤 예수의 소재였다. 따라서 예수와 그의 제자들은 그들의 다락방을 떠나 기드론 골짜기를 통과해 감람산(the Garden of Olives)으로 갔을 때, 유다는 몰래 빠져나가 성전 경비대에 예수의 위치를 알렸다. 성전 경비대가 예수를 체포하기 위해 도착했을 때, 제자들은 모두 도망갔고 예수만 홀로 대제사장의 집으로 끌려갔다.

제12장
재판과 처형

　우리가 역사적 예수에 대해 확실히 알 수 있는 한 가지는 그가 죽었다는 사실, 즉 가장 참혹하고, 잔인하며, 수치스러운 방식으로 로마식 십자가에서 죽었다는 사실이다. 그러나 그에 비해 상대적으로 덜 분명한 점은 그가 처형당한 이유이다. 바로 앞 장에서 우리는 일주일 정도 예루살렘에서 행한 그의 몇 가지 행동들, 특히 성전에서의 그의 시위(demonstration)가 대제사장을 비롯한 유대의 지도자들을 불안하게 했다는 점을 살펴보았다.

　그러나 로마 총독 본디오 빌라도(Pontius Pilate)는 어떻게 연루됐는가? 예수가 고발된 죄목은 무엇이었는가?

　또 서로 차이 나는 복음서의 수난 이야기들을 관통하여 예수가 죽기 전 마지막 몇 시간 동안 실제로 어떤 일이 일어났는지를 알 수 있는 방법은 없을까?

　먼저 복음서에 나오는 수난 이야기들을 고려하는 것으로부터 시작해 보자.

1. 복음서에 나타난 수난 이야기들

본서의 제2장에서 우리는 복음서들을 역사적 자료로 사용할 때의 어려움을 이미 언급한 바 있다. 하지만 수난 이야기를 다룰 때 그 어려움은 훨씬 더 커진다. 십자가는 초기 교회에 커다란 당혹감 그 자체였다. 예수를 따르는 자들은 재빨리 어떤 일이 일어났는지를 깊게 성찰하고 그 의미를 설명하기 위해 히브리 성경을 꼼꼼히 살피기 시작했다. 그렇기 때문에 복음서들은 구약성경의 인용들과 암시들로 가득 차 있다. 그들은 이 충격적인 사건이 전적으로 하나님의 계획이었음을 보이기 위해 이사야 52-53장과 시편에 언급된 고난의 종에 특히 관심을 두었다.

대부분의 학자들은 복음서에 나타난 수난 이야기들이 일정 부분 윤색 과정을 거쳤음을 인정하지만, 구약성경이 수난 이야기에 어느 **정도까지** 영감을 주었는지에 대해서는 견해 차이가 있다. 예를 들어, 크로산(Crossan)은 이 수난 이야기 부분에 확실한 역사적 기억(recollection)은 거의 없다고 주장한다. 그에게는 이 본문들이 "역사화된 예언"(prophecy historicized)이며, 구약성경 본문으로부터 영감을 받아 창작된 이야기들이다(본서의 제2장을 보라).

하지만 레이몬드 브라운(R. E. Brown)은 보다 온건한 대다수 학자들의 견해를 대표하는데, 그는 주장하기를, 구약성경 인용은 실제 일어났던 기본 이야기를 보완하는 기능을 하며, 그것도 일부 세부 내용에는 해당될 수도 있지만(예컨대, 온 땅에 어둠이 임하는 사건, 예수의 옷을 나누어 갖는 이야기, 십자가 상에서의 그의 마지막 말씀들 등), 그 **전반적인 골격**

(general framework)은 매우 신빙성이 있다고 한다.[1]

초기 그리스도인들이 그날 밤의 혼란과 염려에도 불구하고, 예수의 체포 이후 연속적으로 일어난 사건들에 대해 상당히 정확한 기억을 가지고 있었을 개연성은 매우 높다. 그의 가장 친밀한 제자들이 몸을 숨겼을지라도, 예루살렘에는 여전히 예수의 많은 동조자들이 있었다. 그 사람들이 예수의 움직임을 지켜보며 제자들에게 계속해서 상황을 알려주었을 것이다. 모든 사람들이 예수의 소식을 알기를 원했으며, 예루살렘 성에서는 사람들이 모인 곳마다 온갖 소문과 추측이 난무했을 것임에 틀림없다.

더욱이 예수가 감옥에 감금된 이후로 유대의 지도자들은 로마인들이 예수 운동을 지지하지 않고 그에게 형벌을 선고했는지 알고자 했을 것이다. 비밀로 하거나 얼버무릴 필요가 전혀 없었다. 대제사장들의 판결은 그 자체로 무게와 권위를 가지고 있었기 때문이다.

그러나 예수의 마지막 몇 시간의 일들은 어떤가?

특히 법정 장면과 예수, 유대 지도자들, 빌라도 간의 대화는 어떤가?

복음서들은 바로 이 점에서 다양한 재구성을 제공하며, 비교적 큰 차이를 보인다. 대부분의 사람들은 수많은 기독교 드라마, 영화, 뮤지컬에 의존하여 복음서 각각의 사건들이 상당히 일관된 순서로 짜 맞추어진 조화로운 그림을 얻는다.

그러한 사건들의 순서는 대략 다음과 같이 진행되곤 한다. 예수가 체포되어 먼저 대제사장에게 간략한 심문을 받은 후 전체 유대 공회에서 더 구체적인 심문을 받는다. 거기서 신성 모독의 혐의를 받고 로

---

[1] 특히 R. E. Brown, *The Death of the Messiah: From Gethsemane to the Grave* (New York: Doubleday, 1994; 2 vols), 『앵커바이블 메시아의 죽음』(CLC 근간)와 "The Gospel of Peter and Canonical Gospel Priority," *NTS* 33 (1987), 321-343을 보라.

마 총독 빌라도에게 보내진다. 빌라도는 그 사건 수사를 재개하지만, 혐의를 밝히지 못해 그를 헤롯 안티파스에게 되돌려 보내려고 한다. 빌라도는 예수가 무죄하다고 선언하고 자신은 이 판결과 상관없다는 의미로 손을 씻는다. 그러나 대제사장들과 백성들의 끈질긴 요청 때문에 결국 그는 예수를 십자가로 보내기로 결정한다.

그러나 이러한 시나리오에는 두 가지 어려움이 있다.

첫째, 그것처럼 일관되게 연결된 내용은 어느 복음서에서도 찾을 수 없다는 점이다.

둘째, 이러한 사건들의 많은 경우는 오직 한 복음서에만 기록되어 있을 뿐이다.

예를 들면, 공식적인 유대 공회의 야간 재판 장면은 오로지 마가복음 14장과 그에 따른 마태복음의 병행 구절에만 나올 뿐이다. 누가도 이 사건을 알았지만 그 사건을 훨씬 더 간략한 아침 심문으로 대체하기로 선택했다(눅 22:66-71). 빌라도가 극적으로 자신의 손을 씻는 장면과 "그 피를 우리와 우리 자손들에게 돌릴지어다"라는 "온 백성"의 외침은 오로지 마태복음 27:24-25에서만 나온다. 헤롯 안티파스 앞에서의 재판 장면은 누가복음 23:6-12에만 언급될 뿐이며, 요한복음에만 대제사장 앞에서 조용히 심문받는 장면(요 18:19-24)과 "진리가 무엇이냐"라는 유명한 질문(요 18:38)이 등장하는 빌라도 앞에서의 길고 복잡한 재판 장면이 나온다.

분명한 것은 각 복음서의 재판 내러티브에서는(예수의 다른 어떤 사역들보다도) 신학적, 변증적, 동시대적 관심이 그 기사들을 구성하는 방식에 커다란 역할을 했다는 점이다.

- 마가는 회당 법정과 총독들 앞에 서도록 부름 받은 사람들을 위해 기록했다(막 13:9).
  마가가 베드로의 부인 장면과 대제사장 앞에서 자신의 정체를 확신 있게 밝히는 예수의 모습을 나란히 배열한 것은 자신의 청중들에게 그들이 공식적인 재판에서 어떤 태도를 취해야 할지 보여 주기 위함이다.[2]
- 교회-회당 간의 대립 상황에서 기록하고 있는 **마태**는 재판 장면을 예수 처형에 대한 유대인의 책임을 강화시키기 위해 사용했다. 마태복음에 나오는 빌라도가 자신이 예수의 죽음에 결백함을 선언하기 위해 신명기 21:1-9에 규정된 유대적 제의를 사용하는 반면, 유대의 군중은 "그 피를 우리와 우리 자손들에게 돌릴지어다"라는 악명 높은 외침으로 그 책임을 받아들인다.
- 비-유대인들을 향해 기록한 누가는 예수를 죄가 없는데도 부당하게 죽임을 당한 예언자요 순교자로 묘사했다.
  누가복음에 나오는 빌라도는 예수가 무죄하다고 세 번이나 선언하며, 헤롯이 등장하는 장면은 높은 지위에 있는 두 사람(빌라도와 헤롯)이 예수에게서 어떤 죄도 찾지 못했음을 보여 준다(신 19:15을 보라).
- 요한복음의 전반부 전체가 유대인 적대자들 앞에서 변증하는 예수의 장황하고도 공적인 "재판"이었다는 점이 만장일치로 받아들여지고 있다.
  그 적대자들은 7장에서 이미 예수를 체포하려고 했고, 결국

---

[2] 마가의 재판 장면에 대한 탁월한 논의를 위해서는 D. Juel, *Messiah and Temple: The Trial of Jesus in the Gospel of Mark* (Missoula, MT.: Scholars Press, 1977)을 보라. 필자의 두 책은 이 장면에 나타난 사복음서 저자들의 관심을 탐구한다. H. K. Bond, *Pontius Pilate in History and Interpretation* (Cambridge: CUP, 1998)과 *Caiaphas: Friend of Rome and Judge of Jesus?* (Louisville: Westminster Knox, 2004).

11장에서 그가 없는 상태에서 유죄 판결을 내렸다.[3] 그래서 요한복음에서는 예수의 체포 이후 더 이상의 유대적인 재판의 필요성을 느끼지 못하며, 요한복음의 저자는 자유롭게 하나의 복합적인 로마의 재판에 관심을 두고 있다. 이 장면은 유대인이든 로마인이든 이 땅의 모든 통치자들의 잘못을 폭로할 것이다.

이상의 모든 진술에서 얻을 수 있는 가장 확실한 결론은 사건들의 일반적인 윤곽은 역사적인 것으로 추정할 수 있으나, 여러 심문 과정에서 전개된 세부적인 측면들은 상당 부분 복음서 저자들의 신학적 관점에 의존하고 있다는 점이다. 이 점에 대해서도 역시 놀랄 필요는 없다. 예수의 추종자들은 아마 굳게 닫힌 문 뒤에서 어떤 일이 일어났는지 거의 접할 수 없었을 것이다. 설사 그들이 접할 수 있었다 할지라도 복음서들이 기록됐을 쯤에는 재판 내러티브들이 오늘날 우리가 매우 소중하게 여기는 일종의 "정확한 역사적 보도"라기보다는 신학과 수사학을 위한 강력한 매개체가 된 이후였다.

지금으로부터 한 세대 이전의 학자들은 마가 이전의 수난 이야기를 재구성하려고 노력했으며, 누가의 많은 수정들을 보고 그가 또 하나의 (문서) 자료를 사용한 것이 아닌가라는 골치 아픈 문제를 해결하기 위해 노력했다(내 생각에 후자는 가능성이 적다).

이러한 연구들이 유용하긴 했지만, 그 연구들이 실제로 우리에게 알려준 것은 수난 이야기들이 오랫동안 수정과 윤색의 과정을 겪어왔다는 점이다. 마태와 누가가 마가의 자료를 광범위하게 변경한 것이 분

---

3 A. E. Harvey, *Jesus on Trial: A Study in the Fourth Gospel* (London: SPCK, 1976); A. T. Lincoln, *Truth on Trial: The Lawsuit Motif in the Fourth Gospel* (Peabody, MA: Hendrickson, 2000)을 보라.

명하다면, 마가와 그의 이전 그리스도인들도 마찬가지로 그들 자신의 전승들을 자유롭게 사용했다고 생각하는 것은 타당한 일이다.

다음에 전개할 논의에서 필자는 예수가 체포되어 유대 당국자들과 로마 당국자들에게 짧게 재판을 받은 후 십자가로 보내졌다는 견해를 피력할 것이다. 크로산은 예수와 같은 시골 사람이 과연 재판을 받을 만한 자격이 있었을지, 그리고 로마 당국자들이 유월절 전에 문제를 일으킨 자를 엄격하게 다루는 데 동의했을지에 대해 이의를 제기할 것이다. 그의 견해에 따르면, 예수는 성전에서 일어난 소동 직후 바로 검거되어 도시 밖으로 끌려가 처형됐다. 어떤 유대적 "재판"도 없었고, 높은 직위의 로마인이 직접 관여할 필요도 전혀 없었다는 것이다.

크로산이 로마 정권의 잔인함과 인간 생명의 경시 풍조(특히 사회적 지위가 없는 사람에 대한)를 강조한 것은 분명 타당하다. 그러나 앞 장에서 언급한 예수 벤 아나니아의 이야기는 특별한 사건일 경우(유대인이든 로마인이든)에는 고위직의 권력자들이 관여했을 가능성을 분명하게 열어둔다. 요세푸스와 공관복음에 따르면, 세례 요한 역시 분봉왕 헤롯 안티파스에 의해 직접 다루어졌다.

더욱이 예수에 대한 요세푸스의 이야기도 예수가 "우리의 지도자들"에 의해 넘겨졌음을 분명히 하는데, 이 구문이 후대의 그리스도인 편집자들에 의해 거의 변경되지 않았다는 점은 만장일치로 수용된다. 이런 점에서, 복음서의 내러티브 중 많은 부분이 복음서 저자들의 신학적이고 목회적인 손길을 거쳤다 할지라도, 기본적인 구성 요소들(basic building blocks)은 상당히 신뢰할 만한 것으로 여겨진다.

2. 예수의 체포와 유대인의 재판

앞 장에서 우리는 예수가 유월절 이전의 어느 때에 체포되어, 제일 먼저 대제사장의 집으로 끌려갔을 것으로 추정했다. 이 건물의 정확한 위치가 어디인지는 알려져 있지 않지만(몇몇 지역이 후보로 제시되고는 있다),[4] 아마도 부유한 상부 도시(Upper City)에 있던 화려한 저택 중 하나였을 것이다.

그 다음에 어떤 일이 일어났는지는 결정하기 어렵다. 마가복음의 재판 장면, 즉 소란스러운 거짓 증인들, 난무하는 고발들, 그리고 공식적인 판결 등은 흡사 불법 재판(kangaroo court)을 방불케 했다. 재판관들은 처음부터 유죄 판결을 내릴 의도로 모였으며, 모든 재판 과정이 마가복음의 저자에게는 정의의 졸렬한 모방으로 표현된다(막 14:55). 이와 대조적으로 요한복음은 대제사장과 한두 명 정도가 배석한 조용하고 위엄 있는 재판 광경을 묘사한다(요 18:19-24).

이 점에 대해 대부분의 학자들은 요한의 기사를 따르는 경향이 있다.[5] 그가 마가보다 더 나은 자료를 가졌다고 확신할 수는 없지만, 요한의 표현들이 공관복음에서 발견되는 것들보다 더 큰 신빙성을 보여 주는 것처럼 보인다. 적어도 요한은 1세기 유대 땅에서 재판이 어떻게 **진행됐는지**를 알고 있었던 것으로 보인다.

가장 중요한 것은 산헤드린(Sanhedrin)으로 알려진 공식적이고 확고한 유대 공회의 존재 자체가 최근에 계속해서 의문시 됐다는 점이다. 주석들은 종종 A.D. 200년경에 기록된 미쉬나(Mishna)의 "산헤드린"

---

[4] 가장 그럴듯한 두 장소를 위해서는 H. K. Bond, *Caiaphas*, 154-159를 보라.

[5] P. Fredriksen, *Jesus of Nazareth: King of the Jews* (New York: Vintage Books, 1999), 221의 논점.

(Sanhedrin)이라는 글을 언급하곤 한다. 그 글에는 법적이고 종교적인 문제들을 논의하기 위해 모인, 72명의 바리새인과 사두개인으로 구성된 공의회를 언급한다.

하지만 그러한 공의회가 1세기에 존재했다는 증거가 없다. 그래서 대부분의 학자들은 이것을 랍비들의 희망 사항에서 비롯된 산물에 불과한 것으로 간주한다. 즉 로마가 아니라 랍비들 자신들이 책임을 맡았다면, 어떻게 자신들의 통치 기구를 조직할 수 있었을까 라는 배경에서 나왔다는 것이다.

가장 최근의 연구는 대제사장이 혼자서 모든 결정을 내렸으며, 그가 종종 귀족 계층의 제사장 집단을 소환하기는 했지만 그것은 어디까지나 당면한 문제에 따라 바뀔 수 있는 임시 집단(ad hoc group)이었다고 제안한다.[6] 그렇다면, 아마 예수는 요한복음이 기록한 대로 가야바와 그의 장인 안나스에 의해 재판 받았을 것이다.

제사장 가문의 우두머리로서 안나스는 강력한 발언권을 가진 높은 명망과 영향력을 행사하는 인물이었을 것이다. 다른 조언자들이 소환됐을 수도 있지만, 재판은 간결하고 신중했을 것이다. 가야바는 예수를 체포하기 전에 이미 그를 로마에 넘겨주려고 결정했을 가능성도 꽤 높다. 가야바의 입장에서 예수는 유월절을 맞이하여 성전의 원만한 운영을 위협하는 위험 요소였다. 예수의 메시지에 고무된 군중의

---

[6] 예컨대, M. Goodman, *The Ruling Class of Judaea* (Cambridge: CUP, 1987), 113-118; E. P. Sanders, *Judaism*, 472-490; D. Goodblatt, *The Monarchic Principle: Studies in Jewish Self-Goverment in Antiquity* (Tuebingen: Mohr-Siebeck, 1994)를 보라. 요한복음의 재판 내러티브의 역사성에 대한 필자의 연구, "At the Court of the High Priest: History and Theology in Jn 18.13-24" in P. Anderson, T. Thatcher and F. Just (eds), *John, Jesus and History, vol 2: Aspects of Historicity in the Fourth Gospel* (SBL), 313-324)를 보라.

흥분은 반란과 함께 참혹한 로마의 개입으로 이어질 수도 있었기 때문이었다.

유대인이 특별히 고발한 예수의 죄목은 무엇이었나?

여러 가지 면에서 유대의 당국자들은 공식적인 기소를 필요로 하지 않았으므로 빌라도에게 다양한 죄목을 둘러대었을 것이다. 예를 들면, 예수가 하나님의 권위로 말한다고 주장했다는 점, 그가 이미 성전에서 문제를 일으켰다는 점, 그가 추종자들을 거느리고 있다는 점, 그가 숙련된 치유자요 귀신 축출자라는 점, 많은 사람들이 이미 그를 메시아적 해방자로 본다는 점, 심지어는 그를 왕으로 칭송한다는 점 등이다. 로마 총독의 입장에서 긴장감이 맴도는 유월절에 그러한 인물의 출현을 무시할 수는 없었을 것이다.

그러나 이것보다는 대제사장들이 특정한 하나의 죄목을 선택했을 가능성이 더 크다. 그들은 자기 자신과 절기를 위해 모인 군중에게 자기들의 행동을 정당화하기를 원했을 것이다. 그렇다면 확실한 죄명이 더 큰 설득력을 가질 것은 당연했다. 우리가 가진 자료는 다양한 대안들을 제공한다. 마가복음 14:64(마태도 이를 따른다)은 예수의 죄목이 신성 모독이었음을 암시한다. 1세기의 신성 모독에는 유대의 하나님이나 제도를 비방하는 말뿐만 아니라, 하나님의 능력을 자신의 것으로 도용하는 일도 포함했다.

누가는 기본적인 죄목을 "백성을 미혹한 행위"로 보는 반면(눅 23:2, 5, 14), 요한복음에서는 예수가 "행악자"(악한 일을 행하는 자, 요 18:30), 즉 자신을 하나님의 아들 및 왕으로 사칭하는 자(요 19:7, 12)로 기소된다. 마태복음에서 유대인 지도자들은 예수를 속이는 자(imposter), 또는 "*b.Sanh* 43a"에서 반복되는 죄목인 남을 미혹하는 자라고 언급한다 (마 27:63).

이러한 죄목들 중 일부에는 명백한 신학적 발전 과정이 나타난다. 마가복음의 신성 모독은 예수의 생애 동안 나온 것이라기보다는 1세기 말 그리스도인을 향한 유대인의 공격을 반영하는 것으로 볼 때 더 잘 이해되며, 요한복음의 죄목은 복음서 저자의 고기독론(high Christology)을 반영한다.[7]

하지만 예수의 기본적인 죄목이 신명기의 두 단락에서 비롯됐다는 제안은 충분한 증거가 있다. 즉 예수가 이스라엘을 미혹하게 했다는 죄명과 거짓 예언자 노릇을 했다는 죄명이다(신 13장; 18:21-22). 이 두 죄목에 대한 형벌은 사형이었다. 예수가 백성들을 속였다는 점을 공개함으로써 유대의 지도자들은 그의 정당성을 박탈하려고 했던 것이 분명하다. 그는 예언자처럼 보였고 그렇게 행동했을 수도 있지만, 그들은 그가 참으로 하나님을 대변해서 말했다는 사실을 부인했다.

그러나 가야바는 왜 예수를 로마에 넘길 필요가 있었을까?

예수의 죄목은 투석형과 같은 유대인 사형법으로 처리될 수 없었는가?

로마의 통치하에서 유대인 법정이 사형 권한을 가지고 있었는지의 여부는 매우 논쟁이 됐던 문제이다. 요한복음 18:31은 그 가능성을 배제하는 것처럼 보이는 반면, 드물긴 하지만 1세기에 있었던 사례들을 보면 어떤 경우에는 특히 유대교의 율법을 위반했을 경우에는 가능했을 것이라는 추정도 할 수 있다.[8]

하지만 적법성과는 상관없이 가야바와 그의 동료들은 이 특별한 죄

---

[7] 그러나 마가의 신성 모독 고발에 대한 활발한 방어를 위해서는 D. L. Bock, *Blasphemy and Exaltation in Judaism and the Final Examination of Jesus* (Tuebingen: Mohr Siebeck, 1998)을 보라.

[8] 논쟁을 불러일으키는 이슈에 관해서는 R. E. Brown, *Death*, 1.363-372, 『앵커바이블 메시아의 죽음』(CLC 근간)를 보라.

수를 빌라도에게 넘기는 것을 바람직한 일로 여겼을 것이다. 잠재적 "유대인의 왕"으로서 예수는 로마의 사법권 내에서 쉽게 처리될 수 있었으며, 대제사장들은 절기 준비와 자신들의 정결 의식에 참여할 필요가 있었다. 게다가 죄인을 넘겨주는 일은 총독과 좋은 관계를 맺는 데도 도움이 됐을 것이고 차후에 협상 도구로 유용하게 사용될 수도 있었을 것이다. 따라서 예수의 이양은 처형에 공모했다는 혐의를 피하려는 시도가 아니라 편의상의 문제였다. 빌라도와 가야바는 이 특별한 사건에 협력할 수 있었다.

3. 본디오 빌라도

빌라도는 보통은 가이사랴(Caesarea)[9]에 거주했다. 가이사랴는 헤롯 대제에 의해 웅장한 항구, 시민 편의 시설, 이교도 신전을 갖춘 철저한 그레코-로만 도시로 세워졌다. 로마 총독들은 자신들의 본부를 거기에 두고, 이방인이 대부분인 그 도시를 새로운 지방 행정 수도로 유용하게 변화시켰다.

그러나 절기 때가 되면 빌라도는 반란이나 폭동의 경우를 대비해서 지원군을 이끌고 예루살렘으로 갔다. 유월절은 늘 위험한 절기였다. 이 절기는 출애굽(exodus from Egypt), 즉 노예 생활로부터의 민족적 해방을 기념하는 절기였으며, 정치적 희망과 메시아의 꿈이 최고조에 달하는 때였다. 요세푸스는 대부분의 폭동들이 유월절에 일어났다고

---

9 요단강 상류에 있는 가이사랴 빌립보와 구분하기 위해 가이사랴 마리티마(Caesarea Maritima, 호수가의 가이사랴)로 불려짐-역주.

냉소적으로 지적한다(*War* 1.88).

하지만 역설적이게도 빌라도의 예루살렘 등장이 유대인의 불만을 더 가중시키는 결과를 초래했다는 점이다. 즉 이방인 군대가 말을 타고 예루살렘으로 들어온 후 성전의 주랑 현관에 나란히 서서 경비하는 모습은 백성들의 적대감과 분노를 더할 뿐이었다.

빌라도 총독은 헤롯 대제가 예루살렘 서쪽 부분에 지은 장엄한 궁전이었던 로마군 본부, 즉 프레토리움(*praetorium*)에 거주했다(전통적으로 추정되어 온 안토니아 요새[Antonia Fortress]가 아닌). 헤롯 가문의 통치자들(예를 들어, 안티파스와 그의 형제 빌립)이 예루살렘을 방문했을 때에는 보다 오래되고 덜 인상적인 하스모니아 궁전을 사용하는 것으로 만족해야 했을 것이다(예수 시대의 예루살렘 지도를 위해서는 지도 12.1을 보라).

빌라도는 기사단(equestrian order)에 속한 로마의 기사였거나 이탈리아 귀족 중 가장 낮은 계층의 인물이었다. 그는 로마 군대에서 복무하다가 전장에서의 용맹성과 뛰어난 전술 능력으로 황제 티베리우스의 주의를 끌었던 것으로 보인다. 총독(prefect, *Praefectus*)이란 명칭은 군대식 호칭이었다.

작지만 격변지인 유대 땅은 로마의 속주가 된 지 불과 20년 밖에 되지 않았으므로, 빌라도의 역할은 질서를 유지하고 백성들이 협조하도록 지원군을 사용하는 일이었다. 총독 자리가 로마 세계에서 최상의 직책은 아니었음에도 불구하고, 군사 기술과 외교적 수완 둘 다를 요구하는 지방 장관직이었으며, 나중에 보다 권위 있는 직위로 나아갈 수 있는 발판이 됐을 것이다.

빌라도는 복음서에 나오는 인물들 중에서 보다 넓은 역사 기록에 흔적을 남긴 몇 안 되는 사람에 속한다. 다행스럽게도 우리는 두 명의 1세기 유대인 작가인 알렉산드리아의 필로(Philo of Alexandria)와 요세푸스를 통해 그의 총독직 수행에 관한 기사를 접할 수 있다.

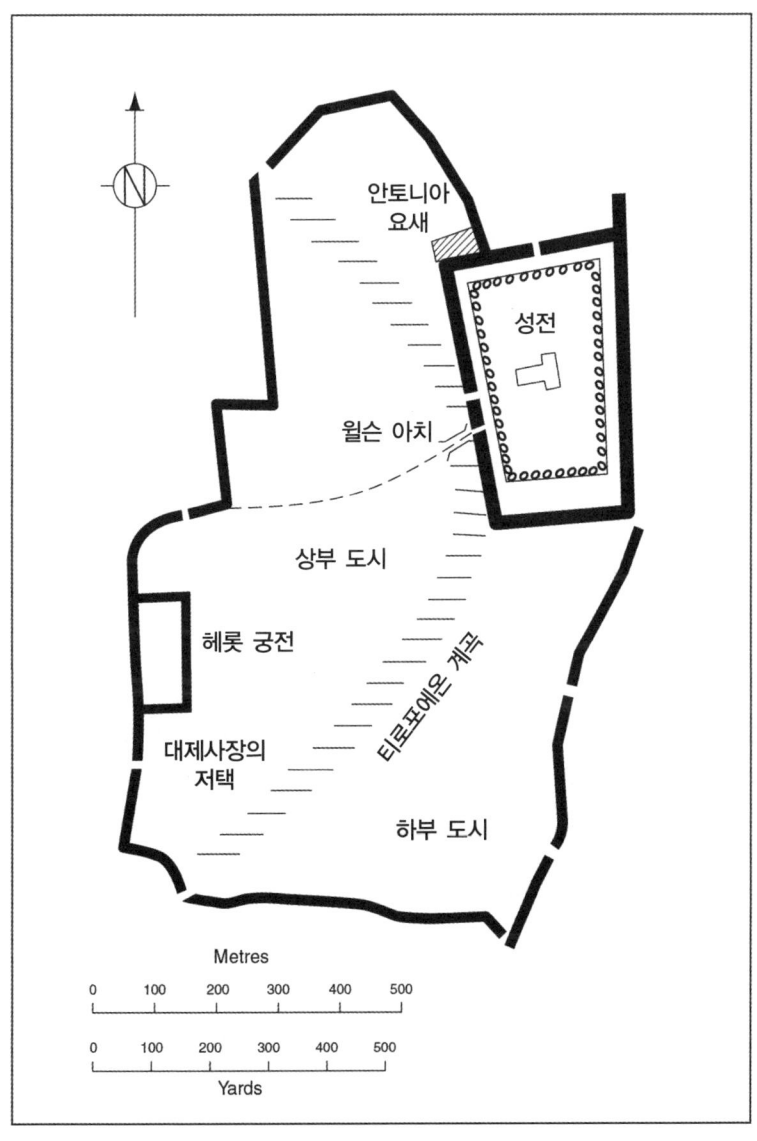

〈지도 12.1〉 예수 시대의 예루살렘 지도

하지만 필로와 요세푸스 모두는 빌라도에 대한 적대감을 드러낸다. 특히 필로는 빌라도의 "부패성(뇌물로 매수), 폭력성, 절도 행위, 폭행, 학대 행위, 재판받지 않은 죄수들의 빈번한 처형, 그리고 끔직한 흉포함"에 대해 언급한다(Embassy to Gaius 301). 복음서의 경우처럼, 우리는 이 두 유대인 저자의 글들을 조심해서 사용해야 할 필요가 있다. 요세푸스도 필로도 빌라도와 같은 하위 계층의 로마 총독을 다룰 시간이 없었기에 그의 불감증과 악정에 대해 너무 성급하게 판단하는 경향이 있다.

하지만, 그가 유대 총독으로 있을 때 일어났던 몇 가지 사례들을 통해 부분적이나마 그의 행적을 엿볼 수 있다. A.D. 26년 빌라도는 유대 속주에 도착한 직후 황제의 이미지(독수리)를 묘사한 군기(standards)를 가진 군대를 예루살렘으로 들여왔다. 이를 십계명의 제2계명에 대한 명백한 위반으로 간주한 많은 유대인들이 가이사랴에 있는 속주 본부에서 항의 시위를 했다. 거의 일주일 만에 빌라도는 수그러들어 그 연대를 철수시켰다.[10]

아마도 유대인의 민감한 반응 때문에 예루살렘에 부대를 배치하는 일이 지장을 받는다는 것이 총독 빌라도에게는 어처구니없는 일처럼 보였을 것이다. 그는 자신의 총독직 수행을 이전의 관례들과 단절함으로써 시작하려고 했을 것이지만, 적어도 자신의 물리적인 행동이 실수였음을 깨달을 정도의 사리 판단은 있었으며, 평화를 위해 기꺼이 타협했을 것이다.

기록에 의하면, 그 후 빌라도와 연관된 두 개의 사건이 더 일어났다. 하나는 그가 예루살렘 본부에서 황제의 이름이 새겨진 황금 방패를 사용한 것에 대해 백성들이 항의하며 일어난 소요 사태이고,

---

10 War 2.169-174; Ant. 18.55-59.

다른 하나는 새로운 수로를 건설하는 문제로 민간 폭동이 일어나자 그들을 잔인하게 진압한 사건이다.[11] 빌라도는 결국 A.D. 36년 사마리아인들 사이에 일어난 무장된 메시아주의적(messianic) 폭동을 잔인하게 진압했다는 이유로 총독직에서 물러났다(본서의 제3장을 보라).

이러한 이야기들을 통해 우리가 알 수 있는 것은 빌라도가 한편으로는 자신의 속주에서는 우두머리가 되기를 원했고, 다른 한편으로는 어떤 대가를 치르든지 평화를 유지하려고 애쓴 인물이었다는 점이다. 여하튼 그가 로마를 명백하게 환영하지 않았던 한 속주에서 10년 동안이나 총독직을 수행했다는 사실은 그의 유능함을 입증해 준다.[12]

빌라도와 유대인 지도자들은 상당히 좋은 협력 파트너였음에 틀림없다. 빌라도는 자신이 유대 속주에 도착했을 때 가야바가 이미 대제사장으로 활동하고 있음을 알았다. 빌라도는 가야바가 자신과 동등한 관계는 아니었지만(로마 총독에게는 대제사장을 임명할 권한이 있었다), 가야바를 면직시킬 이유가 없었기에 그에게 협력을 제안했던 것으로 보인다. 법과 질서를 유지한다는 관점에서 로마에게 좋은 것은 유대인에게도 좋은 것이었다.

빌라도는 거짓 예언자요, 말썽꾼인 예수를 제거해 달라고 요청하는 대제사장의 사절단이 찾아왔을 때 오랫동안 심사숙고할 필요가 없었을 것이다. 로마의 정의는 한 식민지인의 생명, 특히 민족 해방을 기념하는 절기로 인해 혼잡한 도시에서 신봉자들을 거느린 한 사람의 생명에 대해 큰 관심을 두지 않았을 것이기 때문이다.

그러나 빌라도가 예수에 관한 소식을 대제사장의 사절단으로부터

---

11 Philo, *Embassy* 299–305. Josephus *War* 2.175–177; *Ant.* 18.60–62.
12 빌라도와 연관된 본문들의 충분한 논의를 위해서는 H. K. Bond, *Pontius Pilate*, 24–93을 보라.

처음 들었다는 것은 의심의 여지가 있다. 예수의 사역 기간이 단지 1년이었다 할지라도 총독의 첩자들과 정보원들은 계속해서 상황 파악을 하고 있었을 것이다. 대제사장들이 예수를 넘겨주지 않았다면 빌라도가 직접 행동에 나섰을 수도 있다. 예수의 하나님 나라의 선포는 분명 정치적 함의를 지니고 있었다. 예수 자신이 로마의 통치를 어떻게 생각했든지 간에 그의 메시지는 민족주의적 성향을 가진 사람들에게는 사람들을 결집시키는 구호로 간주될 수 있었기 때문이었다.

빌라도는 세례 요한을 기억했을 것이다. 아마도 안티파스는 빌라도에게 말하기를, 그 운동이 한 사람을 중심으로 진행됐고 자신은 그 운동의 확산을 미연에 방지하기 위해 그 지도자를 처형함으로써 사건을 일단락 지었다고 했을 것이다. 이러한 맥락에서 볼 때 예수를 저지하려 했던 빌라도의 결정은 역사적으로 꽤 신빙성이 있다.

복잡한 로마의 법체계는 오직 로마 시민에게만 적용될 수 있었다. 식민지인이나 비로마 시민은 통상 절차와는 별도로 존재했던 비상 심리 절차(cognitio extra ordinem)에 의해 처리됐는데, 이는 총독이 어떻게 사건을 심리할 것인지, 어떤 증인들을 소환할 것인지, 어떤 형량을 부과할 것인지를 자유재량으로 결정할 수 있다는 것을 의미했다. 예수는 당연히 이 범주에 속했을 것이며, 이 경우 흔히 적용되는 원칙들은 있었겠지만, 빌라도가 진행한 심문 방식에 어떤 확정된 규정은 없었을 것이다.

어떤 경우에든 심문이 오래 지속됐을 것 같지는 않다. 빌라도에게 필요한 것은 다만 예수가 주모자였고 그가 없다면 그 운동은 소멸될 것이라는 확인뿐이었다. 유월절 사면과 군중의 야유가 있었다는 내용은 역사적으로 입증하기 어렵다. 당대의 문헌에는 유월절 사면이 있었다는 증거가 전혀 없으며, 로마 총독이 폭발 직전의 유월절 군중에게 그것도 대중적인 두 폭도 중 한 사람을 선택하게 했다는 것은 상상하기 어렵다.

바라바(Barabbas) 이야기에 대한 역사적 토대는 있었을 것이다. 아마 그는 그 운명적 유월절 동안에 있었던 단 한 번의 관대한 처분으로 혜택을 입었을 것이며, 그리스도인들은 후에 그는 풀려나고 예수는 처형당한 부당함을 깊이 숙고했을 것이다. 하지만, 복음서들은 현 문맥에서 예수 재판에 대한 정확한 기술보다는 오히려 메시아를 거부하고 혁명 지도자를 선택한 유대 백성들의 선택을 강조하는 데 더 큰 관심이 있다.

예수의 심문 진행 과정에 대한 실마리는 티툴루스(titulus), 즉 십자가 위해 걸려 있었던 죄패에서 얻을 수 있다. 마가와 요한의 전승은 모두 그 죄패에 "유대인의 왕"(막 15:26과 병행 구절; 요 19:19)이라고 적혀 있었다고 보고한다. 빌라도가 예수를 일종의 메시아를 사칭한 정치 선동자 또는 적어도 다른 사람들의 마음에 그러한 희망을 불어넣은 인물로 간주한 것이 분명하다. 예수의 예루살렘 입성, 하나님 나라에 대한 그의 진술들, 예수에 대한 군중의 인식, 이 모든 것들이 그의 사형 판결에 기여했을 것이다. 빌라도가 예수를 말썽꾼이라고 확신했을 때, 그를 노예, 강도, 정치적 선동가들에게 주로 내려지는 형벌인 십자가로 보내었을 것이다.

4. 죽음과 장사

십자가형은 고대 고문의 가장 끔찍한 형태들 중 하나였다. 그것은 견딜 수 없을 만큼 고통스러웠고, 매우 치욕적이었으며(희생자들은 벌거벗겨졌다), 사람들은 종종 쇼크, 탈진, 마침내 질식으로 죽을 때까지 몇

날이 걸리곤 했다. 희생자들은 보통 먼저 채찍질을 당했고(막 15:16-20과 병행 구절), 자신이 매달릴 십자가를 지고 처형장까지 걸어갔을 것이다(마가는 예수가 매우 약해서 구레네 시몬[Simon of Cyrene]의 도움을 받았다고 지적한다. 막 15:21과 병행 구절).

적당한 장소에서 희생자의 양 손에 못을 박거나, 때로는 밧줄로 십자가 기둥에 고정시킨다. 그 다음에 기둥은 들려 수직으로 세워졌고, 끝으로 죄를 기록한 티툴루스가 부착됐다. 우리가 이미 살펴본 것처럼, 예수의 경우에는 "유대인의 왕"이라고 적혀 있었다. 빌라도는 예수를 왕의 포부를 가진 사람으로 간주했던 것으로 보이지만, 그 칭호에서 비꼼과 경멸의 투를 찾을 수 있다. 채찍질을 맞고 죽어가는 사람은 1세기 유대인들이 꿈꿨던 왕이 아니었다. 따라서 그 칭호는 감히 로마의 왕권에 도전하는 사람은 누구든지 그러한 형벌을 받을 수 있다는 엄중한 경고로 사용됐다.

복음서에 따르면, 예수는 다행히도 빨리 숨진 편에 속하는데, 마가복음에는 단 6시간 만에(오전 9시부터 오후 3시까지, 막 15:25, 33), 요한복음에는 그것보다 훨씬 더 짧은 시간에, 즉 정오 이후 십자가에 달려서 해 지기 전에 이미 숨진 것으로 묘사된다. 마가복음 15:34에 따르면, 그는 시편 22편 말씀을 외치며 죽었다.

> 나의 하나님 나의 하나님 어찌하여 나를 버리셨나이까?(마가는 이 말씀들을 아람어로 표현한다. "엘리 엘리 라마 사박다니"[*Eloi, Eloi, lema sabachthani*]).[13]

---

[13] 다른 복음서들은 예수의 마지막 말씀을 다르게 기억한다. 눅 23:46과 요 19:30을 보라.

이 시편 22편이 속한 탄식의 시편들은 예수를 고난 받는 의인으로 이해하기 위해 초기 교회에서 종종 사용됐다. 그러나 예수 자신이 직접 그렇게 연관시켰을 가능성도 있다.

그는 시편을 인용하면서 죽었는가?

그는 버려짐의 외침으로서 첫 절만을 상기시키려고 했는가?

아니면(좀 더 가능성이 큰 견해로), 고난 받는 의인이 마침내 그 정당함이 입증된다는 내용의 그 시편 전체를 기억했는가?

그는 십자가상에서도 여전히 하나님이 개입하셔서 하나님 나라를 설립하기를 희망했는가?

또한 먼발치서 그 광경을 바라보았던 예수의 추종자들이 그의 십자가형을 종말의 시작으로 보았는가?

그의 죽음에 대한 회상이 종말론적 이미지(하늘이 어두워짐[막 15:33과 병행 구절], 성전 휘장의 찢어짐[막 15:38과 병행 구절], 심지어 지진 발생과 무덤들의 열림[마 27:51b-53])로 표현된 이유가 이것 때문인가?

십자가형이 공포스럽고 수치스러운 이유 중의 하나는, 대부분의 경우 십자가형을 받은 자들의 매장권이 박탈당했다는 점에 있었다. 특히 그들의 죄가 반역과 연관됐을 때는 더욱 그러했다.[14] 십자가형을 통해 로마가 의도했던 마지막 단계는 대중 선동가들이 순교자로 보이는 것을 방지하는 것이었다. 그래서 시신들은 살이 썩어 남아 있지 않을 때까지 십자가에 그대로 매달아 두곤 했다. 이것 또한 제국의 법에 반대한 사람들의 운명에 대한 끔찍한 경고였다. 우리는 본서의 제1장에서 크로산이 이것이 예수의 운명이었다고 주장했음을 살펴보았다.

---

14 Suetonius, *Augustus* 13.1-2; Tacitus, *Annals* 6.29; Petronius, *Satyricon* 111-112를 보라. 일반적인 십자가 처형에 대해서는 M. Hengel, *Crucifixion in the Ancient World and the Folly of the Cross* (London: SCM, 1977)를 보라.

하지만 사도 바울과 복음서들은 모두 그가 매장됐다는 데 일치하며, 다수의 본문들 역시 십자가형 이후에도 매장한 사례들이 있다고 지적한다(키케로[Cicero], *Verr.* 2.5.45; 필로, *In Flaccum* 10.83-84). 여기에 1968년 예루살렘에서 4.5인치의 못이 발목을 관통한 채 발견된 여호하난(Yehohanan)이라는 젊은 청년의 유골은 십자가형 후에 매장된 사람들이 있었다는 구체적인 증거로 추가됐다(여호하난의 경우에는 그의 가족들이 뼈 속 깊숙이 박혀 있던 못을 빼낼 수 없었던 것이 분명하다).[15]

반역자로 십자가형에 처해졌을지라도 예수는 무장 반란을 이끌지 않았기에 로마 총독은 그의 매장을 허락해 주었던 것으로 보인다. 또한 그때가 유월절 기간이었다는 점도 빌라도가 매장을 허락한 동기로 작용했을 것이다. 그에게는 평화를 유지하는 것이 중요한 책무였기 때문이다.

유대인들은 죽은 사람들을 신속하게 매장하는 경향이 있었는데, 일반적으로는 그들이 죽은 날에 매장하곤 했다. 신속하게 매장할 필요성(해지기 전)은 다음 날이 안식일일 경우에는 더욱 컸을 것이다(막 15:42). 다음과 같은 신명기 본문이 처형된 죄인들과 직접 연관된다.

> 사람이 만일 죽을 죄를 범하므로 네가 그를 죽여 나무 위에 달거든 그 시체를 나무 위에 밤새도록 두지 말고 그 날에 장사하여 네 하나님 여호와께서 네게 기업으로 주시는 땅을 더럽히지 말라 나무에 달린 자는 하나님의 저주를 받았음이니라 (신 21:22-23).

---

15 N. Haas, "Anthropological Observations on the Skeletal Remains from Giv'at ha-Mivtar," *IEJ* 20 (1970), 38-59; J. Zias and E. Sekeles, "The Crucified Man from Giv'at ha-Mivtar: A Reappraisal," *IEJ* 35 (1985), 22-27을 보라.

필로(*Flaccum* 83-85)와 요세푸스(*War* 4.317)는 예수 당시에 이러한 관례가, 특히 절기 때에 유대인 집단들에 의해 지켜졌다고 언급한다. 다른 경건한 유대인들과 함께 유대 지도자들은 가능한 한 빨리 예수를 매장하는 것이 적합하고 적절한 조처라고 생각했을 것이다. 이런 점에서 아리마대 사람 요셉(Joseph of Arimathaea)이란 한 유대인 지도자가 예수가 숨진 그날에 그를 매장했다는 복음서의 보고를 기본적으로 의심할 이유는 전혀 없다.

그러나 요셉은 정확히 누구였을까?

마가복음에서 그는 "존경받은 공회원이요 하나님의 나라를 기다리는 자"(막 15:43)라고 소개된다. 그는 대담하게 빌라도에게 가서 예수의 시신을 내어달라고 요청했지만(막 15:43), 예수에 대해 특별히 호의적인 태도를 보였다는 지적은 없다. 후에 복음서들은 요셉의 역할에 대해 고심했다. 마태가 그를 부자 제자로 소개하는 반면(마 27:57), 누가는 그를 공회의 결정과 처사에 찬성하지 않은 "선하고 의로운" 사람으로 언급하고(눅 23:50-51), 요한은 그를 니고데모(Nicodemus)와 함께 예수를 장엄하게 장사한 숨은 제자로 언급한다(요 19:38-42).

하지만 마가복음에 함축된 내용은 요셉이 신명기 21:22의 계명에 따라 예수의 매장을 감독한 경건한 유대인이었다는 점이다. 그가 처형된 죄인들의 시신들을 처리하기 위해 예루살렘의 지도자들에 의해 특별히 임명됐다는 견해는 상당히 일리가 있다. 공관복음은 예수의 시신에만 관심을 갖고 있지만(이는 놀랄 일은 아니다), 요한은 유대인들이 예수와 함께 십자가에 매달린 두 강도를 포함하여 **모든 시신들**을 치워달라는 요청을 했다고 지적한다(요 19:31).

이 모든 기록들이 함축하고 있는 내용은 예수가 수치스럽게 매장됐다는 점이다. 유대 법정에 의해 정죄된 죄인으로서 예수는 더 나은 대우를 기대할 수 없었다.[16] 요셉의 개입은 그가 예수의 가족이나 그의 제자들의 어떤 돌봄도 기대하지 못했다는 점을 분명하게 보여 준다. 또한 실제로 매장될 때에 요셉과 예수의 제자들이 서로 협력했다는 어떤 암시도 존재하지 않는다.[17] 예수는 보통의 유대인이 죽을 때 누렸던 장례 절차를 하나도 누리지 못했다. 즉 시신을 씻고 기름을 바르는 일, 장례 행렬, 가족묘에서의 "조상들과의 만남"(gathering to the fathers), 추도사, 공식적 애통 기간 등 어떤 장례 혜택도 누리지 못했다. 처음부터 끝까지 매장은 수치스럽고 치욕적이었다.

예수가 당한 매장의 수치는 공관복음 내에서 분명하게 볼 수 있지만, 복음서 저자들은 그의 마지막 안식처를 위엄 있게 보이게 하려는 이해될 만한 열망을 보여 준다. 마가복음에서 예수는 바위 속에 판 무덤에 누워있고(막 15:46), 누가복음과 요한복음에서는 아직 사람을 장사한 일이 없는, 바위에 판 새 무덤에 누워있다(눅 23:53; 요 19:41). 그리고 마태복음에서 그는 바위 속에 판 **요셉 자신의 새 무덤**에서 누워있다(마 27:60). 하지만 바위에 판 무덤은 예루살렘 사회에서 가장 부유한 사람들만이 누릴 수 있었다. 십자가에 달린 죄인이 그러한 곳에 매장됐을 가능성은 매우 적다.

새 무덤에 대한 강조는 빈 무덤 이야기를 준비하기 위함인 것이 분명하다. 예수의 시신만이 그 무덤에 있었다면, 그를 확인하는 데 아무

---

16 왕상 13:21-22; 렘 22:18-19; Josephus, *Ant*. 5.44.
17 마가복음에서 예수는 유월절에 장사된다. 이 특이한 연대기에 관한 좀 더 상세한 연구를 위해서는 본서의 제11장을 보라. 예수의 장사에 대한 유용한 논의는 M. Myllykoski, "What Happened to the Body of Jesus?" in I. Dunderberg, C. M. Tuckett, and K. Syreeni (eds), *Fair Play: Diversity and Conflicts in Early Christianity* (Leiden: Brill, 2002), 43-82; B. R. McCabe, *Roll Back the Stone: Death and Burial in the World of Jesus* (Harrisburg: Trinity Press, 2003); J. Magness, "Ossuaries and the Burial of James," *JBL* 124 (2005), 121-154에서 찾을 수 있다.

런 문제도 없었을 것이다. 그 무덤이 요셉 자신의 무덤이었을 가능성은 매우 희박하다. 안식일이 가까웠기 때문에 시신을 들고 멀리 가기는 어려웠을 것이며, 유대인 귀족이라면 처형장 근처에 바위를 판 무덤을 갖고 있지는 않았을 것이기 때문이다.

후대의 한 랍비 본문은 사형으로 죽은 죄인들의 묘지 보존에 관해 언급한다(*m.Sanh* 6.5; 또한 마 27:7-8의 나그네[외국인]의 묘지에 대한 언급도 보라). 브라운(R. E. Brown)은 제안하기를, 여기서 묘사된 묘지는 공동묘지가 아니라 가난한 자들의 매장과 연관된 개별적 참호 묘지(trench grave)라고 한다. 그 묘지의 길이는 5-6피트(feet) 정도이고 깊이는 2피트 정도였을 것이다.[18] 기독교 전승은 그러한 견해를 분명 모욕적으로 여겼을 것이지만, 예수의 시신은 죄인들을 위한 가난한 사람의 무덤에 안치됐을 가능성이 높다.

유대인 지도자들 편에서는 예수의 수치스러운 죽음이 그가 하나님의 대변인일 수 없다는 증거였다. 많은 평범한 유대인들 역시 그들의 희망이 산산조각 나는 것을 보았다(눅 24:19-21a). 히브리 성경의 어떤 본문도 죽는 메시아, 특히 그처럼 굴욕적인 상황에서 죽어간 메시아를 기대하지 않았다. 제자들 역시 아마도 단 3일 내에 어떤 일이 펼쳐질지 전혀 알지 못했을 것이다.

---

[18] R. E. Brown, "The Burial of Jesus(Mark 15.42-47)," *CBQ* 50 (1988), 233-245.

제13장
부활

예수의 매장은 예수라는 역사적 인물에 관해 개연성을 가지고 말할 수 있는 마지막 단계라고 주장할 수도 있다. 하지만 그의 부활에 대한 기독교 교리는 예수 운동의 미래를 결정했다는 점에서 매우 중요하므로 부활을 다루지 않는 역사적 예수 책은 중요한 한 요소를 잃고 말 것이다. 부활 사건 자체는 역사적 탐구가 가능하지 않지만, 적어도 부활이 예수를 처음 따르던 사람들에게 끼친 **영향**에 대해서는 조사할 수 있다.

예수가 죽은 자 가운데서 일어났다는 전승은 매우 초기의 것임에 틀림없다. 50년대에 바울은 이미 그가 전해 받은 전승의 일부를 다음과 같이 전할 수 있었다.

> 내가 받은 것을 먼저 너희에게 전하였노니 이는 성경대로 그리스도께서 우리 죄를 위하여 죽으시고 장사 지낸 바 되셨다가 성경대로 사흘 만에 다시 살아나사(고전 15:3-4).

부활에 대한 믿음은 바울의 핵심 사상이었기에 그의 서신에서 여러 번 언급된다.[1] 부활 사상은 매우 강렬해서 심지어는 하나님을 "예수를 일으킨 자"로 재정의할 수 있을 정도였다(롬 4:24; 갈 1:1). 근본적인 진술은 예수가 영화롭게 됐다거나, 높여졌다거나, 심지어 정당성이 입증됐다는 것이 아니라(물론 이러한 내용들이 전제되지만), **하나님이 그를 죽은 자로부터 일으켰다는 것이다**. 이 놀라운 진술을 이해하기 위해서 우리는 신약성경에 주의를 돌리기 전에 먼저 예수 시대의 유대인들의 부활 사상을 살펴볼 필요가 있다.

1. 부활에 대한 유대인의 관점

1세기 유대인들이 가진 다양한 믿음의 행태를 고려할 때, 부활과 내세에 대한 사상이 일치나 일관성과는 거리가 멀었다고 해서 전혀 놀라운 일이 아니다.[2] 히브리 성경의 가장 초기 부분에는 죽음 이후의 생명에 대한 개념이 전혀 없다. 즉 죽은 자는 단순히 스올(Sheol), 하나님의 임재가 전혀 없는 어두운 곳(헬라어 하데스[Hades]와 약간 유사함)으로 간다. 공동체의 부활이든 개인의 부활이든, 부활에 대한 어떤 의식도 없으며, 그것과 연관된 어떤 보상과 심판에 대한 언급도 없다.

시편 기자는 다음과 같이 분명하게 선언한다.

---

1 예컨대, 롬 1:3-4; 빌 3:10-11; 살전 1:9-10을 보라.
2 부활에 대한 유용한 연구들에는 A. Segal, *Life After Death: A History of the Afterlife in the Religions of the West* (New York: Doubleday, 2004); G. W. E. Nicklesburg, Resurrection, *Immortality, and Eternal Life in Intertestamental Judaism and Early Christianity* (Cambridge: Harvard University Press, 2006); P. Perkins, "Resurrection" in C. A. Evans (ed.), *Encyclopedia of the Historical Jesus* (New York: Routledge, 2008), 498-505; A. Yarbro Collins, *Mark: A Commentary* (Minneapolis: Augsburg Fortress, 2007), 782-797이 포함된다.

> *이것이 바로 어리석은 자들의 길이며 그들의 말을 기뻐하는 자들의 종말이로다. 그들은 양 같이 스올에 두기로 작정되었으니 사망이 그들의 목자일 것이라 정직한 자들이 아침에 그들을 다스리리니 그들의 아름다움은 소멸하고 스올이 그들의 거처가 되리라*(시 49:13-14).

고대 이스라엘에서는 현재의 죽을 생명에 강조점이 놓여 있다. 축복과 징벌은 이 땅에서의 지정된 시간 내에 존재하는 사람들에게만 해당된다.

포로 기간에 상황이 변하기 시작했다. 이 시기에 민족 공동체의 부활에 대한 사상이 나타나기 시작한다. 이러한 사상은 에스겔의 마른 뼈 환상(겔 37:1-14)과 이사야의 이스라엘 구원의 노래(사 26:19)의 배후에 깔려 있다.

그러나 가장 중요한 발전은 지난 B.C. 2세기 동안에 일어났는데, 이 시기는 헬레니즘 문화의 영향력이 점점 더 커지고 개인적 부활 사상이 나타나기 시작하던 때였다. 특히 마카비 혁명(Maccabean revolt)은 하나님에게 끝까지 충성하고 순교를 당한 사람들에 대한, 어려운 문제들을 제기했다. 몇몇 유대인들은 이러한 사람들이 사후의 보상을 받을 것으로 추론했다.

또한 조상들의 전통을 부인한 사람들은 어떻게 되는가?

그들은 어떤 징벌도 받지 않는가?

개인의 부활에 대해 분명하게 언급하는 가장 초기의 본문 중 하나는 B.C. 167-164년경에 기록된 다니엘 12:2-3이다.

땅의 티끌 가운데에서 자는 자 중에서 많은 사람이 깨어나 영생을 받는 자도 있겠고, 수치를 당하여서 영원히 부끄러움을 당할 자도 있을 것이며 지혜 있는 자는 궁창의 빛과 같이 빛날 것이요 많은 사람을 옳은 데로 돌아오게 한 자는 별과 같이 영원토록 빛나리라(단 12:2-3).

여기서 언급된 "땅의 티끌(먼지)"은 아마 스올에 대한 언급일 것이다. 미래의 어떤 지정된 시간에 모든 사람들이 일으켜질 것이며 그들이 이 땅에서 행한 그대로 판단될 것이다. "지혜 있는 자"는 육체적으로 보상받는 것이 아니라, 천사들처럼 별과 같이 빛날 것이다.

당대의 또 다른 본문들은 『에녹1서』(1 Enoch)로 알려진 작품에 모아져 있다. 이 본문들은 부활에 관한 다양한 관점들을 보여 준다. 가장 오래된 부분인 『파수꾼의 책』(Book of Watchers)은 의인들과 죄인들의 운명을 구별한다. 죄인들이 스올에 남아 있는 반면, 의인들의 "영혼들"(spirits of the souls)은 예루살렘 성전 가까이에 있는 두 번째 에덴(Eden)에서 새 생명으로 일으킴을 받을 것이다(『에녹1서』 22.5-13; 25.5-6을 보라).

『짐승 계시록』(Animal Apocalypse)은 의인들의 몸이 새 예루살렘에서 흰 짐승으로 변형될 것이라고 분명하게 지적하는 반면(『에녹1서』 90.34-38), 『에녹의 편지』(Epistle of Enoch)와 『에녹의 직유들(비유들)』(Similitudes[or Parables] of Enoch)은 다니엘서처럼 의인들이 하늘에서 천사들이나 별들처럼 빛나는 것을 본다(『에녹1서』 104.2-6; 71.16-17).

일종의 육체적 부활을 기대하는 본문은 대략 B.C. 100-63년경에 기록된 마카비하 7장이다. 이 본문은 엘르아살(Eleazar)이라는 경건한 유대인과 그의 일곱 아들 및 그들의 어머니의 순교에 관해서 말한다. 둘째 아들은 "이 우주의 왕이 자신의 율법을 위해 죽은 우리를 다시 살려서 영원한 생명을 누리게 할 것이다"라는 희망을 표현하면서 죽는다(마카비하 7:9). 모진 고문 끝에 셋째 아들은 자신이 손발을 하나님에게로부터 다시 받을 것이라는 확신을 선언했고, 그들의 어머니는 자신의 아들들이 고문 받는 내내 세상의 창조주가 자비로운 마음으로 그들에게 목숨과 생명을 다시 줄 것이라는 확신으로 그들을 격려했다(마카비하 7:10-11, 23). 그들을 박해하는 자들에게는 어떤 부활도 없는 반면(마카비하 7:13-14), 이 본문은 순교자들이 천상의 존재를 준비하기 위해 회복된 자신들의 지상적 몸을 갖게 될 것이라고 추정한다.

바리새인들은 사후 세계를 믿었으며, 예수 시대에는 마지막 부활에 대한 일반적인 기대가 널리 퍼져 있었던 것으로 보인다.[3] 앞에서 열거한 모든 본문들의 공통점은 부활은 **종말**에(on the last day) 일어날 것이라는 가정이다. 사후의 분리(shifting)를 예상하는 문헌들조차도 이 종말을 최후의 심판과 부활에 대한 전조로 본다. 이런 점에서 사후에 관한 논의들은 종말론적 사상과 긴밀하게 연관되는 경향이 있다.

사람들이 심판을 받아야 한다면, 이는 하나님의 구원 능력과, 죄, 악, 죽음의 최종적 패배와 연관된 보편적 심판(general judgement)의 맥락에서 일어날 것은 분명하다. 또한 개인들이 그들 자신의 의에 따라 심판을 받을지라도, 이것은 항상 모든 신실한 사람들의 **보편적 부활**(a general resurrection)의 맥락에서 나타난다.

하지만 이러한 공통점 외에 다른 세부 사항들, 즉 어떤 모습의 몸일지(빛나는 별이냐 아니면 여전히 식별할 수 있는 인간이냐?), 그 일이 어디에서 일어날지(하늘에서냐, 아니면 변화된 땅에서냐?), 정확히 누가 일으킴을 받을

---

[3] 바리새인에 대해서는 *War* 2.163과 *Ant.* 18.14을 보라. 요 11:24에 나오는 마르다의 선언과 쿰란의 *Community Rule*과 *Apocalypse*도 보라.

지(모든 사람이냐, 아니면 단지 의인들뿐이냐?)에 대해서는 어떤 의견 일치도 없었다.

또한 유대적 부활 사상이 영과 육을 구분하는 그레코-로만적인 이분법과는 구별되지만, 가장 신체적인 의미의 부활을 언급하는 본문들조차도 원래 몸 그대로의 부활이 아닌, 어떤 식으로든 변화된 몸을 여전히 생각한다. 매우 분명한 것은 1세기 유대인들이 부활에 관한 모든 진술을 그 성격상 상징적이고 은유적으로 표현하고 있다는 점이다.

예수 또한 이러한 부활에 대한 만연된 믿음을 가지고 있었다는 것은 사두개인들과의 논쟁에서 나타난다. 내세를 전면 부인하는 사두개인들과는 달리 예수는 사람이 죽은 자 가운데서 살아날 때 "하늘에 있는 천사들과 같다"고 설명했다(막 12:25과 병행 구절). 하지만 이것 외에 예수가 부활의 주제에 대해 언급한 바는 거의 없는 듯하다. 공관복음은 예수가 자신의 부활을 예고했다고 지적하지만(막 8:31; 9:31; 10:33-34와 병행 구절), 이러한 구절들은 그 사건 이후에 손질된 것이 매우 분명하기에 역사적으로 확실치 않다.

예수는 악한 자들이 죽음 이후에 처벌받는 불타는 장소인 "게헨나" (Gehenna)를 몇 번 언급하기는 하지만, 그곳이 어떤 곳인지 정확히 설명하지는 않는다.[4] 아마도 예수는 마지막 날 그의 유대인 동료들과 함께 일으킴을 받을 것이라고 기대했을 것이다. 만일 그가 하나님이 곧 역사 속에 개입하실 것이라고 믿었다면(필자가 본서의 제7장에서 주장했듯이), 임박한 심판과 부활을 기대했을 것은 당연하다. 하지만 그가 자신의 개인적 부활이 죽음 이후에 곧바로 일어날 것으로 기대했다는 지적은 없다. 그러한 견해는 고대 유대인의 맥락에서는 매우 이상했을 것이다.

---

[4] 막 9:43, 45, 47; 마 5:22, 29, 30; 10:28; 18:9; 23:15, 33; 눅 12:5을 보라.

그렇다면, 예수의 추종자들은 어떤 이유로 그가 죽은 자 가운데서 일으킴을 받았다고 그렇게 강하고 확실하게 믿을 수 있었을까?

정경 복음서 중 어느 것도 부활 그 자체를 묘사하지는 않지만(『베드로복음』 34-42장이 그 틈을 채우고 있다), 부활의 두 가지 결과, 즉 빈 무덤과 여러 번에 걸친 예수의 부활 현현(appearances)을 지적한다.[5] 다음 항목에서는 이 두 가지를 차례대로 살펴보기로 한다.

2. 빈 무덤

몇몇 여인들이 일요일 이른 아침에 예수의 빈 무덤을 발견했다는 이야기는 잘 알려져 있으며, 다소간 차이는 있지만 모든 복음서에 다 기록되어 있다(막 16:1-8과 병행 구절; 요 20:1). 하지만 모든 학자들이 이 장면의 역사성을 확신하는 것은 아니다. 흔히 지적되는 것은 바울이 예수의 장사(매장)에 대해서는 주의 깊게 살피고 있지만(고전 15:4), 빈 무덤에 대해서는 전혀 언급하지 않는다는 점이다. 바울이 고린도전서 15:42-50에서 "신체적 몸"을 "일으킴을 받는 영적인 몸"과 분리시킨다는 점 역시 빈 무덤의 필요성을 약화시키는 것으로 보인다.

빈 무덤 이야기에 대한 가장 초기 전승은 부활 사건이 일어난 지 약 40년 후에 기록된 마가복음에서 발견할 수 있다. 특이한 것은 이 기사가 부활을 경험한 여인들의 침묵으로 끝난다는 점이다(막 16:8). 불트만(Bultmann)은 이것을 빈 무덤 이야기가 이전에 언급되지 않았던

---

[5] 이러한 양 전통에 대한 상세한 논의를 위해서는 G. Theissen and A. Merz, *The Historical Jesus*, 474-511을 보라.

이유를 설명하는 마가의 표현 방식으로 보았다. 사실상 그 이야기가 후대의 전설(later legend)이었다는 사실을 인정하는 것으로 본 것이다. 그의 견해에 따르면, 빈 무덤 이야기는 부활이 신체적이어야 하며, 부활이 사실이었다면(그들이 믿었던 대로) 무덤은 비어 있었음에 틀림없다고 믿었던 유대인 그리스도인들에 의해 구성됐다.[6]

뤼데만(G. Lüdemann), 막센(W. Marxen), 크로산(Crossan)과 같은 몇몇 현대의 학자들도 이와 유사하게 빈 무덤 이야기를 하나의 은유(metaphor)로, 예수가 죽은 자로부터 일으킴을 받았다는 초기 그리스도인들의 깊은 확신을 표현하는 그림 언어(picture language)로 본다.[7] 이러한 학자들은 빈 무덤 기사보다 적어도 바울이 언급한 예수의 **부활 현현**(resurrection appearances)에 더 큰 역사적 신뢰를 둔다.

그러나 빈 무덤 이야기의 역사성을 지지하는 학자들도 있다. 이 이야기의 역사성을 지지하는 가장 강력한 근거 중 하나는 그 이야기가 지닌 낯설음이다. 라이트(Wright)가 주장하듯이 빈 무덤 이야기는 수난 이야기에 매우 많이 스며들어 있는 구약성경의 암시로부터 무척 자유롭다. 또한 라이트와 함께 던(Dunn) 및 다른 학자들이 주시하듯이 하나의 가공된 이야기가 여인들을 중심인물로 내세웠을 가능성도 매우 희박하다. 여인들의 증언이 남성들의 증언만큼 높이 존중되지 못했던 당시 현실을 감안할 때, 이러한 중대한 사안에서 그들의 주장이 신뢰

---

[6] R. Bultmann, *New Testament and Mythology and Other Basic Writings*. M. Ogden에 의한 선별, 편집, 번역. (Philadelphia: Fortress, 1985), 36–41.

[7] 예컨대, W. Marxsen, *The Resurrection of Jesus of Nazareth* (London: SCM, 1970); G. Lüdemann, *The Resurrection of Jesus: History, Experience, Theology* (London: SCM, 1994)를 보라. 또 R. B. Stewart (ed.), *The Resurrection of Jesus: J. D. Crossan and N. T. Wright in Dialogue* (Minneapolis: Fortress Press, 2005).

될 수 있었던 것은 필수적이었다.

실제로 후대의 복음서들은 남성들의 증언으로 여인들의 증언을 확증하는 데 변증적 관심을 보여 준다. 예를 들면, 누가복음 24:12(후대 첨가로 보이는)은 베드로를 그 현장에 데려오고, 요한복음 20:2-10은 그와 유사하게 베드로와 애제자의 무덤 방문을 포함한다. 빈 무덤 이야기가 후대의 전승이었다면, 남성 제자들이 처음부터 중요한 역할을 했을 것은 거의 확실하다.

그 밖의 다른 근거들 또한 빈 무덤 이야기의 역사성을 지지해 준다. 마태복음에만 보존된, 예수의 제자들이 예수의 시신을 훔쳐갔다고 유대인 지도자들이 의심하는 기사는 유대 당국자들 편에서는 그 시신을 어디에서도 찾을 수 없었음을 마지못해 인정하는 것처럼 보인다(마 27:62-65; 28:11-15). 또한 4세기에 이르기까지 무덤 숭배(grave veneration)에 대한 어떤 흔적이 없다는 점도 예수의 시신에 대한 놀라울 정도의 무관심을 보여 준다.

앞 장에서 필자는 예수의 장사가 불명예스러웠으며, 그가 기독교 전통이 위엄 있는 무덤(예루살렘 성벽 외부의 철기 시대 동산 무덤에 묻힌 많은 개신교인들이 전형적으로 보여 주는)을 갖지 못했을 것이라고 주장했다. 그러나 이 말은 방문할 무덤이 전혀 없었다는 의미는 아니다. 추정할 수 있는 무덤은 집단 매장지(mass burial place)가 아니라, 가난한 사람의 참호 묘지(trench grave)였다. 복음서들이 기록된 시기 즈음에 이 작은 무덤은 보다 적합한 한 예루살렘 귀족의 무덤으로 변형됐다.

복음서에 나오는 빈 무덤 장면과 연관된 몇몇 세부 내용은 분명 있음직한 이의 제기에 대응하기 위해 구성됐다. 그 세부 내용으로는,

① 그 여인들은 무덤을 잘못 찾아간 것이 아니다(그들은 그 위치를 주의 깊게 기억해 두었다).
② 예수의 시신은 도난당하지 않았다(입구를 막은 돌이 너무 컸다).
③ 예수는 분명 죽은 자로부터 일으킴을 받았다(천사[또는 천사들]가 그렇게 말했다).

하지만 후대의 모든 변증적 진술 배후에는 안식일이 지나자마자 그 무덤을 방문했던 여인들이 예수의 시신을 발견할 수 없었다는 상당히 일관된 이야기가 존재한다.[8] 필자가 보기에 가장 가능성이 있는 설명은 그들이 무덤이 어지럽혀진 채 비었다는 것을 알게 됐다는 것이다.

그러나 시신이 없었다고 해서 목격자들이 당연하게 예수가 죽은 자로부터 일으킴을 받았다고 생각하지는 않았을 것이다. 다음과 같이 좀 더 평범한 설명들이 가능할 것이다. 아마 예수는 무덤에서 소생했을(revived) 것이다(옛 탐구 학자들에게 인기 있었던 제안). 아마 그의 시신은 다른 곳으로 옮겨졌을 것이다(이는 요 20:2에 나오는 마리아의 추정이다). 아니면 예수의 시신이 도난당했을 것이다(이는 라이마루스[Reimarus]의 유명한 주장이며 마태복음에 언급된 유대인 지도자들의 의심에 의해 어느 정도 보강된다).

우리가 이미 살펴보았듯이 부활 개념은 묵시적 종말 사상과 긴밀하게 연관되어 있으므로, 그 자체로 사라진 시신에 대한 분명한 설명이 되지는 못했을 것이다. 빈 무덤 전승을 역사적인 것으로 받아들이는 학자들조차도 기독교의 **부활** 교리에 대한 필수적 토대는 증언된 예수 현현(visions)과 공조할 때만 가능하다고 주장한다.

---

8 J. D. G. Dunn, *Jesus Remembered*, 825–879; N. T. Wright, *The Resurrection of the Son of God* (Minneapolis: Fortress Press, 2003); M. Bockhuehl, "Resurrection" in M. Bockhuehl (ed.), *Cambridge Companion to Jesus*, 102–118.

3. 예수의 부활 현현

예수를 따르는 자들이 부활한 예수가 자신들에게 다시 나타났다고 믿었다는 것에는 거의 논란의 여지가 없다. 바울도, 복음서도, 다소간의 차이는 있지만 부활한 예수를 보았다는 다수의 증언들을 열거한다.

- 바울은 고린도전서 15:5-8에서 다음과 같은 증인들을 나열한다.

  > 게바에게 보이시고 후에 열두 제자에게와 그 후에 오백여 형제에게 일시에 보이셨나니 그 중에 지금까지 대다수는 살아 있고 어떤 사람은 잠들었으며 그 후에 야고보에게 보이셨으며 그 후에 모든 사도에게와 맨 나중에 만삭되지 못하여 난 자 같은 내게도 보이셨느니라(고전 15:5-8).

- 마가복음에는 어떤 실제적인 현현도 기록되어 있지 않지만 (막 16:9-20은 일반적으로 후대에 첨가된 부분으로 받아들여진다), 제자들이 예수를 갈릴리에서 볼 것이라는 약속으로 끝난다(막 16:7).
- 누가는 부활한 예수가 엠마오로 가는 두 제자에게, 베드로에게(상세한 설명 없이), 그리고 예루살렘에 남아 있는 열한 제자들에게 나타난 것으로 보고한다(눅 24:13-53). 사도행전에서는 부활한 예수가 40일 동안 제자들에게 계속 나타나셨다(행 1:3-11).
- 요한은 부활한 예수가 막달라 마리아에게 한 번, 예루살렘에 있는 제자들에게 두 번(요 20장), 그리고 갈릴리에서 한 번(요 21장) 나타난 것으로 보고한다.

이러한 증언 목록들은 지리적인 측면과 목격자의 측면에서 차이가 있지만 이는 그리 놀랄 일은 아니다. 바울은 이 사건이 일어난 지 거의 20년 후에 기록한 반면, 정경 복음서들은 그 일이 있은 지 50년 후에야 비로소 기록됐다. 그 이야기들은 예수를 따르는 자들이 명령을 받는 일과 새로운 공동체의 시작을 강조함으로써, 복음서 저자 자신의 특정한 관심을 반영한다.

이 본문들은 또한 예수의 부활된 몸이 어떤 모습인지 명확하게 제시하지 않는다. 어떤 때는 부활한 예수가 잠긴 문을 뚫고 들어오는 경우도 있고(요 20:19, 26), 어떤 때는 그의 정체를 알아차릴 수 없을 때도 있으며(눅 24:13-32), 또 어떤 때는 먹을 수도 있고(눅 24:41-43), 제자들에게 자신을 만지라고 요청할 수도 있다(요 20:27). 바울은 다메섹 도상에서 자신이 부활한 주를 만난 것처럼, 사람들이 예수의 부활 현현을 경험했다고 추정하는 것 같다(갈 1:15-16을 보라). 여기서도 초기 그리스도인들 가운데 그들이 본 것을 어떻게 묘사할지에 대한 일치된 견해가 없었던 것으로 보인다.

시간이 지남에 따라 초기 그리스도인들은 그 경험의 육체적 특성을 강조하고 부활한 예수가 실제로 십자가에 달린 자였음을 강조하려는 자연스런 열망이 생겨났을 것이다. 이야기들은 확장되고, 윤색되며, 심지어 각색되기도 했을 것이다. 그러나 가장 초기에는 환상(visions), 현현(appearances, 때로는 많은 사람들에게), 그리고 그들의 지도자가 죽음을 이기고 한 번 더 살아서 그들과 함께 했다는 강력한 공동 의식이 있었다.

유대 당국자들을 두려워한 나머지 비겁하게 숨었던 제자들을 담대한 선교사로 변화되게 한 어떤 놀라운 일이 일어났다. 그러나 그들의 핵심 선포는 어떤 일이 **그들에게** 일어난 것이 아니라, **예수에게** 일어났다는 것이었다. 그것은 그들이 어떤 권한 이양(empowerment)을 받았다는 감정이나 예수의 영이 여전히 그들과 함께 한다는 애매한 의미가 아니라, 하나님이 예수를 죽은 자들 가운데서 일으켰다는(그래서 그들도 곧 그의 승리에 동참할 것이라는) 놀랄만한 주장이었다.

이것이 이해되기 위해 빈 무덤과 부활 현현 이야기들은 종말이 임박했고 하나님의 능력이 이 세상에 침투해 들어오기 시작했다는 긴박한 **묵시적 맥락**에서 구성되어야 했다.[9] 그러한 분위기에서만이 현현과 빈 무덤은 전례 없는 방식에 의해 **부활**로 해석됐을 것이다.

실제로 그랬을 개연성이 상당히 크다. 우리가 살펴보았듯이 예수의 전 사역은 묵시적 특성을 지녔다. 그가 자신의 예루살렘 입성을 자신의 종말론적 예언의 절정으로, 그리고 종말이 다가오고 있는 표시로 해석한 것도 무리가 아니다. 또한 그의 많은 제자들이 그의 죽음을 묵시적 관점에서 하나님의 개입, 심판 그리고 회복을 표시하는 지상적 사건으로 보았을 가능성이 크다. 이러한 희망과 기대는 48시간 동안 거의 약화되지 않았을 것이며, 부활한 예수를 보았다는 여인들과 다른 사람들의 놀랄만한 주장은 아마도 기존의 그리고 진전된 종말론적 열정에 불을 지폈을 것이다.

이러한 맥락에서 그들은 빈 무덤과 현현 이야기들을, 하나님이 예수를 죽은 자 가운데서 일으켰고 예수가 종말에 일어날 보편적 부활의 첫 사람이었으며 자신들이 종말과 하나님 나라의 시작에 대한 증인들이라는 암시로 해석했다.

고린도전서 15장에서 매우 상세하게 제시된 것처럼, 바울은 이러한 종말론적 구조 안에서 예수의 부활을 이해했다. 그에 따르면, 그리스

---

[9] 필자는 특히 이 부분에서 D. Allison의 연구에 빚지고 있다. 그의 논문 "A Plea for Thoroughgoing Eschatology"와 그의 책 *Constructing Jesus*, 31-220을 보라.

도는 이러한 보편적 부활의 "첫 열매"이며, 아담 이후의 온 사람들이 모두 죽는 것처럼, 이제 예수를 따르는 모든 사람은 "살아날 것이다"(고전 15:20-23). 하나님이 예수를 일으켰다면, 심판의 때가 이미 임박했음에 틀림없다. 죽은 사람들은 모두 곧 예수처럼 새롭고 영적인 몸으로 일으킴을 받을 것이다(고전 15:42-50). 아직 살아 있는 사람들 역시 마지막 나팔 소리를 듣고, 그들의 죽은 몸이 죽지 않을 몸으로 변화될 것이다.

바울은 이 모든 일이 곧 일어날 것이라는 확신이 매우 강했기에 죽음에 대한 그리스도의 승리와 임박한 성도들의 부활에 관해 미리 말할 수 있었다.[10] 마태 또한 예수의 죽음을 종말에 있을 보편적 부활의 시작으로 간주했다. 그래서 마태는 그 믿음을 예수의 부활이 있은 지 얼마 후에 다시 살아난 몸들이 예루살렘에 나타난 장면으로 표현했다 (마 27:52-53).

부활에 대한 그리스도인들의 선포는 실로 대담한 것이었지만, 예수의 죽음 직후 초기 그리스도인들 사이에서 일어난 갑작스럽고 전례없는 예수에 대한 헌신의 분출을 설명하는 엄청난 규모의 어떤 원동력을 가졌을 것이다.[11] 예수를 1세기 다른 모든 메시아적 지도자들과 구별하고, 다른 모든 사람들의 운동이 소멸된 반면(세례 요한의 운동을 포함해서) 예수의 운동이 계속 지속되게 한 요인은 부활이었다.

기독교의 선포는 이제 단순히 하나님 나라가 아니라, 예수 자신에 초점을 두었다. 예를 들면, 하나님이 예수를 죽은 자 가운데서 일으켰고, 성도들은 예수에게 인격적으로 헌신해야 하며, 예수가 영광 중에

---

10 고전 15:51-56; 또한 살전 4:13-18; 고후 1:9; 롬 6:3-4을 보라.
11 이 점에 대해 L. W. Hurtado, *Lord Jesus Christ: Devotion to Jesus in Earliest Christianity* (Grand Rapids: Eerdmans, 2003)를 보라.

다시 오실 것이라는 내용이었다. 새로운 종말론적 맥락이 의미하는 바는, (구약)성경이 새로운 방식으로 읽혀지고, 예수를 예언과 소망(오랫동안 간직해 온)의 성취로 보는 과정이 실질적으로 강화됐다는 것이다.

  이때쯤 역사적 예수는 신앙의 그리스도가 되어가고 있었다. 그 신앙은 단지 새로운 하나님 나라에 대한 예수의 약속을 믿는 가장 초기 추종자들의 신앙이 아닌, 어느 날 그를 성육신하신 하나님으로 보게 될 강력한 부활 신앙(Easter faith)이었다.

참고문헌

Allison, D. C. *Jesus of Nazareth: Millenarian Prophet* (Minneapolis: Fortress, 1998).

_____, *Constructing Jesus: Memory, Imagination, and History* (Grand Rapids: Baker Academic, 2010).

Bockmuehl, M. (ed.) *The Cambridge Companion to Jesus* (Cambridge: CUP, 2001).

Borg, M. J. *Conflict, Holiness, and Politics in the Teachings of Jesus* (Harrisburg: Trinity Press International, new edn 1998).

Charlesworth, J. H. (ed.), *Jesus and Archaeology* (Grand Rapids: Eerdmans, 2006).

Crossan, J. D. *The Cross That Spoke: The Origins of the Passion Narrative* (San Francisco: Harper and Row, 1988).

_____, *The Historical Jesus: The Life of a Jewish Mediterranean Peasant* (San Francisco: Harper Collins, 1991).

_____, *The Birth of Christianity: Discovering What Happened in the Years Immediately after the Execution of Jesus* (Edinburgh: T & T Clark, 1999).

_____, *Who Killed Jesus? Exposing the Roots of Anti-Semitism in the Gospel Story of the Death of Jesus* (New York: HarperSanFrancisco, 1995).

Dunn, J. D. G. *Jesus Remembered: Christianity in the Making*, vol I. (Grand Rapids: Eerdmans, 2003).

_____, *A New Perspective on Jesus: What the Quest for the Historical Jesus Missed* (Grand Rapids: Baker Academic, 2005).

Evans, C. A. and N. T. Wright (ed. T. A. Miller), *Jesus, the Final Days: What Really Happened* (Louisville: Westminster John Knox, 2009).

Flusser, D. with R. S. Notley, *The Sage from Galilee: Rediscovering Jesus' Genius* (Grand Rapids: Eerdmans, 4th edn. 2007).

Fredriksen, P. *Jesus of Nazareth, King of the Jews: A Jewish Life and the Emergence of Christianity* (New York: Knopf, 1999).

Freyne, S. *Galilee, Jesus, a Jewish Galilean: A New Reading of the Jesus Story* (London: T & T Clark, 2004).

Funk, R. W., R. Hoover and the Jesus Seminar, *The Five Gospels: The Search for the Authentic Words of Jesus* (New York: Maxwell Macmillan, 1993).

Horsley, R. and J. S. Hanson, *Bandits, Prophets and Messiahs: Popular Movements in the Time of Jesus* (Harrisburg: Trinity Press, 1985).

Horsley, R., *Jesus and the Spiral of Violence: Popular Jewish Resistance in Roman Palestine* (San Francisco: Harper and Row,, 1987).

_____, *Sociology and the Jesus Movement* (New York: Crossroad, 1989).

Jesus Seminar, *The Once and Future Jesus* (Santa Rosa Ca.: Polebridge Press, 2000).

Johnson, L. T. *The Real Jesus: The Misguided Quest for the Historical Jesus and the Truth of the Traditional Gospels* (New York: Harper Collins, 1996).

Meier, J. P. *A Marginal Jew: Rethinking the Historical Jesus*, vol 1. The Roots of the Problem and the Person (New York: Doubleday, 1991).

_____, *A Marginal Jew: Rethinking the Historical Jesus*, vol 2. Mentor, Message and Miracles (New York: Doubleday, 1994).

_____, *A Marginal Jew: Rethinking the Historical Jesus*, vol 3. Companions and Competitor. (New York: Doubleday, 2001).

_____, *A Marginal Jew: Rethinking the Historical Jesus*, vol 4. Law and Love (New Haven: Yale University Press, 2007)
Powell, M. A., *Jesus as a Figure in History* (Louisville: Westminster John Knox, 1998).
Sanders, E. P. *Jesus and Judaism* (London: SCM, 1985).
_____, *The Historical Figure of Jesus* (London: Penguin, 1993).
Schussler Fiorenza, E., *Jesus and the Politics of Interpretation* (New York: Continuum, 2000).
Smith, M. *Jesus the Magician* (London: Harper and Row, 1978).
Theissen, G. *The Shadow of the Galilean: The Quest of the Historical Jesus in Narrative Form* (London: SCM, 1997).
Theissen, G. and A. Merz, *The Historical Jesus: A Comprehensive Guide* (London: SCM, 1998).
Theissen, G. and D. Winter, *The Quest for the Plausible Jesus: The Question of Criteria* (Louisville: Westminster John Knox, 2002).
Vermes, G. *Jesus the Jew: A Historian's Reading of the Gospels* (London: Collins, 1973).
_____, *Jesus and the World of Judaism* (London: SCM, 1983).
_____, *The Religion of Jesus the Jew* (London: SCM, 1993).
_____, *The Authentic Gospel of Jesus* (London: Penguin, 2003).
_____, *Jesus in the Jewish World* (London: SCM, 2010).
Witherington, B. *Jesus the Sage: The Pilgrimage of Wisdom* (Edinburgh: T & T Clark, 1994).
_____, *The Jesus Quest: The Third Search for the Jew of Nazareth* (Carlisle: Paternoster, 1995).
Wright, N. T. *Who Was Jesus?* (London: SPCK, 1992).
_____, *Jesus and the Victory of God* (London: SPCK, 1996).
_____, *The Resurrection of the Son of God* (Minneapolis: Fortress, 2003).

용어 색인

E

E. P. 샌더스(E. P. Sanders) 12, 19, 43, 44, 47, 48, 50, 51, 52, 62, 70, 92, 155, 212, 216, 222, 236

N

N. T. 라이트(N. T. Wright) 12, 19, 48, 63, 64, 65, 66, 70, 92, 126, 139, 283

Q

Q(*Quelle*, 크벨레) 9, 27, 41, 61, 73, 83, 88, 89, 90, 91, 92, 97, 99, 148, 153, 159, 161, 162, 166, 174, 184, 192, 204, 214

ㄱ

가롯 유다(Judas Iscariot) 142, 250

가버나움 16, 180, 189, 191, 192, 193, 218

가야바(Caiaphas) 240, 260, 262, 263, 267

가족 12, 36, 63, 67, 76, 119, 120, 125, 135, 137, 138, 139, 140, 188, 189, 190, 191, 193, 194, 198, 248, 250, 272, 274

가현설(Docetism) 37, 84

갈릴리 12, 36, 43, 46, 47, 49, 51, 52, 53, 57, 59, 62, 71, 94, 97, 100, 105, 107, 109, 113, 114, 120, 126, 127, 157, 168, 175, 177, 182, 191, 192, 193, 196, 199, 201, 203, 204,

205, 206, 207, 211, 212, 218, 219, 220, 222, 223, 226, 227, 237, 239, 242, 244, 286
거부 및 처형의 기준(the criterion of rejection and execution) 63
게자 버미스(Geza Vermes) 12, 19, 44, 47, 48, 49, 50, 51, 171, 212
격언(aphorisms) 33, 56, 166
견유학파 57, 58, 71
계몽주의 11, 22, 24
공관복음 13, 27, 39, 59, 60, 61, 62, 65, 67, 70, 73, 84, 87, 88, 89, 90, 94, 95, 96, 99, 100, 140, 145, 146, 149, 150, 158, 166, 171, 176, 180, 189, 193, 202, 219, 221, 223, 241, 246, 258, 259, 273, 274, 281
구전 34, 66, 67, 76, 86, 90, 97, 128, 207
군중 60, 115, 143, 149, 176, 189, 192, 198, 200, 202, 206, 219, 220, 226, 228, 230, 241, 256, 260, 261, 268, 269
귀신 173, 174, 175, 179, 180, 181, 182, 184, 212
귄터 보른캄(Günther Bornkamm) 11, 38, 39, 45
기억 17, 18, 66, 68, 69, 70, 71, 85, 93, 97, 98, 100, 107, 109, 119, 138, 157, 166, 170, 174, 191, 217, 223, 226, 241, 243, 246, 248, 253, 254, 268, 270, 271, 285
기적 24, 25, 26, 34, 49, 57, 62, 78, 79, 81, 84, 94, 106, 162, 172, 173, 174, 175, 176, 177, 179, 181, 182, 183, 184, 185, 186, 197, 200, 201, 202, 203, 204, 205

ㄴ

나사렛 15, 16, 17, 78, 107, 119, 122, 124, 125, 126, 127, 131, 136, 137, 138, 189, 191, 218, 231, 239
낭만주의(Romanticism) 27, 32

ㄷ

다윗 96, 104, 107, 111, 112, 121, 125, 165, 167, 179, 186, 199, 201, 226, 228, 229, 231, 250

다중 증거의 기준(criterion of multiple attestation) 41, 42, 59, 63

당혹성의 기준(the criteria of embarrassment) 63, 147

대제사장 16, 67, 104, 105, 110, 112, 209, 217, 227, 232, 236, 238, 239, 240, 241, 247, 248, 251, 252, 254, 255, 256, 259, 260, 261, 263, 265, 267, 268

데이비드 플루서(David Flusser) 12, 19, 47, 48, 59, 137, 139, 212

데일 엘리슨(Dale Allison) 12, 19, 47, 48, 68, 100, 155

『도마복음』(Gospel of Thomas) 9, 12, 20, 54, 58, 70, 73, 83, 86, 88, 89, 90, 91, 94, 99, 122, 153, 159

두 자료설(Two Document Hypothesis) 27, 89

ㄹ

랍비(rabbi) 41, 43, 47, 60, 76, 77, 123, 167, 174, 208, 212, 260, 275

레이몬드 브라운(R. E. Brown) 253, 247, 275

루돌프 불트만(Rudolf Bultmann) 11, 33, 34, 36, 37, 38, 39, 282

리차드 호슬리(Richard Horsley) 12, 19, 47, 48, 52, 53, 56, 127, 128, 132

ㅁ

마가복음 27, 28, 29, 30, 41, 51, 54, 60, 61, 73, 77, 83, 89, 90, 92, 93, 97, 122, 136, 138, 140, 151, 153, 157, 166, 168, 174, 176, 177, 193, 207, 210, 211, 214, 221, 222, 230, 234, 247, 249, 255, 259, 261, 262, 270, 273, 274, 282, 286

마술 47, 57, 77, 78, 174, 176, 177

마지막 만찬 227, 242, 243,

244, 246, 247, 248, 249
마커스 보그(Marcus Borg) 47, 55, 158
막달라 마리아(Mary Magdalene) 15, 139, 180, 196, 197, 286
매장(burial) 86, 129, 271, 272, 273, 274, 275, 276, 282, 284
메시아(messiah) 28, 29, 60, 64, 67, 71, 79, 96, 109, 110, 112, 113, 125, 186, 187, 201, 202, 214, 217, 228, 229, 231, 261, 263, 267, 269, 275, 289
메시아 대망 16, 102, 109, 110, 231
모세 같은 예언자 201
목수 59, 62, 94, 136, 137
묵시적 9, 31, 47, 50, 55, 62, 69, 71, 87, 88, 89, 91, 140, 145, 147, 155, 156, 157, 159, 160, 161, 171, 187, 227, 236, 285, 288

ㅂ

바라바(Barabbas) 269

바리새인 45, 47, 51, 52, 60, 62, 64, 66, 94, 98, 206, 207, 208, 209, 210, 212, 213, 214, 216, 217, 219, 260, 280
바우어(F. C. Baur) 94
바울 34, 41, 43, 88, 92, 121, 122, 124, 148, 156, 158, 164, 170, 234, 243, 248, 249, 272, 276, 282, 283, 286, 287, 288, 289
베드로 84, 139, 152, 182, 191, 193, 200, 202, 256, 284, 286
『베드로복음』(Gospel of Peter) 12, 58, 73, 83, 84, 85, 86, 99, 282
베들레헴 118, 119, 124, 125
본디오 빌라도(Pontius Pilate) 60, 64, 67, 70, 74, 79, 80, 81, 82, 83, 84, 115, 133, 202, 220, 240, 248, 252, 254, 255, 256, 261, 262, 263, 264, 266, 267, 268, 269, 270, 272, 273
부활 6, 13, 16, 17, 24, 26, 33, 34, 65, 66, 71, 78, 79,

84, 86, 91, 93, 96, 99, 148, 157, 158, 159, 160, 175, 187, 190, 197, 200, 202, 204, 207, 209, 241, 243, 276
비유 35, 41, 43, 56, 87, 89, 94, 98, 134, 157, 159, 160, 166, 167, 168, 169, 195, 209, 279
비유사성의 기준(criterion of dissimilarity) 39, 40, 41, 42, 62
빈 무덤 86, 274, 282, 283, 284, 285, 288
『빌라도 행전』(Acts of Pilate) 83
빌립 109, 130, 191, 220, 264

ㅅ

사두개인 51, 94, 260, 281
사두개파 60, 114
사생아 122, 123
사회 과학(social sciences) 47, 183
사회 혁명가 47, 52, 62
산헤드린(Sanhedrin) 259
새 탐구(the New Quest) 11, 23, 37, 38, 39, 42, 43, 44, 54, 63, 65, 94, 98, 173
성만찬 35, 203, 246
성육신 16, 290
성전 16, 43, 45, 46, 50, 52, 57, 58, 59, 60, 64, 65, 67, 71, 90, 103, 104, 106, 107, 115, 128, 130, 133, 136, 140, 141, 187, 202, 208, 212, 213, 216, 224, 226, 231, 232, 233, 234, 235, 236, 237, 238, 239, 240, 241, 242, 246, 247, 248, 250, 252, 258, 260, 261, 264, 265, 271, 279
성전 시위(demonstration) 50, 62, 232, 242, 252
성전 청결 39, 50, 51, 55, 58, 80, 227, 231
세례 요한 12, 38, 50, 52, 55, 56, 57, 60, 62, 67, 70, 81, 95, 96, 117, 119, 141, 142, 144, 156, 159, 161, 162, 164, 184, 186, 193, 200, 201, 213, 216, 219, 220, 241, 258, 268, 289
세리 16, 41, 53, 137, 191, 198, 214, 215, 217

세포리스(Sepphoris) 107, 131, 137, 218
소 플리니(Pliny the Younger) 74, 76
수난 이야기(passion narrative) 5, 8, 56, 58, 71, 85, 86, 87, 90, 97, 222, 249, 252, 253, 257, 283
수에톤(Suetonius) 19, 75, 122
시험 148
식탁 교제 57, 62, 208, 214, 220
신앙의 그리스도(Christ of Faith) 17, 22, 26, 32, 33, 37, 38, 290
신화(myth) 25, 26, 36, 104, 200
십자가형 58, 77, 83, 107, 231, 269, 271, 272

ㅇ

아람어 38, 41, 42, 98, 135, 139, 140, 170, 171, 225, 270
아리마대 요셉 247
아켈라오(Archelaus) 109, 119, 120
안나스(Annas) 239, 260
안식일 51, 82, 141, 207, 210, 211, 213, 246, 247, 249, 272, 275, 285
알렉산더 대왕(Alexander the Great) 102
압바(abba) 41, 170, 172
양식 비평(form criticism) 33, 35, 38, 39, 94
에른스트 케제만(Ernst Käsemann) 11, 37, 38
엘리야 26, 49, 114, 130, 146, 149, 151, 179, 187, 200, 201, 245
여인들 194, 215, 282
연대기 61, 220, 247
열두 제자 41, 50, 142, 164, 165, 192, 193, 227, 244, 250, 286
열심당(Zealots) 114
영국의 이신론 사상(English Deists) 24
예레미야 112, 187, 227, 237, 238, 239
예루살렘 12, 16, 35, 43, 46, 55, 59, 60, 64, 65, 66, 67, 81, 97, 104, 105, 106, 111, 115, 128, 129, 130, 131, 133, 135, 140,

190, 193, 194, 196, 205, 207, 209, 212, 217, 219, 220, 221, 222, 223, 252, 254, 263, 264, 265, 266, 272, 273, 274, 279, 284, 286, 289
예루살렘 입성 62, 227, 228, 230, 232, 242, 269, 288
예수 벤 아나니아(Jesus ben Ananias) 238, 258
예수세미나(Jesus Seminar) 12, 19, 48, 54, 55, 56, 57, 62, 83, 87, 88, 91, 94, 158
예수의 말씀(sayings) 39, 42, 46, 50, 54, 56, 57, 88, 100, 154, 157, 160, 166, 174, 177, 184, 185, 195, 204, 234, 245
예수의 세례 26, 63, 147
예수의 아내 139, 197
예수의 유대성(Jewishness) 45
예수의 죽음 17, 59, 70, 72, 77, 85, 91, 157, 242, 243, 246, 247, 249, 256, 289
예수의 탄생 12, 82, 118, 119, 121, 124, 125
예수전(Jesus's life) 24, 27, 28, 29, 31, 32, 34, 38, 47, 55
옛 탐구(Old Quest) 11, 22, 23, 38, 173, 285
요한복음 27, 51, 54, 60, 62, 70, 73, 89, 93, 94, 96, 97, 100, 119, 122, 138, 149, 158, 167, 174, 176, 186, 193, 197, 201, 221, 234, 241, 247, 250, 255, 256, 257, 259, 260, 261, 262, 270, 274, 284
원을 그리는 사람 호니(Honi the Circle Drawer) 49, 177
유다(Judas)라는 한 갈릴리 사람 113
유월절 77, 140, 196, 220, 221, 226, 230, 235, 241, 244, 246, 247, 248, 249, 258, 259, 260, 261, 263, 268, 269, 272, 274
윤리 30, 31, 35, 70, 147, 155, 157, 162, 163, 237, 238
율법 35, 39, 49, 51, 52, 55, 59, 60, 62, 82, 98, 125, 130, 140, 204, 207, 210, 211, 213, 215, 216, 217, 240, 262, 279

이방인 51, 64, 80, 109, 114, 125, 165, 170, 179, 185, 199, 211, 226, 232, 235, 263, 264

이사야 30, 70, 85, 112, 144, 148, 161, 162, 169, 184, 185, 187, 204, 227, 237, 253, 278

인자(the Son of man) 30, 51, 60, 65, 66, 96, 157, 160, 170, 172, 187, 242

일관성의 기준(criterion of coherence) 40, 42, 63

ㅈ

자연 이적(nature miracles) 173, 175, 203

정결 64, 111, 129, 141, 143, 144, 145, 146, 207, 208, 211, 212, 213, 216, 221, 223, 225, 235, 247, 263

제3의 탐구(the Third Quest) 11, 23, 43, 69

제임스 던(J. D. G. Dunn) 7, 12, 19, 48, 66, 212, 283

존 P. 마이어(J. P. Meier) 12, 19, 47, 48, 61, 95, 139, 150, 221, 247

존 도미닉 크로산(J. D. Crossan) 12, 19, 47, 48, 54, 55, 56, 83, 85, 86, 88, 91, 132, 137, 163, 181, 212, 222, 247, 253, 258, 271, 283

종말론(eschatology) 29, 30, 31, 47, 50, 65, 93, 151, 154, 155, 156, 157, 159, 160, 171, 172, 194, 198, 201, 202, 226, 271, 280, 288, 290

죄인(sinner) 41, 52, 63, 214, 215, 217, 263, 272, 273, 274, 275, 279

주관성(subjectivity) 28

주의 기도 43, 163, 170

진정성의 기준(criteria of authenticity) 69, 70, 100

ㅊ

처녀 잉태(virginal conception) 121, 124

ㅋ

케네스 베일리(Kenneth Bailey) 68

켈수스(Celsus) 76, 123

ㅌ

타키투스(Tacitus) 19, 74, 117, 178
탐구 포기(No Quest) 11, 22, 32
토라 64, 71, 90, 129, 138, 141, 202
티아나의 아폴로니우스(Apollonius of Tyana) 178

ㅍ

표적 예언자들(sign prophets) 117, 145, 200, 201, 222
프레토리움(praetorium) 264
플라비우스 요세푸스(Fravius Josephus) 35, 43, 51, 78, 79, 80, 81, 99, 100, 106, 107, 113, 114, 116, 120, 128, 133, 135, 136, 138, 142, 144, 145, 147, 148, 150, 151, 174, 178, 180, 207, 208, 239, 258, 263, 264, 266, 273

ㅎ

하나님의 나라(Kingdom of God) 40, 41, 55, 60, 153, 154, 158, 160, 162, 164, 184, 192, 197, 201, 202, 236, 237, 273
하니나 벤 도사(Hanina ben Dosa) 49, 177, 178
하스모니아 128, 264
하스모니아 왕조(Hasmonaeans) 104, 105, 106, 111, 112, 113, 129, 208, 225
헤롯 가문 8, 215, 264
헤롯 대제(Herod I 또는 Herod "the Great") 103, 106, 118, 119, 120, 131, 224, 239, 240, 263, 264
헤롯 안티파스(Herod Antipas) 46, 109, 120, 127, 131, 132, 133, 134, 150, 151, 157, 182, 206, 218, 219, 220, 222, 255, 258, 264, 268
헤롯 필립(Herod Philip) 150
헤르만 라이마루스(Hermann Reimarus) 11, 23, 24, 25, 26, 29, 45, 285
헬레니즘(Hellenism) 47, 103, 225, 278
혁명가 35
회개 51, 64, 67, 144, 145, 147,

162, 184, 185, 186, 192, 197, 198, 210, 216, 217
회당 51, 58, 60, 75, 97, 129, 130, 138, 140, 176, 180, 189, 198, 207, 209, 210, 212, 225, 256
희생제사 233, 234, 235, 236, 237

역사적 예수 입문
The Historical Jesus

2017년 8월 26일 초판 발행

지 은 이	헬렌 본드
옮 긴 이	이승호

편 집	변길용, 곽진수
디 자 인	신봉규, 박슬기
펴 낸 곳	사)기독교문서선교회
등 록	제16-25호(1980. 1. 18)
주 소	서울시 서초구 방배로 68
전 화	02) 586-8761~3(본사) 031) 942-8761(영업부)
팩 스	02) 523-0131(본사) 031) 942-8763(영업부)
홈페이지	www.clcbook.com
이 메 일	clckor@gmail.com
온 라 인	기업은행 073-000308-04-020, 국민은행 043-01-0379-646
	예금주: 사)기독교문서선교회

ISBN 978-89-341-1690-5 (93230)

* 낙장 · 파본은 교환해 드립니다.

이 도서의 국립중앙도서관 출판시 도서목록(CIP)은 서지정보유통지원시스템 홈페이지(http://seoji.nl.go.kr) 와 국가자료공동목록시스템(http://www.nl.go.kr/kolisnet)에서 이용하실 수 있습니다. (CIP제어번호: CIP2017016616)